高等职业教育教学改革融合创新型教材 · 创新创业系列

创业基础

CHUANGYE JICHU

孟德娜 郭天骄 郑艺 主编
邓书沫 唐丽雪 副主编

东北财经大学出版社
Dongbei University of Finance & Economics Press
大连

图书在版编目（CIP）数据

创业基础 / 孟德娜，郭天骄，郑艺主编．—大连：东北财经大学出版社，2023.11

（高等职业教育教学改革融合创新型教材 · 创新创业系列）

ISBN 978-7-5654-5020-4

Ⅰ．创… Ⅱ．①孟… ②郭… ③郑… Ⅲ．创业-高等职业教育-教材 Ⅳ．G717.38

中国国家版本馆CIP数据核字（2023）第203035号

东北财经大学出版社出版

（大连市黑石礁尖山街217号 邮政编码 116025）

网 址：http：//www.dufep.cn

读者信箱：dufep@dufe.edu.cn

大连图腾彩色印刷有限公司印刷 东北财经大学出版社发行

幅面尺寸：185mm×260mm 字数：318千字 印张：16.25

2023年11月第1版 2023年11月第1次印刷

责任编辑：魏 巍 周 晗 责任校对：惠恩乐

封面设计：原 皓 版式设计：原 皓

定价：49.00元

前 言

随着新技术、新产业、新业态、新模式的快速发展，创新创业教育持续向更大范围、更高层次和更深程度推进。党的二十大报告指出，“教育是国之大计、党之大计”“教育、科技、人才是全面建设社会主义现代化国家的基础性、战略性支撑。必须坚持科技是第一生产力、人才是第一资源、创新是第一动力，深入实施科教兴国战略、人才强国战略、创新驱动发展战略”。因此，大学生创新创业教育不仅要提高学生的认知水平，更要把创新创业教育落实到提高学生的创新创业能力的培养上。

本书以“理论够用、案例实用、工具管用”为原则展开编写，专注学生创新创业能力的培养。具体来说，本书具有以下特点：

1.突出价值引领，落实立德树人根本任务

党的二十大报告指出：“全面贯彻党的教育方针，落实立德树人根本任务，培养德智体美劳全面发展的社会主义建设者和接班人。”本书全面贯彻“立德树人、思创育人”理念，将价值引领放在重要位置。通过设立“素养目标”、设置“育德启智”栏目，选取典型人物的创业事迹，融入企业家精神、工匠精神、劳动精神、团结意识等思政元素，引导学生坚定理想信念，厚植家国情怀，增强社会责任感，推进铸魂育人。

2.理实结合，涵盖丰富实用创业内容

本书体现理实一体化改革需要，注重创业理论与实践、真实创业案例的有机结合。一方面，采用项目化、任务式设计，将全书分为10个项目、25个任务，内容包括走进新时代的创业、成为优秀的创业者、迸发创意的火花、挖掘有价值的创业机会、组建优秀的创业团队、寻求充足的创业资源、打造有潜力的创业项目、撰写创业计划书与创业项目路演、企业创办与初创企业管理、大学生“互联网+”创业，涵盖了创业各个环节的相关知识；另一方面，每个项目下设“学前实践”“课后实践”栏目，每个任务下设“训练”栏目，同时引入真实的创业案例，以强化学生创业技能的培养与提升。

3.活页式设计，突出职业教育特色

本书立足职业教育特色，以学生为中心，按照“课前自学”“课中创学”“课后拓学”设计一系列学习任务。采用活页式设计，学生可以根据需要自由搭配学习内容，随时调整顺序，灵活组装。其中，“创业箴言”“学习目标”“学前思考”“课中创学”“创业案例”“延伸阅读”“育德启智”“学习评价”栏目可以组成一本知识手册，“学前实践”“训练”“应用自测”“课后实践”“总结反思”栏目可以组成一本实训手册，

既方便教师教学安排，也方便学生自主学习。

4.校企双元开发，促进“岗课赛证融通”综合育人

本书编写团队成员不仅有优秀的一线教师，还有经验丰富的行业企业专家，校企双元开发使得本书内容更加充实，具有很强的实用性，反映了创新创业领域的新内容、新政策。同时，本书充分融入大学生“互联网+”创新创业大赛相关内容，展现大赛获奖路演项目，引导学生在大赛中感知创业流程，促进学生综合素养的提升。

5.配套丰富资源，打造新形态立体化教材

本书充分利用现代信息技术，配套丰富数字资源，包括微课、延伸阅读、参考答案、习题等内容，并以二维码的形式呈现。其中，微课、延伸阅读内容打通了教学中的重难点，拓宽了学生的知识面，便于学生自主学习；习题采用自测自评的形式，学生通过在线答题即可得出答案，便于巩固所学内容。

本书由孟德娜、郭天骄、郑艺担任主编，邓书沫、唐丽雪担任副主编，具体编写分工如下：郑艺编写项目一、项目三和项目五；孟德娜编写项目二、项目四、项目六和项目九；郭天骄编写项目七、项目八和项目十；邓书沫、唐丽雪负责整理全书二维码内容。

由于编者水平有限，书中不足之处在所难免，真诚欢迎广大读者批评指正，以便进一步完善。

编 者

2023年6月

目　录

数字资源目录

1

项目一

走进新时代的创业

》》》》》》》 创业箴言

胜利自是人权贵，创业终由道力强。

——梁启超

时代是思想之母，实践是理论之源。打铁还需自身硬，在当今时代下，推崇遵循人们所崇尚的精神，奋发图强，是发展的唯一道路。青年是祖国的未来，青年是民族的希望。当代大学生是时代责任的担当者，是经济建设和社会建设的生力军，迎接和融入“大众创业、万众创新”的新时代，是每一位大学生应认真思考的主题。

》》》》》》》 学习目标

知识目标

1. 了解创新的内涵与类型、创业的内涵与类型以及创新与创业的关系。
2. 了解我国当前创业形势、创业的功能与意义。
3. 了解创业的要素、过程及创业者必备的能力。
4. 掌握创业的概念要点。

能力目标

1. 能够将创新创业与自身发展相关联。
2. 能够用创业画布做人生规划。

素养目标

1. 引导学生认清创业对人生发展的重要作用。
2. 唤起学生对创业铸就美好未来的价值情怀。

课前自学

学前思考

1.请你尝试给创业下个定义。

2.查找资料，找到一个你最喜欢的创业故事，并说一说你为什么喜欢这个创业故事？

3.你有过创业的想法吗？你觉得用一句话来说明创业对你意味着什么？

学前实践

和小组的其他成员进行一个简短的谈话，将你们认为的有关“创业”的“困惑”梳理出来，有逻辑性地列出调查问卷，该问卷将用于采访一名校内创业者（校内创业项目负责人）：

创业者如何开启了校园创业之路？在创业前的自我认知与创业后的自我认知有什么区别？除了带来物质上的利益，精神上创业为创业者带来了什么？如何看待自己目前所在的创业项目？

调查问卷应该不超过两页。测试调查问卷（各个小组交叉调查问卷，查缺补漏，但是问题不可以完全一样），确定问卷的问题是否存在歧义，要能够清楚表达，方便被采访者做回答。在访问创业者之后，分析他们的回答，提交一个简短的报告并向全班汇报。报告除本身内容外，还要涉及的一个重要的内容点就是通过这次采访，小组内所有成员的困惑是否得到了解答？如果得到了解答，那么要陈述在采访后小组对于创业的新的认知。小组成员必须协商和安排整个活动过程。课上老师在必要时可以给予指导和帮助。

注意：这个练习并不难，只要能够详细记录过程，并进行有逻辑的总结，就可以展示小组结论。

课中创学

任务1 创新创业认知

有多少人想过创业呢？无论是谨慎思考还是脑海中一闪而过的某个想法，在这个信息交流十分迅达的时代，创业与我们如影随形，它不再是一个遥远又陌生的词汇。创业是就业的一种方式，那创业和就业是完全割裂的吗？是不是只要我们去就业就不用再思考有关创业的一切内容了呢？答案一定是否定的。其实我们通常意义上的就业包含两个部分：自主创业和在岗创业。自主创业顾名思义，是一种自发的、以盈利支撑个体生存为目的的工作行为。在岗创业是指通过求职等途径找寻到一种就业方式，在所在岗位进行有目标、有计划的以本职工作为依托的岗位提升，职位晋升、个人资质提升都可以认为是在岗创业带给我们的正向优势。因此，创业是我们每一个人，为了让自己拥有更美好的职业未来所要了解与学习的必需课题。

提到创业我们不得不提到的一个词就是“创新”，创业离不开创新，创新可以成就创业。除此之外，创新的巨大力量也不容小觑。党的十八大以来，习近平总书记始终把创新摆在国家发展全局的核心位置，高度重视科技创新，围绕实施创新驱动发展战略、加快推进以科技创新为核心的全面创新，提出一系列新思想、新论断、新要求。在党的二十大报告中，习近平总书记强调：“必须坚持科技是第一生产力、人才是第一资源、创新是第一动力，深入实施科教兴国战略、人才强国战略、创新驱动发展战略，开辟发展新领域新赛道，不断塑造发展新动能新优势。”“加快实施创新驱动发展战略。加快实现高水平科技自立自强。”

一、什么是创新

（一）创新的内涵

在线课堂1-1

创新的内涵

“创新”一词，最早见于《魏书》中：“革弊创新者，先皇之志也。”（《魏书》卷六十二），后世古籍中又数次出现“创新”一词，都大抵与“革新”同义，主要是指改革制度。《辞海》里讲“创”是“始造之也”，有首创、创始之义；“新”是“初次出现，与旧相对”，有才、刚之义。“创新”有三层含义：①舍弃旧的、创造新的；②在现有的基础上改进更新；③创造性的、新的想法。

最早把“创新”这一概念引入学术领域的是美籍奥地利经济学家约瑟夫·熊彼特（Joseph Alois Schumpeter），他在1912年德文版《经济发展理论》一书中首次把“创新”的概念引入了经济学领域。熊彼特提出，“创新”就是把生产要素和生产条件的新组合引入生产体系，即“建立一种新的生产函数”，并把“创新”概括为五种情况：

（1）采用一种新的产品或一种产品的新的特征。

（2）采用一种新的生产方法或商业上处理一种产品的新方式。

（3）开辟一个新的市场。

（4）获取或控制原材料或半制成品的一种新的供应来源。

（5）实行一种新的企业组织的形式。

由此可见，“创新”是一个由技术知识产生、发展到不断转移进化，最终借助不同生产要素组合形成产品或服务并实现商业价值的复杂过程，是技术行为与经济行为的有效组合。

从创业的角度来讲，“现代管理学之父”彼得·德鲁克（Peter Drucker）在《创新与企业家精神》一书中提出：创新是一个过程，是一项有组织、有系统且富有理性的工作；创新是企业家展现其创业精神的特定工具，是赋予资源一种新的能力使之成为创造财富的活动，创新本身就创造了资源。对于创新的定义，德鲁克认为应该强调创新的效果及意义，他认为创新应该是对现有的资源进行改变。

综上所述，创新是指以现有的思维模式提出的有别于常规或常人思路的见解为导向，利用现有的知识和物质，在特定的环境中，本着理想化需要或为满足社会需求，而改进或创造新的事物、方法、元素、路径、环境，并能获得一定有益效果的行为。

（二）创新的类型

按照不同的角度可以将创新分为不同的类型，主要有产品创新、技术创新、制度创新、职能革新、结构创新、环境创新。

在线课堂1-2

创新的类型

1.产品创新

生产出能够更好满足顾客需要、性能更良好、外观更优美、使用更便捷安全，并且总费用更低、更符合环境保护要求的产品，就是产品创新。产品创新可以在以下三个层面上实现：

一是开发出具有新功能的产品，如3D打印机。

二是产品结构方面的改进。例如，产品更方便携带，轻便小巧，节省了耗材，同时提高了使用率，如便携式洗衣机（如图1-1所示）。

三是外观方面的改进。例如，服装款式及色彩的改变都可以使女性得到新的需求满足。因为女性偏爱较艳丽的颜色，所以各品牌手机推出彩色和渐变色手机壳，颇受女性顾客青睐，从而提升了销售额。

图1-1 便携式洗衣机

2.技术创新

利用新的生产方法或者新的原材料进行产品生产，在保证产品质量的同时可以降低成本，保护环境或者让生产过程更加安全省工。

一是生产方式思路改变，进行工艺路线的革新。例如，用精密铸造和精密锻造等代替金属切割生产复杂机械零件，在缩短了生产周期的同时，降低了制造成本。

二是产品结构重组或材料替代。例如，从环保角度出发，以农产品作为原材料来进行工业产品生产，玉米制作的水杯、餐具、包装盒等已经被广泛推广使用起来。这样既实现了废物利用，又保护了环境。

3.制度创新

社会政治、经济和管理制度的革新是制度创新的核心内容，除此之外还有支配人们行为和相互关系的规则变更，组织与外部环境相互关系的变更。从企业制度出发，有产权制度、经营制度、管理制度三个方面。一定的产权制度决定了相应的经营制度，在产权制度不变的情况下企业具体的经营方式要进行调整，同样，当经营制度不变的时候具体的管理制度也要不断改进。当管理制度发展到一定阶段，经营制度就要做出相应调整。经营制度不断调整必然引起产权制度的变革。综上所述，管理制度的变化反作用于经营制度，经营制度的变化反作用于产权制度。

4.职能革新

在计划、组织、控制、协调等管理职能方面进行革新旨在获得更有效的方法和手段，这就是职能革新。职能革新包含很多方面的内容：

一是计划的革新。企业在计划中使用运筹学，可以有效节约成本，提升企业效能。例如，电网运行的时候进行目标规划，可以节约大量电费。

二是控制方式的革新。例如，丰田公司首创准时生产制（JIT），显著降低了生产成本。

三是用人方面的革新。例如，差额选举制，使用测评法招聘、考核、选拔干部等可以有效提升人力资源使用效能。

四是激励方式的革新。例如，企业在多项内容方面都提供多种福利“套餐”，员工可以按照个人意愿选择福利，这样既满足了员工的个人需求、尊重个人意愿，也可以更好地激励员工工作。

五是协调方式的革新。例如，科技特派员制度发端于福建南平，是习近平同志在福建工作时亲切关心指导、亲自调研、总结提升的工作机制创新，是福建的一项重要改革品牌。在实践中，科技特派员制度解决了农村基层科技力量不足和科技服务缺位的现实困难，产生了搞活基层、用活人才、激活发展的多赢效应。

5.结构创新

通过设计和应用新的更有效率的组织结构可以实现结构创新，按照其影响系统可以分为技术结构的创新和经济与社会结构的创新。①技术结构的创新。例如，喜茶制作流程是每一个员工只负责某一种料的配比制作，这样提升了流水线的工作效能，也降低了操作失误，并且容易追责。②经济与社会结构的创新。例如，美国通用汽车公司在20世纪20年代采用了事业部制的组织结构，解决了统一领导与分散经营的矛盾，规模经营与适应市场的要求得到了统一，增强了企业竞争力。

6.环境创新

对于企业来说，环境的创新主要是指市场创新。新产品的开发被认为是企业创造市场需求的主要方式。市场创新主要是企业通过活动进行引导，让顾客主动创造需求。在不改变产品性质的前提下，通过市场地理位置的转移、交易方式和支付方式等的改变，或者通过广告宣传促销赋予产品一定的心理使用价值。

二、什么是创业

创业是实现创新的过程，创业将创新和创造的成果应用于市场，通过企业的运营和管理来落地。创新和创业是紧密相连的两个概念，它们之间互为支撑，相互促进，构成了现代社会的重要组成部分。

在线课堂1-3

创业的内涵

（一）创业的内涵

创业是什么？首先我们可以在《新华词典》里找一找答案：创业指开创事业。“创”，篆文从刀，仓声，是形声字。“业”，篆文像古代乐器架子横木上的大板，上面刻有锯齿，以便悬挂钟、鼓等乐器，后引申为所从事的学业、事业、职业、行业、就业、产业、创业、工作等。由此可见，创业的创字当头，业为基础。这就意味着任何一项事业都是一个由无到有、由小到大、由简到繁、由旧到新的创造过程。

创业的定义有狭义和广义之分。狭义的创业特指个人或团体自主创建企业。可见，狭义的创业并不是每一个人必须要选择的就业之路，但是我们在前面的学习已经了解到，除了自主创业，我们还要面临在岗创业的能力提升，所以我们要通过创业基础课程的理论知识积淀，提升创业素质，通过创新思维的训练，有效结合我们所学专业，成为创新型人才，这样就可以为日后的创业和促进创新型国家建设而努力。广义的创业是开创新事业。从宏观的角度来看，只要是符合创造新事业流程的，都可以被称为创业。创建新企业可以是创业，企业内部的革新与创新可以是创业，个人在职业生涯中开创了新的事业并实现了个人的自我价值和社会价值也可以是创业，甚至于人类一切重大开拓创新的社会变革活动都可以被称为创业。

（二）创业的类型

我们按照不同的划分条件，可以将创业划分成以下不同的类型。

1. 按照创业的动机，创业可以划分为机会型创业和就业型创业

机会型创业是指创业的出发点并不是谋生，而是为了抓住和利用市场机遇，它以市场机会为目标，能够创造出新的需要或者满足潜在的需要，因此是可以带动新的产业发展，而非加剧市场竞争。就业型创业是指创业者为了谋生而自觉或不自觉地走上了创业的道路。就业型创业要在现有的市场上寻找创业机遇，是用新的形式满足原有的社会需求而非创造新的需求，可以将大部分的内容划分到尾随和模仿，这类创业的成功率较高但是很难做大做强，因为这是没有足以引起社会变革的巨大突破性的创业类型。

2. 按照创业者的数量，创业可以划分为独立创业和合伙创业

独立创业就是创业者独立自主地创办自己的企业，产权归属者是创业者本人，企业也是由创业者本人自由掌握，所以可以十分迅速地进行决策。但是相应的，创业者本人也要独自承担风险，不仅企业的发展受到个人才能的限制，后期创业资源的整合升级也十分困难。合伙创业恰恰相反，它是创业者与他人共同创办企业，产权归属是集体，企业由集体共同掌握，虽然决策无法做到十分迅速，但是会多角度考虑影响因素，集体共同承担风险，个人才能的局限并不会影响到企业的发展，因为可以做到各司其职，能者胜任，所以在后期资源整合的过程中可以驾轻就熟。

3. 按照创新的内容，创业可以划分为产品创业、营销创业、组织创业

产品创业是指创业的基础立足于产品的创新；营销创创是指创业的基础立足于营销模式的创新；组织创业是指创业的基础立足于组织管理体系的创新。三者涵盖了创业的全部内容。

4.按照创业主体的性质，创业可以划分为个人独立创业、公司附属创业、公司内部创业

个人独立创业就是创业者个人或者几个创业者组成团队，进行企业的创建活动。经济社会发展迅速，个人创业时长可以被大大缩短，从理论研究到应用研究再到研究开发和创建企业，得益于科学技术的快速发展，技术周期也缩短。工艺创新和市场营销的革新也是非技术手段创业的必要之选。除此之外如有雄厚的物质基础，通过购买专利的方式来创建企业也是缩短创业时长的有效方式。公司附属创业是指由一家已经相对成熟的公司重新创建新的附属企业。创建动力来源于三个方面：构建新的营销模式；创建新企业提供新市场需求应对的窗口；用新企业成长性吸引社会资本投资。公司内部创业是由企业内部具有创业意愿的员工发起，并在企业的支持下，员工与企业共担风险、共享成果的一种创业形式。将企业家精神注入公司内部是它的主要目标，旨在鼓励员工成为企业家，人人可创业，人人有创业能力，保持血液新鲜，留住优秀员工，推动企业持续性发展。

综合来说，创业就是指创业者可能发现了某种信息或者资源，掌握了某种技术并察觉了市场存在的机遇，借用某平台或中转媒介进行了有效转换，从而获得了资源重组和价值。因此，创业的要素一定要包含创业者、商业机会、技术、资金、人力资本、组织、产品服务。

最后我们为创业下一个定义：不拘泥于资源约束，寻求创业机会，进行价值创造的过程。

在线课堂1-4

创新与创业的关系

三、创新与创业的关系

“创新创业”的提法最早出自2014年9月李克强总理在夏季达沃斯论坛上的讲话，他指出，要在国内掀起“大众创业”“草根创业”的新浪潮，形成“万众创新”“人人创新”的新势态。“双创”的概念一年比一年火，我们把“创新”和“创业”混为一谈，是因为它们在本质上都是一样的：都具有开创有别于其他的、新颖的、同时能产生积极作用的做法或结果。“创新”与“创业”具有同等的重要性，但它们具体的内涵又各不相同，因此它们具有一定的关联性。

（一）创新是创业的基础

科学技术、思想观念的创新能引发新的生产、生活方式。创业者在创业过程中需要具备创新意识和创新精神，不断寻求解决问题和产品更新迭代的新方法和新思路，让创业之路走得更顺畅。

（二）创新的价值在于创业

创新的价值=扩散+未来客户终生价值

简单来说，创新的价值就在于通过不断地扩散，带来更多的客户，从而在未来为企业创造更多更丰厚的价值。创新旨在把潜在的知识、技术和商机转化为产品或服务，通过实现商品化和产业化创造财富、提升企业价值，进而增强社会经济实力，造福人类社会。

（三）创业蕴含着价值创新

创业之所以能成功，其背后肯定蕴含着价值创新。创业是一种从能够自我发展达到不断创新的过程，创业者通过把创新的、能使客户满意的产品或服务推向市场来使财富不断增值。

（四）创业能深化创新

创业可以反向推动新发明、新产品或新服务不断地涌现出来，创造出新的市场需求，让创新更具有外在动力，实现创新的经济价值和社会价值。

通过对上面创新与创业的内在联系的阐述，我们进一步发现创新与创业是密不可分的关系，在日常生活中，当我们有了创新的设想时，就应该想方设法让它变成现实，实现人生的价值；同样，创业能激发我们更多的热情，让我们对未来充满憧憬，在遇到困难时，也会有破釜沉舟的勇气和决心。

创业案例　**90后海归女孩让家乡农业“潮”起来**

在安徽省滁州市全椒县文旅景点太平古城内，古色古香的建筑物环绕间，一间名为“全椒风物”的品牌店引人注目。店面透明的玻璃墙上，是白色画笔描绘出的碧根果（又名薄壳山核桃）、蜂蜜、花生等农副产品的卡通形象。

不难看出，门店的主人是位年轻人，1994年出生的马宇轩之前在美国留学并工作，也曾在深圳经商，2020年回到家乡全椒县后，她做出了让周围人颇感意外的决定——投身家乡农业和旅游业发展。

马宇轩的母亲在全椒县从事碧根果种植，此前，马宇轩未曾仔细了解过家乡的农业产业，但她抱有坚定的信念，想用自己所学知识建设家乡。经调研，马宇轩重塑了对乡村的认知，流转土地打造家庭农场，并谋划“四季有尝”的发展理念——实现农场里从春天到冬天都有挂果或花朵。

她曾在菜市场和农贸集市卖桃子，但来往购买的人并不多，她也在路边摆摊卖过莲子，但发现隔了一夜，果实腐坏。由于天气多变、缺乏销售渠道、生鲜物流成本高等因素，2020年，农场种植的8 000斤鲜桃几乎全部烂在地里。

现实的打击让马宇轩第一次觉得做农业“很吃力”，但她并没有气馁，她决定和种植户抱团发展，解决农产品品牌竞争力不强等问题。

2020年，“全椒风物”品牌店诞生。那一年，马宇轩走访了全椒所有乡镇，摸清每个乡镇的土特产门类和销售现状，并和特产供货商深度合作，从包装设计到产品宣传进行创新。

也正是那一年，她认识到一个人的力量有限，开始系统组建运营团队。退伍军人、电视台记者、文旅行业创业者……她从各领域发掘人才成立品牌部、市场部、策划部。目前，其团队核心成员有18人，基本都是95后，还有不少返乡青年。

经常外出调研学习的马宇轩发现，家乡乡村旅游、户外露营业态还存在一定的空白，她又瞄准了“农业+旅游”的经营方向。

她发现当地石沛镇黄栗树风景道的生态优势，也对当下的家庭游、自驾游现状进行调研，萌发规划打造符合年轻人以及家庭周边游需求的自然乐园的想法。

2021年夏天，在中国最美乡村之一的黄栗树村，囊括农业系统、度假系统、研学系统、生活系统的雅绮自然营地应运而生，让人回归自然、感受自然。一期占地面积387亩，满足城市人群旅游度假、亲子教育、休闲娱乐等需求。“目前，户外生活逐渐成为一种流行时尚的生活方式，营地也成为推介家乡风景和特产的窗口。”马宇轩说。

营地刚开始建设的时候，恰逢农场水果上市，马宇轩忙得两头跑。她见过清晨4点多的县城，也见过满天繁星的乡村，早出晚归的她能清楚感知一天从冷到热的气温差距，还曾看到月亮和夕阳同时挂在天空中。

经过努力，营地形成了“农业旅游+农业种植+农业销售”的全方位产业，也是当地政府重点旅游项目，青少年可以在此开展森林研学，游客能参与果蔬园、露营基地、房车营地、户外探险基地等主题活动。

马宇轩不忘带动乡亲们致富。营地为周边村民及贫困人口提供就业岗位，开业至今带动周边就业达6 000人次。有一位当地的张姓农户在营地当管家，一段时间后，他的妻子前来应聘成为厨师，工作闲暇时还在抖音直播跳舞，为基地“引流”增添人气。前不久，二人的儿子也来基地从事劳务管理工作。如今，一家三口生活越来越好，交通工具也从三轮车换成了小轿车。

她坚信做“农”是一件很潮流的事，也需要很深的情怀。她也将这份情怀注入家乡优势产业。全椒县被誉为“中国碧根果之都”，全县碧根果总种植面积达8.2万亩，马宇轩所在的全椒薄壳山核桃产业协会由102家种植大户组成，但协会面临缺乏年轻人的困境。

“走农业和旅游这条路，投资回报并不是立竿见影的，但未来乡村振兴的出路，必然与一群有学识、有眼光、有匠心、敢创新的青年紧密联系在一起。”马宇轩说，做美好家乡的建设者就是自己的远大理想。

资料来源 王海涵，王姗姗. 90后海归女孩让家乡农业“潮”起来［N］. 中国青年报，2023-03-28（4）.

训练1 创业概念要点练习

【训练目标】

1. 了解创业困惑的解决之道。

2. 知道创业应具备的要点。

3. 明确具备创业要点的重要性。

【训练步骤】

1. 教师向学生介绍本次训练活动的训练目标。

2. 教师将学生们分成小组，建议每组3～4人。

3. 教师给每个小组一张白纸，让学生在上面写下小组的创业想法，尽可能详细地描述出这个项目的内容要点。

4. 学生翻看笔记和教材，将在课上学到的知识点与自己小组的项目一一对应，并将对应的知识点标注在纸上。一定要综合小组集体智慧，对应的知识点越全面越好。

例如：我要和同学一起开一家甜品店，这是合伙创业行为；我要在公司内新成立的部门负责一个新项目，这是就业型创业。

5.教师引导学生从个人的兴趣爱好、生活方式、价值观、特长等方面对创业想法进行优化。

6.教师随机选择两个小组上台展示自己的创业想法与对应的创业知识点，教师对小组的成果给予评价。

【说明】

在展示成果环节中，教师要指导学生将重点和关键知识点进行突出，以便其他小组成员能够更好地理解和吸收。

任务2　时代呼唤创业

一、我国的创业形势

当前，我国创新创业呈现高质量发展态势，创业数量可观、创投活跃度高、创服机构同步跟进，整体创业环境优良。①中国青年创业就业基金会与泽平宏观于2022年11月15日发布的《中国青年创业发展报告（2022）》显示，青年创业呈现出年轻化、高学历、启动资金规模小的特征。创业主力军学历以本科和大专为主，集中在农林牧渔、批发零售和教育文化等行业。近七成的创业青年启动资金规模在10万元以下。超半数青年创业者盈亏存在波动，七成青年创业者在3年内开始盈利。54%的大学生创业者参加过创业大赛，62%的新兴科技青年创业者认为创业园区、孵化器等创新创业平台对其创业成功帮助大，56.2%的返乡创业者是大学生。

随着国家创业环境不断改善，创业扶持政策不断细化，2015—2021年，中国青年创业发展指数由100升至171。在50座2021年青年创业友好型城市中，北京、深圳、上海位列前三名，一线城市、发达省会城市及东部发达地级市排名居前。《中国青年创业发展报告（2022）》指出，创业资金、社会资源和知识储备是青年创业主要面临的困难，加大创业税收优惠政策支持力度和简化行政审批手续是超六成青年创业者的主要诉求。

近年来，各地纷纷推出切实助力青年创业的针对性措施。例如，广州注重打造创新创业培训品牌，推动创业项目与产业融合发展。青岛强化升级“团银协作”模式，提升创业金融支持。重庆依托帮扶品牌项目“青锋计划”，解决青年创业初期融资难题。郑州成立孵化载体行业协会，搭建政府与企业载体的沟通桥梁，激发“双创”活力。沈阳打造“五位一体”创业导师队伍，多元化资源扶持创业。

可以看出，当前我国的创业环境与形势发展较好，为大学生创新创业提供了施展才干的舞台。大学生群体是最具创新、创业潜力的群体之一，是大众创业、万众创新的生力军。近年来，我国大学毕业生自主创业的比率逐渐呈上升趋势。麦可思研究院发布的《2022年中国大学生就业报告》数据显示，我国大学毕业生自主创业比例连续两届略有上升，2022届大学毕业生自主创业比例达到了1.5%，比2021届（1.2%）高了0.3个百分点，比2020届（1.0%）高0.5个百分点。2022届高职毕业生自主创业

① 王珊珊.《中国青年创业发展报告（2022）》发布［N］.中国青年报，2022-11-18（1）.

比例（2.2%）高于本科毕业生（0.9%）。

当前我国经济正步入“新常态”，经济增速从高速转为中高速，经济结构不断优化升级，创新驱动成为主要经济增长动力。党的二十大指出，要完善促进创业带动就业的保障制度，支持和规范发展新就业形态。因此，大学生积极创新创业的意义，不仅在于简单地缓解就业压力，更在于培养大学生的创新意识和创业能力，激发整个社会的创新活力，从而为适应“新常态”提供新的增长动力。

二、创业的功能与意义

（一）创业的功能

创业具有增加社会财富和就业岗位、促进生产力发展和科技创新、推动经济发展等功能，同时也具有解决社会问题、推动社会进步和充分发挥人才价值的重要功能。

1.增加社会财富，促进经济发展和社会繁荣

创业过程是增加社会财富的过程。创业过程中的生产经营直接为社会创造财富，增加国家财政税收，同时扩大了社会价值。创业是经济发展中最具活力的部分，是经济发展的原动力。创业活动通过创新，改变、升级甚至颠覆传统的产业格局，快速培育、发展了许多新兴产业，促进了经济发展与产业结构的调整。我国政府提出的“大众创业、万众创新”的国家战略，大大激发了创业活力，保证了我国经济的高速发展，同时提升了经济发展的质量。

2.实现科技成果转化，促进技术进步和生产力提高

创业，特别是高新技术创业，直接实现了先进技术成果的市场转化，推动了新技术、新模式、新发明、新产品和新服务的快速涌现，创造了新的市场与消费需求。创业是通过新的理论方法、新的科学技术、新的知识信息和新的制度机制形成现实生产力的催化器和转化器，通过创业将新的技术与工艺、新的产品与服务、新的方法与模式推向市场。反过来，伴随着大量科研成果转化型创业企业的诞生与快速发展，创业在推动生产力的发展与提高的同时，也直接推动着技术进步。

3.有效增加就业岗位，缓解社会就业压力

就业，是最大的民生。创业，不仅创造了创业者自身的就业岗位，也创造了大量保证创业活动的其他就业岗位，即为社会直接创造并增加了就业机会。近年来，我国高校应届毕业生人数持续增长，就业形势持续严峻。我国政府也推出了若干提倡和鼓励大学生自主创业的积极扶持政策，引导大学生通过创业来解决就业问题，取得了很好成效。总之，创业可有效扩大就业范围，降低劳动失业率，可大大缓解社会就业压力，从而稳定社会秩序。

4.充分发挥人才价值，推动创业者实现人生价值

许多上班族之所以感到倦怠，没有积极性，其中一个重要的原因是认为自己在给别人“打工”，受职业平台限制，个人的想法得不到充分肯定，很多想法得不到实现，不能充分发挥才能，没有成就感，没有完全体现出个人的价值，而创业可以帮助他们摆脱原有的束缚，不再受制于人，充分发挥自己的最大潜能，更好地体现自己的人生价值。通过创业，可以大大地促进创业者积极性、主动性和创造性的发挥，为社

会贡献经济价值与社会价值。

大多数创业者在创业时，会选择自己喜欢且擅长的领域，因为是自己感兴趣并有优势的领域，所以创业过程对创业者而言是一种享受、释放能量的过程。创业无论成败，创业者在创业过程中都可收获丰富的人生阅历与经验。因此，创业具有推动创业者实现人生理想与价值、获得自身全面发展的重要功能。

（二）创业对大学生的意义

1.有助于提升大学生的综合素质与能力

（1）锻炼心理素质。创业过程充满不确定性，创业者会面临各种挑战和风险。大学生在创业活动中，会深刻体会到创业的复杂艰难与市场竞争的残酷，形成自立自强和风险危机意识，从而锻炼并提升抗挫折、抗压、积极进取和开拓等优秀心理素质。

（2）完善知识结构。创业是一项复杂而系统的工程，往往需要创业者具备多方面的知识和技能，如一定的管理、商务、投资、市场营销、企业运营和法律等方面的知识和技能。大学生在创业过程中，必然会根据创业面临的问题和需求，积极主动地学习。经历过创业的人，往往会成为“百事通”，即创业者在创业过程中会快速学习、积累各方面知识，完善自己的知识结构。

（3）塑造人格品质。创业是一种社会化与市场化的行为活动。创业发展与成功往往有赖于创业者的人格魅力和优良品质。创业从来都不是一帆风顺的，因此需要创业者具备坚韧的意志品质。

创业活动是在社会中进行并服务于社会的。一方面，创业活动受法律法规、社会道德规范和市场规则等约束；另一方面，在创业过程中，必须以诚信立业，以契约进行合作与交易，这些是创业的基本规则和必然要求。因此，大学生通过创业，可培养自己的坚强意志和契约精神，塑造诚信正直和社会责任感等优良人格品质。

（4）提升多种能力。创业需要创业者具备多方面的能力，才能有效组织创业活动，解决创业过程中的困难与问题，顺利推进创业活动。大学生在创业过程中，其领导能力、组织管理能力、团队协作能力、创新能力、问题解决能力、沟通谈判能力、社会交往能力和资源整合利用能力都会得到极大的锻炼和提升。

2.有助于大学生加速成长与社会化

对于大学生来说，创业可被看作一种实践性学习。这种完全实战、具有风险与压力的创业活动，迫使大学生在高度紧张与压力下进行快速学习。因此，创业是大学生学习成长的最佳平台，使大学生的心智、能力和社会经验获得快速成长。创业是直接面向社会的真实场景，区别于相对单纯的“象牙塔”，大学生在创业过程中，随时需要与团队、客户或用户、供应商、政府等打交道。经过创业的磨炼，大学生的社会化程度会大大提升。

3.有助于大学生打造核心竞争力

一般来说，敢于创业的大学生都比较有想法，相对来说更优秀。在校创业的大学生，少数毕业后会继续创业，绝大部分学生仍会选择就业。用人单位在招聘大学毕业生时，特别看重其社会实践经验，而创业经历是所有实践经历中最具有说服力的。近几年，越来越多的企业更青睐招聘有创业实践经验的毕业生。相关统计显示，有创业经历的大学毕业生就业质量明显高于无创业经历的大学毕业生。可以说，创业可有效打造大学生的职业核心竞争力，形成就业的独特优势。

4.有助于大学生发挥才能，实现理想

有人说，创业者选择创业是生活方式的选择，创业可帮助创业者实现四个自由：财务自由、时间自由、管理自由和心灵自由。不论这种说法是否严谨，至少可以说明一点：大学生创业基本都是基于个人兴趣、专业技能和资源优势的机会型创业，而鲜见迫于生计压力的生存型创业。结合兴趣与优势的大学生创业，可大大激发其创造力，释放自我潜能，实现自我价值与理想。另外，大学生选择自主创业，也是一个深入认识自我、完善自我和实现自我的过程，是发挥个人才能与实现个人理想的有效途径之一。

三、创新创业与人生发展

党中央高度重视大学生创新创业，习近平总书记多次对大学生创新创业做出重要指示。例如，青年是国家和民族的希望，创新是社会进步的灵魂，创业是推动经济社会发展、改善民生的重要途径。青年学生富有想象力和创造力，是创新创业的有生力量。让创新成为青年远航的动力，让创业成为青年搏击的能量等。

（一）人生就是一场创业

孟加拉国经济学家格莱珉银行的创始人，2006年诺贝尔和平奖得主穆罕默德·尤努斯曾说过：人人都是创业家！我们的先祖——原始人类在“洞穴”生活时代，完全是自给自足，都是自己的“自营业主”。随着社会文明和科技发展，人们往往忘却了自己就是创业者，压抑或忽略了自己的创业天赋和能力，大多把自己定位为普通就业者。

人生与创业具有相似的逻辑、阶段、特征和发展要求。人生发展的整个过程，是面向未来不确定的环境，不满足于现状，在一定资源条件约束情况下寻求发展机会，努力整合资源，通过创造价值实现人生理想与目标的过程，即人生发展的过程与创业的过程在逻辑上是完全相通的。人生发展与创业过程都会经历探索、准备、起步、发展、成熟、衰退和退出等阶段，具有相似的发展历程。人生与创业都具有社会性、发展性、实践性、曲折性、价值性和风险性等共同的特征。从发展要求方面来看，人生与创业都需要主体发挥其积极性、主动性和创造性，需要依靠个体的精神动力、优势能力、资源经验和努力付出去捕捉机会，创造价值，成就属于自己的事业。

（二）精彩人生需要创业

一方面，新时代对劳动者的要求，不仅需要劳动者具有必需的就业与职业素质能力，还需要具备一定的创业素质和能力，才能适应并保持岗位的发展要求，从而获得良好的职业生涯发展。劳动者需要具有就业与创业的双重素质能力，是经济发展、社会进步对劳动者的基本要求，也是人们获得良好自身发展的必然要求。

另一方面，需要充分发挥个人的创业精神去开拓进取，需要运用创业思维去对待工作和思考人生，需要以创业的行为方式去主动奋斗和参与竞争，才能博得人生的精彩与成功，赢得精彩而有价值的人生。360公司创始人周鸿祎曾经说过，人生就是一场创业，需要颠覆自我、拒绝平庸，才能突破阶层固化，实现“草根”的野蛮成长。新东方创始人、董事长俞敏洪认为，在“大众创业、万众创新”的新时代，人一辈子一定要有一次创业，否则人生会有缺憾！

（三）以创业来经营人生

成功的人生与创业一样，是需要经营的。我们可以把人生当作新创企业一样来经营，而且借鉴和利用创业的思维理念，可以更好地经营自己的人生。无论我们的职业是医生、律师、教师还是工程师、公务员，为适应新时代的职业发展要求，我们要把自己当成真正执掌新创事业的创业者一样，运用创业者的思维与行动方式，发挥创业潜能，不断推进事业发展，而这个“事业”就是你自己的职业生涯。我们还要把自己当成创业企业的“测试版产品”，面对发展机遇和挑战，需要承认并认识到自己的“缺陷”，迫使自己不断学习和成长，以取得持续的进步、完善和优化。

（四）创业人生需要规划

一方面，随着时代发展和职业变迁，个人职业生涯进入快速变幻期，传统职业生涯的发展路线已被淘汰或调整变革，要适应这种变化，我们需要树立构建个人独特价值、不断尝试的人生态度，运用创业导向的人生规划方法，来规划职业生涯。

另一方面，创业也需要人生规划。不做生涯规划就选择创业是很危险的。创业者缺乏系统、合理的人生规划，没有厘清个人的生涯发展目标与创业的关系，往往会让创业者迷失在创业的烦琐事务中，创业一段时间后，往往会发现自己不适合创业，或感觉创业并不能给自己带来期望的价值。在创业遇到困难时，创业者无法获得足够动力去坚持，以致创业失败。所以，创业者在创业前，要做好生涯规划，确保创业选择符合个人的人生规划和发展目标。

创业案例　**传承长征精神　做新时代“三农”青年**

兴国，一个曾经闪耀中国的名字，兴国人民为新中国的建立做出了巨大的牺牲，是著名的模范县、红军县、将军县，更是烈士县。苏区时兴国5.5万人参加红军，平均每4个兴国人，就有1人去当红军。1934年，兴国举全县之力支援红军长征，“要人出人，要粮出粮，要物出物，要钱出钱。”“万里长征路，里里兴国魂。”在两万五千里的长征路上，兴国牺牲了12 038人，平均每一公里就有一名兴国战士倒下，而这些战士，有的牺牲时还不满18岁……

出生在兴国的刘瑶，从小就对这些红色故事熟读于心，红色基因早已深深地根植于刘瑶的血脉之中，长征精神也一直激励着她不断前进。

“长征精神对我来说是无私奉献、是勇往直前，更是一种愿意为社会为国家去担当的责任。”刘瑶说。

她把红色作为企业文化的核心内涵，果园设计成“爱国园”“模范园”“奉献园”三个主题园区，将脐橙的主打产品命名为“将军橙”，使消费者在购买脐橙的同时受到红色文化的熏陶，将红色教育与休闲采摘相结合，潜移默化传承伟大长征精神。

创业五年来，刘瑶在学校和种植基地两头跑，没有一次闲暇的假期，但她累并快乐着。“这五年，我体会了创业的艰辛，也感受了成功的喜悦，但更意识到肩上的责任。”刘瑶说，她希望通过自己的示范，让更多年轻人留在家乡，助力家乡发展。

在希望的红土地上，刘瑶用汗水收获了成长。五年来，刘瑶先后获评“2018全国大学生创业英雄百强”、江西高校2019年“最美大学生”、赣州市“农村青年致富带头人标兵”、兴国县“青年建功标兵”等荣誉称号，成为了一名有理想、有担当的新时代“三农”青年。

在新时代的长征路上，像刘瑶这样的“三农”青年还有很多，他们舍弃了大城市的繁华，脚踏实地，发扬艰苦奋斗、无惧险阻、勇往直前的长征精神，把广阔的农村当作课堂，学有所成却没有忘记身边的乡亲们，给种苗、教技术、提供就业岗位……在带领父老乡亲脱贫致富、为乡村振兴做贡献的同时，也实现了自己的人生价值，绽放了最美的青春。

资料来源　邓玉玲. 长征路上新青年丨创业英雄“瑶姑娘”：广阔农村大有可为 做新时代“三农”青年［EB/OL］.［2021-10-28］. http: //jx.cnr.cn/tp/20211028/t20211028_525644506.shtml.

训练2　用创业画布做人生规划

【训练目标】

1. 了解创业导向人生规划的设计工具，理解其对于个人人生规划的重要性和价值。

2. 培养个人的创业意识，将创业导向应用到自己的人生规划中，为未来的发展做好准备。

4. 提高个人的自我认知、目标设定和计划实施能力，掌握创业过程中的关键技能和方法，为未来的创业之路积累经验。

【训练步骤】

根据创业导向人生规划的设计工具相关内容，结合自己的实际，依照下面的人生规划画布模块深入思考，将结果填在表1-1中。

表1-1　创业导向人生规划画布

<table>
<tr><td rowspan="2">我是谁，我拥有什么</td><td>我要做什么</td><td rowspan="2">我怎样帮助他人</td><td>怎样宣传自己和交付服务</td><td rowspan="2">怎样和对方打交道</td></tr>
<tr><td>我能帮助谁</td><td>谁可以帮我</td></tr>
<tr><td colspan="2">我要付出什么</td><td colspan="3">我能得到什么</td></tr>
</table>

任务3　创业的要素与过程

创业是一个复杂且循序渐进的过程，它需要创业要素的协同作用，才能产生效能。创业的过程包括了从产生创业想法到创建企业并获得回报的整个过程，所以我们从创业的要素出发，可以将创业过程划分为六个主要环节。

一、创业的要素

在线课堂1-5

创业的要素

迄今为止，在人们对创业要素的认知和分析中，最为典型和公认的创业要素模型为蒂蒙斯模型（如图1-2所示）。该模型提炼出了创业的三大关键要素，即创业机会、创业者及其创业团队、创业资源。

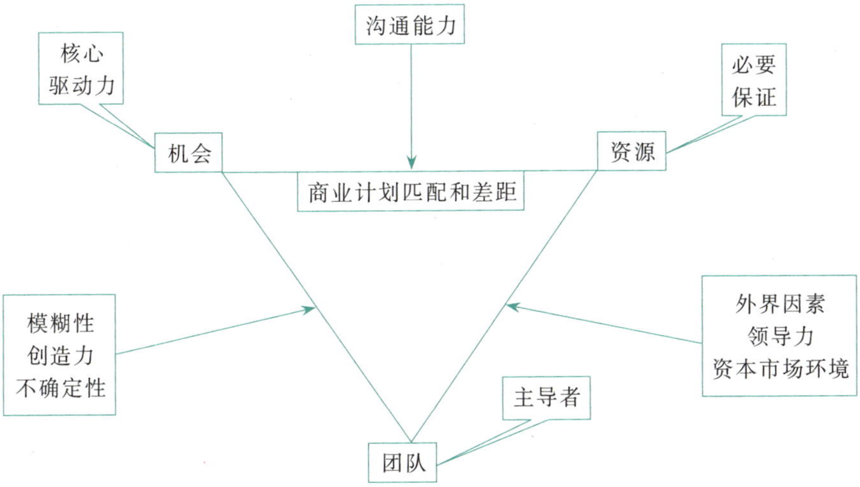

图1-2　蒂蒙斯模型

1. 创业机会

创业机会是创业者可以利用的商业机会，所以在这里我们可以将创业机会等同于商业机会。但是从创业过程的角度来看，创业机会也可以是创业的起点，创业过程就是围绕创业机会进行识别、开发、利用的过程。

2. 创业团队

创业团队是指在创业的初期也包括企业成立前和成立早期，由一群才能互补、责任共担、愿意为了同一个创业目标而奋斗的人所组成的特殊群体，简单来说，就是一群为了共同创业梦想而走到一起可以各自发挥所长的人。

3. 创业资源

创业资源可以是无形的也可以是有形的，它不仅仅指在创业过程中所用到的人、财、物，也可以是信息、环境、政策等。它是指创业企业在创造价值的过程中需要的特定资产，包括有形资产与无形资产。它是企业创立和运营的必要条件，主要表现为创业人才、创业资本、创业技术和创业管理等。

一般认为，这三大核心要素是创业活动中不可或缺的。创业机会是创业过程的重要驱动力，如果没有创业机会，创业活动就成了盲动，难以创造真正的价值。创业机会是普遍存在的，关键要看创业者及其创业团队能否有效识别和开发创业机会。创业团队是创业过程的主导者，如果没有创业者及其创业团队的主观努力，创业活动是不可能发生的。创业者及其创业团队把握合适的创业机会后，还需要有相应的资金和设备等创业资源。创业资源是创业成功的必要保证，如果没有必要的创业资源，创业机会也就难以被开发和实现。

蒂蒙斯模型具有动态性的特征，认为创业过程实际上是三大要素之间相互作用、由不平衡向平衡方向发展的过程。随着创业过程的开展，其重点也相应发生变化，创业者要将三者做出动态调整。因此，该模型要求三大要素之间达到匹配和平衡。创业现象也被认为是创业机会、创业者及其创业团队和创业资源三者之间的有效连接。

二、创业的过程

在线课堂1-6

创业的过程

创业的过程是指创业者从有创业想法开始到创业成功所经历的一系列流程和步骤，主要包括产生创业动机、识别与评估创业机会、整合有效资源、创建新企业、运营管理新创企业和收获创业回报等。

（一）产生创业动机

创业动机是创业的原动力，创业活动发端于其强烈的创业想法和动机。不管创业者出于哪种想法和动机，其必须有明确的创业意愿才会有后面的创业行动。要注意的是，创业动机不是打算创业时候的冲动，而是对创业目标与预期收益的深思熟虑。

（二）识别与评估创业机会

创业者决定创业之后，首先要识别并找到适合自己的创业机会，即创业者要在这一步确定创业到底创什么。寻找创业机会是创业过程的关键环节，一方面，需要创业者发挥主动性和创造性去识别有价值、有潜力的、好的创业机会；另一方面，创业者要分析自身情况，确保自己能把握并有能力开发这个创业机会。此外，创业机会识别不是一劳永逸的，之后还要进行有效评价和提炼。关于创业机会的识别和评估，将在本教材的项目四中详细介绍。

（三）整合有效资源

创业者在找到创业机会并确定创业项目或方向后，需要整合资源并以精益创业方式对创业机会实施实践检验，探索各方面的需求条件并验证商业模式，以确保创业项目可行，从而降低创业风险。资源整合的意义在于，创业者在创业初期能够直接利用的资源十分有限，所以在条件窘迫的情况下，能否将劣势转化成优势就是看资源整合的有效程度。

中国青年创业就业基金会与泽平宏观发布的《中国青年创业发展报告（2022）》指出，创业资金、社会资源和知识能力储备是青年创业主要面临的三大困难。可以说，整合创业资源是创业过程中最为重要的一步，其结果直接决定着创业活动能否顺利推进。

（四）创建新企业

创建新企业不是一蹴而就的，需要做大量的准备工作。其中关键内容是创业计划、创业融资、注册登记。有一个周密的创业计划是创意能够变成行动的关键；创业融资在创业过程中至关重要，可以避免资金短缺成为创业的瓶颈；当创业者同时完成了创业计划书和融资之后就可以按照法定程序着手进行注册登记，这个过程包括企业的组织形式、设计企业名称、向市场监督管理部门提出企业登记注册申请、领取营业执照等。

（五）运营管理新创企业

企业成立后，创业者已成为企业的拥有者和管理者。创业者需要打造并管理好团队，组织产品研发与生产，做好市场营销、销售管理和客户服务，做好行政事务、财务等各方面的企业管理工作。在这个环节中，创业者首先要保证企业的生存，保证企业现金流和一定的利润，然后逐步将企业做大、做强。

（六）收获创业回报

创业是获取回报的手段和途径，是一种载体。对回报的正当追求是创业的目的，同时也有助于强化创业者对创业的热情。如果企业运营得比较顺利，在创业者及其团队的努力下，企业会获得快速发展和成长。在比较理想的情况下，经过一段时间的发展，企业有可能实现上市。在这个时候，创业已经算是成功了，创业者可以选择继续运营，也可以某种方式退出。无论哪种结果，创业者都可以收回投资和创业回报，收获创业成就。

三、创业者必备的能力

在线课堂1-7

创业者必备的能力

创业是一项具有挑战性的社会活动，是对创业者综合能力的全方位考验。创业者能力是指作为创业者应该具有的工作能力，一般是通过教育、培训或在实践工作中通过工作经验的积累而获得的。创业能力是实施创业和创业能否成功的关键因素。在现代社会，竞争日趋激烈，一个人能否在竞争中占据优势、成功创业，一定程度上取决于其所拥有的或者能够运用的各种能力。2013年，我国著名生涯规划与创业教育专家李家华教授将创业者必备的能力总结为：创新能力、学习能力、合作能力、经营管理能力、分析决策能力和人际交往能力。

（一）创新能力

创新能力是创业者进行创业的原动力。创新不仅仅是从无到有地创造某种产品或者服务，更多的情况是在以往的基础上对原有产品和方法进行改进。创业者的创新能力体现在技术、管理和营销上。

（二）学习能力

创业者在提升学习能力时要学会吐故纳新，一切从零开始，保持对环境变化的敏感度，不断学习新知识。创业者要专心于一门，在某些领域精益求精，并具备一技之长，终身学习。创业者还要开阔眼界，不断接触新的事物和观点，找到自身不足并不断提升。

（三）合作能力

能力与他人互补、做到强强联合是创业者提升合作能力的根本目标。创业者在与他人合作之前首先要知道自己的能力专长，选定适合自己的工作任务目标，然后要有效分析合作者的优势和特点，找到互补性和差异性。平等合作和互利合作是维持稳定、良好合作关系的基础。

（四）经营管理能力

创业者确定了创业目标，要组织实施，学会经营、学会质量管理、坚持效益最佳原则。学会对企业、员工、消费者负有高度的社会责任感，学会吸纳德才兼备的志同道合者，与比自己强或者有专长的人共同创业。

（五）分析决策能力

分析决策能力包含分析能力和决策能力两个方面。做有心人，平时多观察、多做市场调查，在市场调查基础上进行决策。养成多思考的习惯，对可能出现的结果都做分析，同时要准备好应对措施。多向同行学习，取长补短，集思广益。决策能力综合体现为决策能力、风险决策能力、当机立断的决策魄力。

（六）人际交往能力

创业者想要有稳固的人脉资源，良好的人际交往能力是重要保障。人际交往能力有表达能力和反应能力两个方面。表达能力是清楚、有效、充分地阐述自己的观点。反应能力是表达能力的有效补充，良好的反应能力能够帮助创业者随时领会、把握表达对象的需求和理解表达内容，也可通过这些及时调整表达方式和内容。

创业案例　追影视觉影视工作室的王欢和她的团队

将摄影悄悄藏进梦里

有人问王欢为什么选择加入追影视觉摄影工作室，她说是因为对摄影的热爱。王欢的姐姐一直从事摄影工作，王欢小的时候就喜欢跑到照相馆去看姐姐，可以说她是在摄影这份工作的熏陶下长大的，长大后王欢也时常会充当姐姐的助理。姐姐总是拿高标准要求王欢，所以当她真的拿起相机拍照的时候，还是会心虚，于是王欢把自己的摄影梦偷偷藏在了心底。

带着摄影追逐创业梦

来到大学后，上了摄影课，王欢终于有机会有勇气拿起相机，当王欢看到同学们看到自己给她们拍的照片露出喜悦的表情时，她确定，摄影师就是自己未来的职业。于是，王欢毫不犹豫地加入了学姐王茜微负责的“追光视觉广告摄影工作室”。在创办工作室之初，一部入门级的单反相机，一块蓝色的背景布便是他们创业的所有家当。虽然工作室很简陋，但是王欢每一天过得都很开心也很充实。晚自习的时候，王欢总会偷偷跑去学姐王茜微那里，让她教自己一些专业的摄影知识，两个人一起学习网上的拍摄教程，然后用工作室仅有的单反相机去练习。时间久了，她们发现，网上介绍的教程都需要固定的场地与专业的相机摄影灯、设备等。然而，这些硬件条件一直困扰着她们。一次偶然的机会，她们把想法告诉了于海宁老师，虽然工作室只有一部单反相机跟一块背景布，条件比较简陋，但老师非常支持她们的想法。

学校助力实现摄影梦

2018年9月刚开学的那天，老师把工作室成员都叫到了办公室，给了他们一把钥匙。老师说，这把钥匙是商业摄影课教室的钥匙。当工作室成员打开摄影教室大门的时候，映入眼帘的是专业影视摄影灯、补光板、多色转轴背景布，更主要的是还有两部专业级单反相机。原来，王欢跟老师谈完自己的想法后，老师就去找了学校艺术设计学院的院长和学校创新创业学院领导，把王欢他们的创业想法与困境跟主管部门进行了汇报，通过协调沟通，得到了领导的认可与支持，让团队场地设备的问题得以解决。这让王欢与她的创业团队接下来的创业之路得到了很大的保障。

这回，王欢在教材上才能看到的摄影设备终于变成现实。经过老师的指导与刻苦练习，王欢和她的团队的技术水平得到了快速提高。工作室在学姐的带领下运营得非常稳定，在各项比赛中也都取得了非常优异的成绩，并获得了学校2018年度优秀创业团队的称号。

随着负责人学姐王茜薇的毕业离校，王欢成为了工作室新的负责人，带领2018届的两个学弟一起开始了新的征程。之前优异的成绩使她倍感压力，但是压力也是努力拼搏的动力。王欢好强不服输的性格让她更加刻苦地学习、钻研更多拍摄技巧。王欢希望给大家提供更丰富的服务，让更多人认可追影视觉摄影工作室的成果。

随着承接业务的不断深入，现在追光视觉广告摄影工作室已经细分为“追光视觉广告设计工作室”和“追影视觉影视工作室”两家工作室。之所以起名追影，因为光影可以照亮一切万物的光明，没有光影一切都是黑暗的。追光，追影，光影不分家，永远都是艺术大家庭的一分子。

资料来源　佚名. 创客时光|第一辑 · 走进『追影视觉影视工作室』[EB/OL]. [2021-12-16]. https: //cxcyxy.lnxdfwxy.edu.cn/info/1062/1209.htm.

训练3　模拟创业过程的练习

【训练目标】

1. 了解创业过程中的所有环节。
2. 知道创业的运行过程。
3. 明确创业的施行程序。

【训练步骤】

以小组为单位，将训练1的创业项目进行一个创业过程环节的拆分。

按照课上所学，对不完整的环节进行补充。在撰写的过程中，要形成逻辑理解能力，明白各个环节的前后呼应与承上启下的作用，并提出你认为最重要的一个环节是什么。小组活动结束后，由小组汇报人汇报本组的结论。可以通过以下几个问题思考自己的项目是否完整。

1. 创业过程的六个环节都能够对应上吗？
2. 你认为哪一个环节是可以省略的？
3. 这几个环节你认为最重要的是哪个？
4. 每一个环节能够带来的价值是什么？即它如何带来收益，如何形成优势，以及为什么会这样等？
5. 补充完善这些环节之后你能够清楚了解创业过程吗？

课后拓学

育德启智

科技自立自强

延伸阅读1-1

辽宁出台20项政策支持大学生创新创业

在2023年全国两会上，习近平总书记在参加江苏代表团审议时指出，加快实现高水平科技自立自强，是推动高质量发展的必由之路。“我们能不能如期全面建成社会主义现代化强国，关键看科技自立自强。”党的十八大以来，以习近平同志为核心的党中央观大势、谋全局、抓根本，做出“必须把创新作为引领发展的第一动力”的重大战略抉择，把科技自立自强作为国家发展的战略支撑，走出了一条从人才强、科技强，到产业强、经济强、国家强的发展道路。

学有所悟：

中国要强盛、要复兴，就一定要大力发展科学技术，努力成为世界主要科学中心和创新高地。我们比历史上任何时期都更接近中华民族伟大复兴的目标，我们比历史上任何时期都更需要建设世界科技强国！

大学生是未来的中坚力量，所以要时刻关注国家的战略规划和发展方向，积极学习和掌握前沿科技，为国家科技发展贡献力量。同时，也要注重自身的能力提升，不断地完善知识结构和技能水平，在未来为国家的科技发展贡献更多的力量。

应用自测

阅读以下案例并回答问题：

“中国大姨夫”背后的创业故事

女朋友经期身体不适，可自己却在异地爱莫能助……这是令不少身为男朋友者感到头痛的难题。然而，中南大学学生伍锋明、杨尚文和湖南师范大学学生冯鹏举却敏锐地从中捕捉到了商机。这三名大男生剑走偏锋，通过创办网站“亲爱的520”，卖起了女性用品——卫生巾，被同学们笑称为“中国大姨夫”。

放弃保研与高薪，卖起卫生巾

名校出身、放弃高薪工作，中南大学能源科学与工程学院应届毕业生伍锋明不走寻常路，找来他的两位合伙人杨尚文和冯鹏举，在网上卖起了卫生巾，追逐着自己的创业梦想。

一次，他收到在广州上学的女朋友寄来的爱心包裹，打开一看，里面有袜子、贴身衣物等物品。深受感动的他，想用同样的方式给女友以关怀。“想到她那几天特别不舒服，我心里就难受，于是大胆地给她寄了卫生巾，结果她很感动，哭得稀里哗啦。”

那些异地恋的年轻情侣们，都有可能面临同样的问题。伍锋明由此提出了一个大胆的创业设想——在网上卖卫生巾。伍锋明找来同院系的杨尚文和湖南师范大学软件学院的冯鹏举商讨创业事宜，三人一拍即合。“我们仨从大二开始便搭档创业，有过失败也有过成功，磨合到现在也积累了一定的创业经验。”杨尚文说。

卖的不仅是产品，还有贴心服务

为了证明创业项目的可行性，他们经常浏览女性论坛搜寻相关信息，发帖征集网友意见，还专程向身边的女性朋友“请教”。之后，三人找代理商洽谈合作业务，探索销售模式，自建网站……

经过两个月的精心筹备，2014年2月26日晚8点，网站正式上线。上线当天就收到100多笔订单。网站累计注册会员达3 000人，累计订单超过600余笔。

他们在网上推出的卫生巾套装，不仅有日用和夜用的卫生巾，还有红糖姜茶、暖宝宝、湿巾、情书等贴心物品。伍锋明说，网站建立之初就被定义为传递关爱与呵护的平台，他们卖的不仅是产品，更是服务。如果男生在购买卫生巾时想给女友写封情书，他们也可以免费代写。考虑到有些女生经期时情绪会受影响，他们还赠送香包等舒缓情绪的小礼品。

被笑称“中国大姨夫”

对于不少男性来说，在超市里经过卫生巾专卖区时都难免会脸红。这3名名校大男生卖起了卫生巾，被同学们笑称为“中国大姨夫”。经媒体报道后，这个称号更是火遍全国。

“同学们见了我就说，‘中国大姨夫’来了。”冯鹏举说，“刚开始我们觉得这称呼带着嘲笑的意味，后来发现，其实这也是一种关注。现在，我们反倒把它当成一种荣誉了，我们既然当了‘中国大姨夫’，那就把‘大姨夫’的工作给做好。”

资料来源　舒文，赵佑．“中国大姨夫”背后的创业故事［J］．湖南教育（下旬刊），2014（4）．

问题：

（1）“中国大姨夫”的创业属于哪种类型的创业？

（2）你如何看待伍锋明、杨尚文和冯鹏举三人放弃保研与高薪去卖卫生巾？你认为他们创业最后的结局是成功还是不成功，为什么？

（3）你认为创新能力对创业有哪些积极作用？

（4）如果你是一位准创业者，大学期间你准备如何拓展自己的人脉资源？

应用自测1-1

答案提示

课后实践

根据【学前实践】形成的成果，结合本项目所学内容，重新分析调查问卷中所访问的创业者，将其创业的过程进行元素拆分，按照课上学习内容拆分其创业过程，说出创业过程都体现了哪些创业原理。

再做一个问卷调查，这次尝试访问一个有着创业失败经历的创业者，结合本项目所学知识，总结创业者失败的原因及启示，即查找其缺少的创业元素。

注意：完成工作任务的实际操作，记录过程并展示成果。

在线测评1-1

项目一

学习评价

本项目学习评价见表1-2。

表 1-2 学习评价表

评价内容	自我评价	生生互评	教师评价	平均分数
理论知识掌握扎实				
实践训练按要求完成				
团队协作能力强				
创新创造能力强				
沟通洽谈能力强				
具有积极性				
目标意识强				
具有自我启发性				
努力达成目标				
具有计划性				
总　分				

填表说明：按评价指标给该生的本次课堂表现进行综合赋分，满分100分，共计10个指标，每个指标按1～10分进行打分。其中，自我评价和生生互评各占30%，教师评价占40%。

总结反思

2

项目二

成为优秀的创业者

》》》》》创业箴言

每个人都想得到社会的认同，得到别人的尊重，都想展现自我价值，那么创业无疑是一条最好的道路。

——海尔集团创始人 张瑞敏

创业是一个人展现个人价值和获得社会认同的最好方式之一。创业需要具备创新意识、冒险精神、实践能力和团队合作等多方面的素质与能力，而这些恰恰是当代大学生所应当具备的。大学生应该积极发掘自己的创业潜力，勇敢地面对挑战和风险，通过创业实践不断提升自己的能力和实现自我价值。同时，创业也是一个为社会做贡献的方式，可以为社会创造价值，创造就业机会，助力经济的发展与社会的进步。大学生应该从创业的角度思考自己的人生价值和意义，勇于拓展自己的人生路径，追求更有意义的人生。

》》》》》学习目标

知识目标

1. 了解创新精神的内涵、特征与基本构成。
2. 了解培育创新精神的方法。
3. 了解企业家的概念与企业家精神的内涵。
4. 了解创业者应具备的四大核心素养。

能力目标

1. 能够自觉培育创新精神。
2. 具备一定的创业素养。

素养目标

1. 培养学生乐于进取、勇于实践的创业精神。
2. 培养学生成为具有科学思维、人文关怀和新时代企业家精神的创业者。

课前自学

》》》》》》学前思考

1.请你尝试用自己的话给企业家精神下定义。

2.查找资料，找一个关于新时代企业家精神的案例，并结合案例思考该企业家具备哪些优秀品质值得我们学习。

3.除了创新精神与企业家精神，你认为还有哪些精神品质是创业者必不可少的？

》》》》》》学前实践

和小组的其他成员设计一份简单的调查问卷。该调查问卷将用于访问一个创业者，这些问题需要集中在：

创新精神在创业过程中起到什么作用？

调查问卷应该不超过两页。测试调查问卷（在班级其他成员中测试，征求他们的意见），确定问卷的问题是否清楚。在访问创业者之后，分析他们的回答，提交一个简短的报告并向全班汇报。小组成员必须协商和安排整个活动过程。课上老师在必要时可以给予指导和帮助。享受这个练习，这是非常有趣的事情！

注意：完成工作任务的实际操作，记录过程并展示成果。

课中创学

任务1 培育创新精神

一、创新精神的内涵与特征

（一）创新精神的内涵

创新精神就是综合运用已有的知识、技能、信息和方法，提出新方法、新思路的思维能力和进行改革、创新的意志、信心、勇气和智慧。创新精神是进行创新活动必须具备的心理特征，是一种勇于抛弃旧思想、旧事物，创立新思想、新事物的精神。创新精神需要我们具备独立思考的精神，不人云亦云、不迷信权威，但也不能狂妄自大，而且要求我们不惧怕犯错误，具有灵活解决问题的能力。

创新精神以遵循客观规律为前提，以敢于摒弃旧事物、旧思想，创立新事物、新思想为特征。创新精神是一个国家和民族发展的不竭动力，也是现代人必须具备的基本素质。为实现中华民族伟大复兴的中国梦，我们唯有努力培养自己的创新精神，才能在未来的发展中不断开辟新的天地。

（二）创新精神的特征

1.综合性

创新精神是创新意识、创新思维、创新个性、创新品德、创新美感、创新技法等多种因素的集合，不是单一的创新因素，具有完整的结构和丰富的内涵。

2.关联性

关联性包含两层意思：一是创新精神的外部关联性；二是创新精神的内部关联性。外部关联性中，创新精神的构成因素与创新活动、创新成果、创新主体直接相关，例如意识、思维、个性、情感、品德、美感等因素，作为一般的因素，其中包含着与创新直接密切相关的成分。这些直接密切相关的成分构成创新精神的因素，但并不是所有的意识、思维、个性、情感、品德、美感都属于创新精神的构成要素。内部关联性中，构成创新精神的各内部因素具有相互依存、相互影响、相互促进的关系，在这种相辅相成的关系中，各内部因素统一于一体，构成一个整体。

3.发展性

创新精神虽然与生理遗传密切相关，但不是天生的，特别是音乐、美术、运动等特殊领域的创新精神尤其需要培养和造就。创新精神同创新能力一样，也是不断丰富、发展更新和与时俱进的。因此，创新精神具有发展性，这一特性为教育培养创新精神提供了可能和前提。

二、创新精神的基本构成

（一）质疑批判精神

创新是对现存事物的否定与超越，因此，创新首先需要有质疑、批判的精神，这是创新的前提条件。

质疑是敢于对一切已知或未知的领域结合自己的独立思考提出质询和怀疑。它要求人们凡事都要问个为什么，绝不盲信盲从。习近平总书记在中国科学院考察工作时强调：“学贵知疑，小疑则小进，大疑则大进。”做学问贵在勤于思考、勇于质疑，小的疑问会带来小的进步，大的疑问会带来大的进步。要创新，就要有打破砂锅问到底的劲头，敢于质疑现有理论，勇于开拓新的方向，攻坚克难，追求卓越。

批判指在质疑的基础上，敢于有根据地对现有知识或结论进行批驳与评判，敢于向权威和陈规挑战。质疑批判精神体现了创业者的独立性和自我意识。一个人云亦云、唯书唯上的人，只能是一个平庸之辈。但是，科学的质疑批判精神并不是简单地怀疑一切、否定一切。质疑和批判的目的：一是要从熟悉的现象进入未知的领域，从而获得新知，发展真理；二是去伪存真，把原来不正确的东西纠正过来。

（二）科学精神

科学精神是一种敢于坚持科学思想的勇气和不断探求真理的意识。创新不是没有现实根据的幻想，不是无视客观规律的为所欲为，而是以科学性为基础的、遵循科学规律的活动。科学精神是创新精神的基石。科学精神作为一种实事求是的精神，要求人们在从事各种创造性活动时要在符合客观实际的基础上，依据事实、实验、实践做出判断；把行为建立在符合客观规律的基础上，不以想象、偏好、愿望来代替现实可能；把实践的效果作为判定认识的真与假以及创新的对与错的标准。科学精神讲究求真求实，反对虚假，讲求实效，尊重客观规律，一切从实际出发，把主观能动性与现实可能性统一起来。科学精神不能保证人们的创新不犯错误、事事成功，但可以减少错误，提高成功的概率。违背科学精神的创新，只能导致失败。科学精神是创新精神的内在规定性，这种规定形成了创新精神的客观性约束，成为创新者判断是否创新、创新能否成功的决定性因素。

（三）开拓精神

开拓精神是勇于开创新天地、开辟新道路、追求新境界等进取和革新的精神品质的总称。创新意味着开拓，意味着进入新的领域，走前人没有走过的路，做前人没有做过的事。面对未知或未行的空间，只有开拓才能进入，只有开拓才有可能创新。开拓精神是一种创造精神，开拓的过程就是创造的过程，即创造出新的方法、新的产品、新的事物。开拓精神又是一种探索精神，因为创新从来没有现成的答案或标准的模式，只能在探索中开拓，在试验中前进。开拓精神表明了创新者的不自满心态，即使取得了相当的成就，达到了相当的高度，也总是把目标定在没有攀登过的高峰上，总是要不断打破纪录，挑战极限。在庆祝日本松下电器的创始人松下幸之助创业50周年的聚会上，有人问他：“创业50年以后，你认为可以给松下电器公司的成就打几分？”松下幸之助答道：“差不多85分吧。”还差15分，所以松下还要继续努力和攀登。开拓精神不仅鼓励创新者不囿于传统束缚，不满足于现有状态，用积极的、开放的、上进的态度看待世界、对待未来，而且鼓励主体不怕困难，以创新为使命，不计较暂时的得失，敢于放弃既得的成就。

（四）冒险精神

创新面对的是不确定性，不确定性是不知道未来事件发生概率的状态。德鲁克认为，创新有着独特的风险与内在的不可预见性，它是变化不定且难以控制的。因此，创新本身就是冒险，创新需要具备冒险精神。我国经济学家樊纲将创新精神看作是冒险加理智，并用定量的方式判断企业家身上有60%是冒险，40%是理智，如果冒险精神降到20%，理智成分上升到80%就变成了学者。冒险精神主要体现在创新过程中追求成功，不怕失败，并在失败的可能中谋求成功，乐于冒险又能理性地对待风险、控制风险，敢于承担失败的代价，并以必要的代价换取利益。因此，创新的冒险精神不是胡来蛮干，而是和科学精神相统一的冒险精神，是富于理性的冒险精神，是以多种“保险”为依托的冒险精神。2007年4月，比尔·盖茨在清华大学演讲时说：“经商的部分乐趣就在于没有人可以向你保证未来怎么发展。这可不像可口可乐，这种10多年来最受欢迎的饮料，也许在20年里它还是最受欢迎的饮料，如果你喜欢那种预测的话，软件领域可不适合，因为微软不断成功的关键就在于它不断冒巨大的风险，同时面对大量的竞争，面对客户的大量需求。软件行业的这种不确定性，在未来将驱使我们不断前进。”

（五）商业精神

创新有着明确的价值目标与功利追求，这就是创造出新的财富、新的效用，以满足人与社会发展的需要。创新的成果需要通过商业活动实现，因此商业精神也是创新的重要内涵。首先，创新不是简单地标新立异，不是刻意地附和时尚，而是一种需要进行经济核算的行为，也就是权衡资源的投入、重组、消耗究竟能产出多大的价值，以此作为创新决策的依据。其次，创新通过商业化不仅可以解决市场问题，甚至为顾客创造新的生活方式，还可以为创新者带来巨额商业利润，因此，还包含了一种用新方法赚钱的精神。以纸巾为例，以前人们随身携带手帕，但同时也带来了不卫生和清洗的问题，后来人们找到一种低成本的方法来解决，就是将手纸切开，包装成小包，随身携带，用过就可以扔掉。这个需求是每个人都有的，所以，多年前纸巾被创新出来，为人们的生活提供了便利。因此，商业精神将创新看作是实现商业回报、发展生产力、促进社会进步的手段，而不是为了创新而创新，如果忽略创新精神的商业精神，就很容易造成创新中的形式主义和资源浪费。

三、培育创新精神的方法

前面我们提到，虽然一个人的创新精神有一定的先天因素，但在更大程度上依赖后天的学习和培养。要想培养自己的创新精神，就要在平时有意识地做到以下几个方面。

（一）有好奇心

好奇心是创新精神的源泉。著名的物理学家牛顿少年时期就有很强的好奇心，他常常在夜晚仰望天上的星星和月亮，思考星星和月亮为什么挂在天上？星星和月亮都在天空运转着，它们为什么不相撞？这些疑问激发着他的探索欲望。后来经过专心研究，他终于发现了万有引力定律。能提出问题，说明在思考问题。好奇心包含着强烈的求知欲和追根究底的探索精神，要想创新，就必须有强烈的好奇心。

（二）有怀疑态度

《论语》中云：“学而不思则罔。”如果我们只是被动地接收外界的信息，就可能造成思维的僵化。因此，我们在平时要有意识地提醒自己主动思考，保持怀疑的态度，不要认为被人验证过的都是真理。许多科学家对旧知识的扬弃，对谬误的否定，无不是从怀疑开始的。怀疑是内在的创造潜能，它激发着人们去钻研，去探索。只有对自己所学习或研究的事物持怀疑态度，才能另辟蹊径，寻找新方向、追求新目标、采用新方法，从而实现创新。

（三）有进取心

进取心是一个人能够不断创新、不断前进的动力所在。进取心表现为不安于现状、不迷信权威，勇于尝试、不断开拓、敢于冒险，不怕“枪打出头鸟”，愿做第一个吃螃蟹的人。创业者的创新精神还体现在不断追求新知、不断进行革新，激发潜在的创造力之火。创新精神的核心是积极进取、热情主动，从不循规蹈矩，摒弃旧思想，树立新观念，善于钻研，勇于探索，争强好胜。纵有千难万险，也不轻易改变，从不半途而废。

（四）有自信心

自我认知程度是我们对自身个体价值的估量。自信是建立在恰当的自我评价上的自信、自信力，是对自己充满信心，遇事不乱，处事不惊，有一种从容平静的心境，能超越自我。自信心是创业者走向成功的重要保障。自信心不强的人，容易产生怀疑和恐惧，面对创新创业的不确定性，常会犹豫不决，往往因害怕变化而墨守成规，平淡一生。

创业案例　**科技创新引领小米高质量发展**

2023年1月，小米集团首次发布《小米知识产权与创新白皮书》，系统披露了其知识产权体系护航全球业务高质量扩张成果，也勾勒出了一幅追求高质量创新、尊重知识产权、寻求长期可持续共赢伙伴关系的中国高科技企业画像。小米集团创始人雷军表示，回首过去三年，高端化战略对小米有很大的影响，这个过程中，知识产权的推进和布局起到了重要推动作用，并深刻改变了小米。

提到小米，人们首先会想到智能手机、可穿戴及林林总总的电子消费类产品。事实上，以“技术立业”为不变坚持的小米，技术研发已进入12个科技领域，包括5G移动通信技术、大数据、云计算及人工智能，同时基于智能制造，进入机器人、无人工厂、智能电动汽车等领域，总体细分领域达98项。小米用实际行动诠释了雷军的科技理念与创新精神。坚持技术为本，培养优秀科技人才，鼓励工程师大胆创新探索，已成为小米迈向高质量发展之路的核心竞争力之一。

党的二十大代表、小米科技有限责任公司手机相机部总经理易彦2018年加入小米集团，全面负责手机相机的研发、产品、测试等工作。如今，小米影像团队已实现全球研发布局，汇聚了整个集团在相机、AI算法、软件、芯片等领域的3 000多名优秀工程师。

“影像技术广泛应用于小米的智能工厂，同时，在机器人、自动驾驶、智能座舱和AR眼镜等领域，也可以大展拳脚，还有诸多科技难题等待我们去攻克。”在易彦眼中，影像的发展和应用空间不可限量。

“党的二十大报告将科技创新提到一个前所未有的高度。”易彦说，“这是国家对于科技企业的期盼，作为科技工作者，我深感肩上责任的重大。我们赶上了好时代，我们要努力深耕技术，勇于突破和创新，加速解决‘卡脖子’问题，为我国高精尖产业的高质量发展贡献智慧和力量，为广大群众的美好生活而努力。”

资料来源 刘艳．我们赶上了好时代——科技创新引领小米高质量发展［N］．科技日报，2023-01-06（3）．

训练1 创新意识训练

【训练目标】

训练大学生的创新、创造意识。

【训练步骤】

1. 日行“一创”。要求自己每天都要有一个发现，或是提出一个问题，对某一问题的怀疑，对问题的假设和解释等。

2. 随身携带记录本。身边准备一个本子，观察工作与生活，争取每天记录一则新发现。

3. 发问。一要学会遇事发问；二要善于请教内行、专家；三要不迷信专家、权威；四要多问自己，千方百计寻找答案。

4. 创新节。确定自己的创新节，一周一天或者一月两天。平时注意发现问题，搜集资料，在创新节集中时间进行整合、精进或完成。

5. 有自己的创新课题。创新课题无论大小，重在“从无到有”。创新课题由同学们自己提出，从而锻炼自己提出问题的能力。宜从小课题做起，重在把最新最好的东西拿来应用。

【训练反思】

1. 每天你是否都能够有新的发现？你是否依然保持着对所有事情的好奇心，渴望自己的想法得到验证？

2. 回顾当你遇到问题时，你首先想到的是应该如何去做？现在回想一下，是否还有更好的方法呢？

任务2 培育企业家精神

在线课堂2-1

企业家的概念

一、企业家的概念

企业经营者有两种称谓——商人和企业家。他们之间虽然有很多相似之处，但是本质上有着较大的区别。所谓的商人，是以利益为驱动，即以赚钱为目的地创造价值。但是企业家，用现代管理学之父彼得·德鲁克（Peter F.Drucker）的话来说，那就是“创造价值是真实的，利润不过是结果”。从这里我们可以看出两种称谓的不同之处，因为理念不同，他们的创业行事风格也有很大的不同。

那究竟怎样才算是企业家？约瑟夫·熊彼特曾指出：“我们把新组合的实现称为‘企业’，把实现新组合的人称为‘企业家’。”企业家（entrepreneur）一词源于法语，它具有冒险家的含义，中文将“entrepreneur”翻译成“企业家”，给它赋予了哲理：

企业家就是踮起脚、怀着憧憬、希望看得更远、完成时代和社会使命的人。

二、企业家精神的内涵

企业家精神最早是由美国经济学家富兰克·奈特（Frank Hyneman Knight）正式提出来的，原意为企业家的才能与才华。但是，随着时代的发展、社会的进步，企业家精神逐渐演变为：企业家特殊才能（包括精神和技巧）的集合，它是一种重要而特殊的无形生产要素。具体来说，这种特殊才能表现为绝不被动地等待机会，而是根据变化有目的、有组织地寻找并系统分析机会，进而实现系统地创新的能力。

企业家精神可以看作是将一系列特质融合在一起的完美品质。企业家精神有三个关键词：创新、冒险、诚信。创新是企业家精神的灵魂，冒险是企业家精神的天性，诚信是企业家精神的基石。同时，具有社会责任也是企业家精神的一大特点，企业家在工作中有所创新，更要不忘初心，有所坚守，在自身发展的同时，不忘尽一己之力回馈社会。“达则兼济天下”，企业家不仅是财富的创造者，更应怀有对国家、对民族、对社会的责任与担当，积极投身公益慈善事业。

三、培育企业家精神的方法

世界著名的管理咨询公司埃森哲（Accenture）曾在26个国家和地区对几十万名企业家进行了访谈，其中，79%的企业领导认为，企业家精神对于企业的成功非常重要。埃森哲的研究报告也指出，在全球高级主管的心目中，企业家精神是组织健康长寿的基因和要穴。可以说，企业家精神是创业成功必不可少的因素。我们可以通过提升以下几个方面的素养来间接培养自己的企业家精神：

（一）企业家首先应有工匠精神

“工匠精神”落在企业家层面，可以认为是企业家精神。第一，创新是企业家精神的内核。企业家通过从产品创新到技术创新、市场创新、组织形式创新等全面创新，从创新中寻找新的商业机会，在获得创新红利之后，继续投入、促进创新，形成良性循环。第二，敬业是企业家精神的动力。有了敬业精神，企业家才会有将全身心投入到企业中的不竭动力，才能够把创新当作自己的使命，才能使产品、企业拥有竞争力。第三，执着是企业家精神的底色。在经济处于低谷时，其他人也许会选择退出，唯有企业家不会退出。

（二）创新是企业家精神的灵魂

约瑟夫·熊彼特关于企业家是从事“创造性破坏（creative destruction）”的创新者观点，凸显了企业家精神的实质和特征。一个企业最大的隐患就是创新精神的消亡。创新必须成为企业家的本能，但创新不是“天才的闪烁”，而是企业家艰苦工作的结果。创新是企业家活动的典型特征。创新精神的实质是“做不同的事，而不是将已经做过的事做得更好一些”。所以，具有创新精神的企业家更像是一名充满激情的艺术家。

（三）冒险是企业家精神的天性

爱尔兰经济学家理查德·坎蒂隆（Richard Cantillon）和芝加哥学派（经济）创

始人富兰克·奈特将企业家精神与风险（risk）或不确定性（uncertainty）联系在一起。没有甘冒风险和承担风险的魄力，就不可能成为企业家。企业创新风险是二进制的，要么成功，要么失败，只能对冲不能交易，企业家没有其他的道路。在美国3M公司有一个很有价值的口号："为了发现王子，你必须和无数个青蛙接吻。""接吻青蛙"常常意味着冒险与失败，但是"如果你不想犯错误，那么什么也别干"。同样，对1939年在美国硅谷成立的惠普，1946年在日本东京成立的索尼，1984年分别在中国北京、青岛成立的联想和海尔等众多企业而言，虽然这些企业创始人的生长环境、成长背景和创业机缘各不相同，但无一例外都是在条件极不成熟和外部环境极不明晰的情况下，他们敢为人先，第一个跳出来"吃螃蟹"。

（四）合作是企业家精神的精华

正如著名的发展经济学家阿尔伯特·赫希曼（Albert Otto Hirschman）所言，企业家在重大决策中实行集体行为而非个人行为。尽管伟大的企业家表面上常常是一个人的表演，但真正的企业家其实是擅长合作的，而且这种合作精神需要扩展到企业的每个员工。企业家既不可能也没有必要成为一个超人（superman），但企业家应努力成为蜘蛛人（spiderman），要有非常强的"结网"的能力和意识。西门子就是一个例证，这家公司秉承"员工是企业内部的企业家"的理念，开发员工的潜质。在这个过程中，经理人充当教练角色，让员工进行合作，并为其合理的目标定位实施引导，同时给予足够的施展空间，并及时予以鼓励。西门子公司因此获得了令人羡慕的产品创新纪录和成长记录。

（五）敬业是企业家精神的动力

德国社会学家马克斯·韦伯（Max Weber）在《新教伦理与资本主义精神》中写道："这种需要人们不停地工作的事业，成为他们生活中不可或缺的组成部分。事实上，这是唯一可能的动机。但与此同时，从个人幸福的观点来看，它表述了这类生活是如此的不合理：在生活中，一个人为了他的事业才生存，而不是为了他的生存才经营事业。"金钱只是成功的标志之一，对事业的忠诚和责任才是企业家的"顶峰体验"和不竭动力。

（六）学习是企业家精神的关键

荀子曰："学不可以已"。学习型组织之父彼得·圣吉（Peter M.Senge）在其名著《第五项修炼》中写道："真正的学习，涉及人之所以为人此一意义的核心。通过学习，我们能够重新创造自我。通过学习，我们能够做到从未能做到的事情，重新认知这个世界及我们跟它的关系。"学习与智商相辅相成，从系统思考的角度来看，从企业家到整个企业必须是持续学习、全员学习、团队学习和终身学习的。

（七）执着是企业家精神的本色

正所谓"锲而不舍，金石可镂；锲而舍之，朽木不折"。英特尔公司前CEO安迪·葛洛夫（Andy Grove）说过："只有偏执狂才能生存。"这意味着，在信息时代，只有坚持不懈、持续不断地创新，以夸父追日般的执着，咬定青山不放松，才可能稳操胜券。在发生经济危机时，投资者可以变卖股票退出企业，劳动者亦可以退出企业，然而企业家却是唯一不能退出企业的人。

（八）诚信是企业家精神的基石

诚信是企业家的立身之本，企业家在修炼领导艺术的所有原则中，诚信是绝对不能摒弃的原则。市场经济是法治经济，更是信用经济、诚信经济。没有诚信的商业社会将充满极大的道德风险，会显著增加交易成本，造成社会资源的巨大浪费。其实，美国经济学家托斯丹·邦德·凡勃伦（Thorstein Bunde Veblen）在其名著《企业论》中早就指出：有远见的企业家非常重视包括诚信在内的商誉。

创业案例　　**张瑞敏的“大锤”**

张瑞敏的创业故事，最广为流传的是拿大锤“砸冰箱”。事实上，张瑞敏在海尔任职的这些年里，他无时无刻不是拿着大锤砸向“变革”。

时光回溯到1984年，35岁的张瑞敏出任濒临破产的“青岛冰箱总厂”的厂长。在那个“躁动而热烈的年份”，国内刚刚改革开放，中国的商业市场方兴未艾，等待万象更新。张瑞敏创办海尔是临危受命，但成就了今天的海尔，却是偶然中的必然。当时，国内物资十分紧缺，家电是绝对的“时髦货”，而国内家电由于质量问题，并不是很畅销。在那一年，“青岛冰箱总厂”营业额只有348万元，亏空高达147万元。

在海尔正式成立的第一年，张瑞敏“甚至连发工资都困难”。但在这样的情况下，张瑞敏还是选择拿起大锤，砸向突击仓库检查时发现的76台“质量缺陷”冰箱。那时候，一台冰箱相当于普通工人两年的收入，有员工提议将这些“残次品”作为福利低价卖给工人，但是张瑞敏为了彻底肃清海尔冰箱的质量问题，还是选择抡起大锤。张瑞敏在创业初期的一锤，砸醒了员工的质量意识。从成立初期到1991年的7年间，海尔只做电冰箱这单一业务，并陆续获得了国家质量管理奖、全国十大驰名商标……成为颇有关注度的家电企业。

1991年，张瑞敏再次抡起大锤，“砸向”海尔业务的改革。这一次，海尔从单一的冰箱业务走向多元化。那年年底，海尔合并了青岛电冰柜总厂、青岛空调器厂，组成琴岛海尔集团，开始进军制冷业务。在制冷业务成功经营三年多后，1995年，海尔继续向白色家电进军，并购红星电器，开始研发微波炉、热水器产品。之后，海尔继续发展彩电等产品，并开始以吃“休克鱼”的方式运营这些“新业务”。

在国内业务做得风生水起之后，张瑞敏再一次敏锐地把握住了先机。在中国加入世界贸易组织（WTO）前两年，便开始谋划着海尔的国际化之路。在当时，不少企业选择给外企做代工换取利润，而张瑞敏却坚定地选择“一定要竖起自己的牌子，坚决不代工一台设备。”

1999年，张瑞敏将“大锤”砸向海外，投资3 000万美元，在美国南卡罗来纳州建立海尔美国工业园，让海尔成为第一个“出海”的中国家电企业。在之后的7年时间里，张瑞敏带领海尔在国外建立了10个制造工厂、17家营销中心、9家研发中心，形成集研发、制造、营销“三位一体”的战略布局。

张瑞敏的海外扩张经受住了时间检验。2020年，海尔智家的海外收入首次突破千亿元。根据知名调研公司BrandZ发布的2020年中国全球化品牌50强，海尔总排名第六，在家电类中排名第一。

资料来源 王欣. 72岁张瑞敏退位，身后海尔从348万成长至3000亿［EB/OL］.［2021-11-06］. https://www.tmtpost.com/5843115.html.

训练2 创业精神测试

【训练目标】

测试学生具备的创业精神水平。

【训练步骤】

请同学们根据自己的第一印象，从下面的四道题目中选出符合自己情况的答案：

1.假设同学们面前有一瓶能预测未来的魔法药水，喝掉一整瓶就会知道自己一生所有的事情，同学们会如何对待这瓶药水？

A.一饮而尽

B.只喝一点

C.喝一半

D.不喝

2.请回答：创业的定义是什么？同学们听到此问题的第一反应是什么？

A.马上翻书或看讲义

B.马上思考和回忆之前讲的概念

C.马上闪现某个熟悉的案例或创业领袖

D.马上想到身边的某个人、某件事、某个场景……

3.假如自己所在的小组因某人违规被罚，同学们会：

A.觉得无所谓，罚不罚与我无关

B.觉得这人太可恶，连累我们小组整体成绩

C.觉得没关系，我们还可以共同努力

D.我一定要把被罚的赢回来

4.现在，有以下4个创业机会，同学们会优先选择哪一个？

A.学校门前开网吧

B.开办一家培训学校

C.开网店或微店

D.成立一家帮助贫困生就业的公司

分数统计：

按以下选项的得分进行计分：

第1题：A=2 B=3 C=1 D=0

第2题：A=0 B=1 C=2 D=3

第3题：A=0 B=1 C=3 D=2

第4题：A=0 B=2 C=1 D=3

结果说明：

得分在6分以上，说明同学们具备基本的创业精神，可以通过学习和历练，开启自己的创业之旅。

任务3　培育创业素养

一、创业者应具备的四大核心素养

在线课堂2-2

创业者应具备的四大核心素养

创业者应该具备的四大核心素养包括创业者的身体素质、创业人格品质、心理素质和知识结构。

（一）身体素质

身体素质是指创业者应该具有健康的体魄和充沛的精力，能够适应新创企业外部协调和内部管理的繁重工作。俗话说，万事开头难。创业与经营是艰苦而复杂的，创业者必须要每天面临许多新困难、新挑战、新问题，创业阶段工作忙、时间长、压力大，如果身体不好，必然力不从心、难以承受创业重任。

（二）创业人格品质

创业人格品质是创业行为的原动力和精神内核。在创业人格品质中，使命责任、创新冒险、坚韧执着、正直诚信等品质与创业成败息息相关。创业是开创性的事业，尤其在困难和不利的情况下，人格品质在关键时刻往往具有决定性的作用。

1.使命责任

使命感和责任心是驱动创业者勇往直前的力量之源。成功的创业者具有高度的使命感和强烈的责任意识，创业活动是社会性活动，是各种利益相关者协同运作的系统。只有对自己、对家庭、对员工、对投资人、对客户、对供应商以及对社会拥有高度的使命感和负责精神的创业者，才能赢得人们的信任、尊重和支持。

2.创新冒险

创新是创业精神的核心要素，创新意识和冒险精神是进行创业的内在要求。创业机会的发现和创意的形成需要进行创造性思维，发挥创造力。同样，机会的开发、资源的整合、商业模式的设计更是创新能力的集中体现。创业的开创性需要有冒险精神，需要有胆略和胆识。同时，在创业实践中也要有风险意识，要注意冒险精神和风险意识的平衡，保持理性思维，降低风险损失。

3.坚韧执着

创业是对人的意志力的挑战。面对险境、身处逆境能否坚持信念、承受压力、坚持到底常常决定了创业的成败，最后的成功往往就在于再坚持一下的努力之中。

4.正直诚信

正直诚信是创业者必备的品质，它体现了成功创业者的人格魅力：讲信誉，守诺言，言行一致，身体力行，胸襟广阔，厚人薄己，敢于承担责任，勇于自我否定，尊重人才，以人为本，倡导团队合作和学习，帮助团队成员获得成就感，坚持顾客价值、公司价值和社会价值的创造。具有良好口碑的人格魅力可以帮助创业者凝聚人心，鼓舞士气，赢得更多合作者的信任和支持。

（三）心理素质

在市场经济中，机会与风险共存。只要创业，就必然会有风险，事业的范围和规模越大，伴随的风险也就越大。没有承担风险的意愿与能力，创业时就会缩手缩脚，裹足不前，创业的理想也就会成为空谈。愿意承担风险是创业者追求事业成功的一种积极的心理状态。

创业是摸着石头过河，没有什么严格与统一的规范。创业者不可能凭借教科书的理论或他人的成功经验一蹴而就，而是需要在创业的过程中不断探索与实践，面对复杂的市场环境需要清醒的头脑与果断的决策。但是失误与挫折总是难以避免的，能够冷静面对挫折是创业者走向成功的重要条件。

创业之路，是充满艰险与曲折的。自主创业就等于一个人去面对变化莫测的激烈竞争以及随时出现的需要迅速解决的问题和矛盾，这需要创业者具有非常强的心理调控能力，能够持续保持一种积极、沉稳的心态，即具有良好的创业心理素质。它是对创业者的创业实践过程中的心理和行为起调节作用的个性心理特征，它与人固有的气质、性格有密切的关系，主要体现在人的独立性、敢为性、坚韧性、克制性、适应性、合作性等方面，它反映了创业者的意志和情感。创业的成功在很大程度上取决于创业者的创业心理素质。正因为创业之路不会一帆风顺，所以，如果不具备良好的心理素质、坚韧的意志，一遇挫折就垂头丧气、一蹶不振，那么，在创业的道路上是走不远的。宋代大文豪苏轼说："古之立大事者，不惟有超世之才，亦必有坚忍不拔之志。"只有具有处变不惊的良好心理素质和愈挫愈强的顽强意志，才能在创业的道路上自强不息、竞争进取、顽强拼搏，才能从小到大，从无到有，闯出属于自己的一番事业。

（四）知识结构

创业知识是进行创业的基本要素。创业实践证明，良好的知识结构对于成功创业具有决定性的作用，创业者不仅要具备必要的专业知识，更要掌握必备的现代科学、文学、艺术、哲学、伦理学、经济学、社会学、心理学、法学等综合性知识和管理科学知识。创业教育的知识结构包括专业、职业知识，经营管理知识和综合性知识。

专业、职业知识是从事某一专业或职业所必须具备的知识，专业知识对于创业者确定创业目标有直接作用。要想在某一领域开展创业活动，就必须深入了解该领域的活动及发展规律。可以说，专业知识就是对某一领域内发展规律的概括和总结。掌握的专业知识越多越深，创业活动就越能有效地开展。综观近年在高科技领域获得成功的创业者，无一不具备深厚扎实的专业知识。因此，大学生在校期间一定要学好专业知识。

在知识经济时代，"T"形知识结构越来越重要，不仅要掌握专业方面的知识，而且应掌握与之相关的非专业知识。只有具备了深厚的专业知识与广博的非专业知识，才能正确分析形势，认清事物的发展趋势，把握全局，最终实现自己的创业目标。经营管理知识是从事经营管理工作必须具备的知识。综合性知识是发挥社会关系运筹作用的多种专门知识，其中包括政策、法规、工商、税务、金融、保险、人际交往、公共关系等。在创业知识的构成中，经营管理知识、综合性知识是较高层次的知识，具有内部资源配置和社会关系运筹的特征。创业知识结构是基本的认知结构，为人们的心理和行为活动提供知识-信息框架和背景，其广度和深度决定了创业活动的广度和深度。

创业者还需要具有相关的法律知识。随着市场经济的逐步成熟与完善，法律规范已经渗透到了经济领域中生产、交换、分配、消费的各个环节和层面，各类新兴市场的培育与发展都离不开法律，具备法律素质、懂法和用法是人才素质结构中不可或缺的重要元素。创业者必须熟悉和了解市场、社会和企业等内外部环境的法律法规及其运行机制，规范自己和企业的行为，保护自己和企业的合法权益。

二、如何培育创业素养

我们在学习和实践过程中，应注意从以下几个方面来培育自身的创业素养：

（一）理想——创业的内在动力

理想，是创业的起点。因为有理想，而不甘心，而行动，而创业，而成功，这是大多数白手起家的创业者走过的共同道路。理想可大可小，可能是为了让自己和家人过上更加富足的生活，可能是为了实现自己更大的人生价值，也可能是为了让更多人改善自己的生活品质。为了实现理想，创业者要打破眼前的樊笼，突破自己的舒适区，这需要一定的勇气和牺牲精神。

正如李开复所说："不是每个人都适合创业，我从比尔盖茨、乔布斯身上，看到创业者最重要的特质是要有 hunger（渴望）。那是 more than passion（超过热情），hunger打造一个企业，他的眼睛会发出火光，动机也许是为了赚钱、打造品牌，或是把某个技术发扬光大、为用户创造价值，都没关系，但 hunger要存在。"

理想是创业的原动力，没有理想，就缺少放手一搏、临门一脚的动力。但在理想的原动力下，创业要成功，还是要按部就班，按照一定的步骤稳扎稳打，才能提高创业成功的概率。

（二）自信——创业的心理支柱

美国《华尔街杂志》在一篇有关企业家的文章中得出结论：成功的企业家都具有能感染他人的强烈自信。创造者和创新者都是对自己"深信不疑的"。他们相信自己，相信自己的决定，失败绝不可能吓倒他们。可以说，强烈的自信或许比其他任何品质更能成为取得成功的关键要素。

自信，是一个人对自身能力的一种肯定。自信是成功的阶梯。唯有自信，才能激发动力、迈向成功。成功创业的人，无不拥有良好的自信心和顽强的意志力。只有自信，才能自强；只有拥有坚强的信念，才能焕发创业的动力。

自信源于实力，来自平时的点滴积累和努力。要想培养自信心，我们就要多实践，从小事做起，在一点点的实践中逐步积攒正向的反馈，不断肯定自己，遇到困难时不断鼓励自己，减少畏难情绪。这样，我们在创业途中遇到困难和挫折时，也能积极面对，大胆尝试。

（三）忍耐——创业的必要保障

创业是一段充满了辛酸苦辣的旅程，创业过程中既有成功的喜悦，也有失败的苦楚，只有创业者有足够的忍耐力才能到达胜利的彼岸。失败的结果或许令人难堪，却是取之不尽的活教材。在失败过程中所累积的经验和教训，是缔造下一次成功的宝贵基础。成功需要经验的积累，创业的过程就是在不断的失败和漫长的忍耐中摸爬滚打积累经验的过程。正如《圣经》里所说的那样："你若在患难之日胆怯，你的力量就要变得微不足道。"

对一般人来说，忍耐是一种美德；对创业者来说，忍耐却是必须具备的素养。马云曾说："今天很残酷，明天很残酷，后天很美好。在这个过程中，很多人都倒在明天晚上。"黎明前的黑暗往往是压在人身上的最后一根稻草，顶得住就能成功，顶不住就会失败。老话说"吃得菜根，百事可做"。筚路蓝缕的创业过程是对精神和肉体的双重磨炼。对创业者来说，肉体上的磨炼算不得什么，精神上的磨炼需要自我忍受，不断提升和成长。艰难困苦，玉汝于成。在艰难困苦时顶得住压力，在孤单的创业道路上耐得住寂寞，才能够"活过明天晚上"，看到美好的后天。

（四）胆量——创业的必要基础

创业是一项冒险活动，必然伴随风险，因此创业者需要强大的心理承受能力，需要胆量、胆识。没有超人的胆识，就没有超凡的事业。创业要求有志者具备超人的胆识，勇于承担多数人望而却步的风险事业。《英国大事件杂志》（The Big Issue）创始人约翰·伯德（John Bird）正是通过风险的把握而获得成功的。伯德说："企业家敢冒风险的勇气从某方面看，来自他们热衷于接受挑战的满足感。有一些企业家更是充满自信，在他们的字典里根本没有'风险'二字。"

创业需要胆量，需要冒险，当然胆量和冒险不是万能的，有勇有谋才能创业成功。冒险是你经过努力，有可能得到，而且得到的东西值得你做出努力；否则，你只是冒进。创业者一定要分清冒险与冒进的关系，无知的冒进是鲁莽和愚蠢，你的行为将变得毫无意义。

创业案例

任正非：我天天思考的都是失败

华为从一个小公司发展成为全球顶尖的通信设备制造企业，其三十余年的发展史犹如一幅波澜壮阔的画卷。同时，伴随着华为成长的不仅是成功的喜悦，也包括如影相随的危机。危机不是来自市场，而是源于华为创始人任正非的认知。

任正非具有很强的危机意识，他曾用《华为的红旗到底能打多久》《活下去，是企业的硬道理》等文章来提醒员工要居安思危。此后，任正非又发表了《华为的冬天》一文，并在其中表示："我天天思考的都是失败，对成功视而不见，也没有什么荣誉感、自豪感，而是危机感。"

同时，任正非认为："我们公司的太平时间太长了，在和平时期升的官太多了，这也许就是我们的灾难。泰坦尼克号也是在一片欢呼声中出的海。而且我相信，这一天一定会到来。面对这样的未来，我们怎样来处理，我们是不是思考过。我们好多员工盲目自豪，盲目乐观，如果想过的人太少，也许就快来临了。居安思危，不是危言耸听。"

在任正非的倡导下，华为人普遍具有较高的危机意识，这也是华为能够持久发展的重要原因。而在华为成为全球通信行业的领先者之后，任正非又提醒华为管理者"让听得到炮声的人做决策"，积极推进企业管理转型。随后，任正非创造性地设计了"轮值CEO制"，带领这个已经非常成功的企业进行全面的组织转型。

在任正非看来，华为发展越快，获得的成功越多，他的危机意识就越强烈。他曾这样告诫华为的高管：“一个企业，一个组织，如果总是背负成功与辉煌的包袱，这个企业其实也离死亡不远了。”任正非的危机意识源自其对市场的深远考虑，渗透在华为发展的诸多阶段。

在华为发展的过程中，几乎在企业每一个值得鼓掌的关头，任正非都通过这种当头棒喝的做法，激起华为人的危机意识。也是在这样的管理之下，华为人才没有被胜利冲昏头脑，才能不断进取。

资料来源　梁策. 创业风控管理［M］. 北京：中国商业出版社，2022.

训练3　创业素养测评

【训练目标】

测试学生具备的创业素养，使学生对自己所具备的创业素质有一个基本的了解。

【训练步骤】

1. 表2-1至表2-11是有关创业者素质的测评表，各表中的A栏和B栏中各有一些表述，看看哪一个更符合你的情况。如果A栏里的表述更符合你的情况，请在A栏右侧的空格中填写“2”；如果B栏里的表述更符合你的情况，请在B栏右侧的空格中填写“2”。

表2-1　独立自主素质测评

A		B	
我不惧怕问题，因为问题是生活的组成部分，我会想办法解决每一个问题		我发现解决问题很难，我害怕遇到问题，或者干脆不想它们	
我不会等待事情的发生，而是努力促使事情发生		我喜欢随波逐流并等待好事降临	
我总是尝试做一些与众不同的事情		我只喜欢做我擅长做的事情	
我在行动上很少受他人影响和支配，能把自己的主张决策贯彻到底		我在行动上会受他人影响，觉得他人意见好，就会按照他人的想法去做	
当我遇到困难时，我会尽全力去克服困难		如果我遇到困难，我会试图忘掉它们，或等待其自行消失	
总计		总计	

表2-2　冒险素质测评

A		B	
我坚信，要在生活中前进必须冒险		我不喜欢冒险，即便有机会得到很大的回报也是这样	
我认为风险中也蕴含机会		如果可以选择，我愿意以最稳妥的方式做事	
我只有在权衡利弊之后才会冒险		如果我喜欢一个想法，我会不计利弊地去冒险	
即使投资于自己企业的资金亏掉了，我也愿意接受这样的现实		我难以接受“投资于自己企业的资金可能会亏掉”这样的现实	
不论做任何事，就算我对这件事有足够的控制权，我也不会总是期待完全控制局面		我喜欢完全控制自己所做的事情	
总计		总计	

表 2-3 顽强执着、坚定信心素质测评

A		B	
即使面对极大的困难，我也不会轻易放弃		如果存在很多困难，真的不值得为某些事去奋斗	
我不会为挫折和失败沮丧太久		挫折和失败对我的影响很大	
我相信自己有能力扭转局势		一个人能力有限，运气起很大的作用	
如果有人对我说不，我会泰然处之，并会尽最大的努力改变他们的看法		如果有人对我说不，我会感觉很糟并会放弃这件事	
在危急情况下，我能保持冷静并找出最佳的应对办法		当危机升级时，我会感到慌乱和紧张	
总计		总计	

表 2-4 诚信品质测评

A		B	
我言行相符，所做的即是我心里所想的		我所想的和我表现出来的行为往往不相符	
我在路上拾到钱包后会主动归还给失主		我在路上拾到钱包后据为己有	
我乘坐公共汽车或地铁时从不逃票		我常常为逃票而沾沾自喜	
我对别人承诺的事情一定会做到		我会经常因为某些原因而未能履行对他人的承诺	
我会认真完成老师布置的每一次作业		我觉得作业完成得差不多就行，没必要追求精益求精	
总计		总计	

表 2-5 责任心品质测评

A		B	
在公交车上，见到老人上车，我会主动让座		在公交车上，见到老人上车，我会选择视而不见	
外出时，找不到垃圾桶，我会把垃圾带回家		外出时，找不到垃圾桶，我会随便找个隐蔽的地方将垃圾扔掉	
我会节省开销，尽力为父母、为家庭减轻负担		只要是自己喜欢的就会购买，我从不考虑自身的经济实力	
我经常帮助有困难的同学和朋友		我很少帮助有困难的同学和朋友	
我发奋学习专业知识，学习各种技能		我认为学习不是首要的事，经常和同学逛街、上网、唱歌	
总计		总计	

表 2-6　守法律己品质测评

A		B	
我有令必行，敢于担当		做错事时，我会找借口，推卸责任	
在生活中、学习中，我一直严格要求自己		我觉得差不多就行，从不严格要求自己	
我严格遵守校规校纪		我经常违反校规校纪	
我熟悉法律，会依法办事		我不了解法律，即使触犯法律自己也不知情	
我能控制自己的情绪和行为		我不能控制自己的情绪和行为	
总计		总计	

表 2-7　勤劳节俭品质测评

A		B	
我花钱有计划，会合理分配每月的生活费		我每月的生活费都不够花	
我很爱惜粮食，生活中不挑食、不剩饭		我经常将吃不完的饭菜扔掉	
我出门时会及时关灯、关水		我出门时经常忘记关灯、关水	
我会节省开销		只要是我喜欢的，我就会购买	
我从不与别人比吃穿		别人有的，我也要有	
总计		总计	

表 2-8　专业能力素质测评

A		B	
我热爱自己所学的专业		我对自己所学的专业毫无兴趣	
我努力学习专业知识，学习各种技能		我认为学习不是首要的事，经常和同学逛街、上网、唱歌	
除学习课本知识，我还经常参加课外实践活动		我很少参加课外实践活动	
我每次都能顺利通过各科考试，没有“挂科”的现象		我偶尔会有“挂科”的现象	
我对自己所学的专业非常精通		我对专业知识一知半解	
总计		总计	

表 2-9　社交能力测评

A		B	
我与别人沟通得很好		我与别人沟通有困难	
我很喜欢当众演讲		我为自己的演讲水平不佳而苦恼	
我喜欢结交朋友，参加社交活动		我的朋友很少，我也很少参加社交活动	
我愿意做会议主持人		我想到要做主持人就发怵	
我喜欢在宴会上致祝酒词		我不喜欢在宴会上致祝酒词	
总计		总计	

表2-10 管理能力测评

A		B	
我喜欢做大型活动的组织者		我不擅长组织大型活动	
我做事情有计划，无论何时何地，都能有目的地行动		我做事情没有计划，想到什么就做什么	
一旦需要做出决定，我常常能尽快地决定做什么		我尽可能长地推迟做决定的时间	
我能经常思考对策，清除实现目标的障碍		我很少进行思考、总结	
我能严格约束自己的行为		我不能严格约束自己的行为	
总计		总计	

表2-11 创新能力测评

A		B	
我擅长讲笑话、说趣事		我不擅长讲笑话、说趣事	
我有想法，喜欢尝试新事物		我从来不做那些自寻烦恼的事	
遇到问题时，我能从多方面探索它的可能性，而不是拘泥于一个方面		我认为按部就班、循序渐进才是解决问题的方法	
我不拘泥于一成不变的生活		我喜欢传统的、稳定的生活方式	
我总是想办法说服别人接受自己的观点		我喜欢接受别人的观点，而不是说服他人接受自己的观点	
总计		总计	

2.将每项素质的得分相加后，分别填入表2-12中A栏和B栏对应的框里，然后在相应的位置打“√”。如果A栏得分为6~10分，说明这些方面的能力或素质是你的强项，请在“强”下面画“√”。如果A栏得分为0~4分，说明你在这些方面的能力或素质不太强，请在“不太强”下面画“√”。如果B栏得分为0~4分，说明你在这些方面的素质或能力有点弱，请在“有点弱”下面画“×”。如果B栏得分为6~10分，说明这些方面的素质或能力是你的弱项，请在“弱”下面画“×”。

表 2-12　　创业素质评价表

素质	A	强 （6~10分）	不太强 （0~4分）	B	有点弱 （0~4分）	弱 （6~10分）
独立自主						
敢于冒险						
顽强执着、坚定信心						
诚实守信						
有责任心						
守法律己						
勤劳节俭						
专业能力						
社交能力						
管理能力						
创新能力						

结果说明：

（1）如果你A栏的总分为60分或更高，说明你具备较高的创业素质。

（2）如果你B栏的总分为60分或更高，说明你需要对自己的弱项加以改进，将弱项转变为强项。

（3）自我测试后，请你的同学或朋友利用上面的表格再对你进行一次测评，比较两次测评的结果，以便更加客观、准确地评价自身的创业素质。

课后拓学

延伸阅读2-1

王健林的“首富成功学”：创新、胆子大、敢闯敢试

育德启智

助力乡村振兴

2017年10月18日，党的十九大正式提出实施乡村振兴战略，要求必须始终把解决好“三农”问题作为全党工作重中之重。党的二十大报告再次提出“全面推进乡村振兴。全面建设社会主义现代化国家，最艰巨最繁重的任务仍然在农村。坚持农业农村优先发展，坚持城乡融合发展，畅通城乡要素流动。加快建设农业强国，扎实推动乡村产业、人才、文化、生态、组织振兴”。

学有所悟：

习近平总书记强调：“推动乡村全面振兴，关键靠人。”广袤的田野，蕴藏着无限的机遇与希望，为许多人提供了人生出彩的舞台。农业农村部数据显示，截至2022年4月，全国各类返乡入乡创业人员超过1 100万。《“十四五”农业农村人才队伍建设发展规划》明确提出，到2025年，培育100万名农村创业带头人，返乡入乡创业人员1 500万人。从发展种植养殖业、开办农家乐，到成为非遗传承人、发展农村电商，再到开发乡村旅游、创办小微企业……近年来，越来越多返乡创业人员用坚持、专业和热爱在农村挥洒汗水，为乡村振兴注入了强劲动能。

青年是整个社会力量中最积极、最有生气的力量，在返乡创业、振兴乡村中也扮演着重要角色。不少返乡创业的年轻人接受过良好的教育、有过在市场打拼的经历，具有开阔的视野、活跃的思维，了解市场需求，善于培育高效优质农产品，延长产业链、价值链。同时，这些返乡创业年轻人善学习、肯钻研，在实现自我成长的同时，也让更多人看到乡村发展的机遇，带动更多人投身乡村振兴这片热土。可以说，年轻人返乡创业，拓展了乡村产业，让资金、技术、人才等要素加速向农村汇聚。

乡村振兴，是一个呼唤人才同时造就人才的舞台。返乡创业青年为乡村振兴添砖加瓦，广袤乡村回馈他们以更多人生出彩的机会。让愿意留在乡村、建设家乡的人留得安心，让愿意扎根田野、回报乡村的人更有信心，在这场乡村与返乡创业青年的“双向奔赴”中，青春之花必将在田间地头绚丽绽放，共同绘就产业兴旺、生态宜居、乡风文明、治理有效、生活富裕的美好图景。

资料来源 邹翔. 青年返乡创业，助力乡村振兴［N］. 人民日报，2022-06-14（5）.

应用自测

阅读以下案例并回答问题：

任正非的企业家精神

一直以来任正非都被认为是中国民营企业教父，可见大家对于任正非的认可与追捧。任正非凭什么被称为中国民营企业教父，在任正非身上具有哪些企业家精神呢？

创新

创新是优秀企业家所具备的特质之一，也是企业家精神的核心。创新这一点在任

正非身上也体现得淋漓尽致。在企业战略方面，从代理到自主研发，从农村到城市，从通信设备到手机，华为凭借不断的创新与变革成就了快速发展。在企业管理方面，从《华为基本法》到任职资格管理，从不拘一格降人才到全员持股，华为无论在企业文化建设还是企业内部管控方面都开了先河，也走在同行的前列，华为不仅是第一个吃螃蟹的企业，同时华为也收获了巨大的成长和快速的发展。正是不断的创新成就了今天的华为，凭借不断的创新让华为一步步超越竞争者。

冒险

冒险是优秀企业家的天性。创业和企业发展本身会存在很多风险，如果缺乏冒险精神，没有甘冒风险和承担风险的魄力，就不可能成为企业家。企业创新要么成功，要么失败，企业家没有其他道路。在深圳这座年轻而又充满激情的城市就诞生了众多的冒险家，华为和腾讯的成功，比亚迪和五洲龙的崛起，众多的冒险家在深圳成就自己的企业和演绎着自己的财富故事。

任正非在这些企业家中也算是颇具冒险精神，记得1992年当华为营业额首次突破1亿元大关的时候，创业合伙人建议把利润分了，但是任正非却依然坚持把赚来的全部利润投入新产品的研发中去，这在当时无疑是一种巨大的冒险。1998年，华为凭借在国内市场的良好表现成为本土第一品牌，面对荣誉和掌声任正非做出了一个伟大而又冒险的决定——“进军海外市场”，我们很难设想如果华为当年躺在功劳簿上会是一种什么样的结局。

学习

学习是企业家精神的关键。任正非非常热爱学习，不仅他自己善于学习，而且他一直致力于在华为建立学习型团队。在任正非的领导下，其管理团队经常跟随任正非云游四海，如在日本学习日本企业的品质管理意识和敬业精神，在美国学习美国企业的创新与创业精神，在德国学习德国企业精益求精的精神。

为了让全体华为人能够接受专业系统的培训与学习，也为了建立华为学习型组织，任正非主导成立了华为大学，华为大学不仅拥有一流的软硬件设施，而且拥有专职讲师2 000多位，作为国内优秀的企业大学之一，华为大学的成立不仅为华为人接受专业系统学习提供了良好的平台和机会，而且为华为客户接受华为产品培训立下了汗马功劳。华为大学的成立也带动了平安大学、比亚迪学院等的成立，各个企业大学的成立极大地推动了企业的发展和员工的成长。

自我批判

任正非是一个敢于自我批判并且把自我批判作为一种领导者关键气质的人。在华为内部，自我批判已经成了华为核心价值观的主要内容，自我批判的目的是不断进步、不断改进，而不是自我否定。只有坚持自我批判，才能倾听、扬弃和持续超越，才能更容易尊重他人和与他人合作，实现客户、公司、团队和个人的共同发展。

任正非曾经在其文章《为什么要自我批判》中写道：“华为还是一个年轻的公司，尽管充满了活力和激情，但也充塞着幼稚和自傲，我们的管理还不规范。只有不断地自我批判，才能使我们尽快成熟起来。我们不是为批判而批判，不是为全面否定而批判，而是为优化和建设而批判，总的目标是要导向公司整体核心竞争力的提升。”任正非不仅严格要求自己要具备自我批判精神，同时他也要求所有华为人要有自我批判精神，他希望华为人“每日三省吾身”，要意识到自己的不足，并不断加以建议，不断地优化。任正非对于不同级别的干部也有不同的要求，凡是不能使用自我批判这个武器的干部都不能提拔。

现在社会不缺少企业家，缺少的是具有自我批判精神的企业家，一个只有不断自我反省和自我批判的企业家才能带领企业不断完善和革新。

分享

分享是企业家精神的动力。任正非把“财聚人散，财散人聚”这句话作为自己经营企业的理念和准则。大家很难想象任正非在自己一手打造的华为仅仅占有不到2%的股份，华为是国内第一家全员持股的企业，华为也是国内第一家员工薪酬与欧美企业并齐的企业。任正非的利润分享机制不仅让华为吸引和聚集了一批国内顶尖的研发与管理人才，也让华为人成为最早富裕起来的一群知识分子。

任正非的大气与分享让华为员工真正成为企业的主人，拥有了“一亩三分地”的华为员工为自己奋斗，为自己在市场上拼杀当然是不遗余力。正是这一点让华为拥有了竞争对手无可比拟的先发优势。

坚持

坚持是企业家精神的本色。经营企业是一件非常辛苦的事情，经营企业也会面临大大小小的困境，在辛苦和困境面前是知难而退还是迎刃而解，作为企业家没有退路，坚持是企业家必须面临的唯一选择，没有持之以恒的坚持精神很难成就一番事业。

正所谓“锲而不舍，金石可镂；锲而舍之，朽木不折”。1992年，华为进入电信市场，在竞争激烈的电信领域，用任正非的话说是误打误撞进入这个荆棘丛生的模式领域，凭借着初生牛犊不怕虎的一腔豪情和坚持不懈的奋斗拼搏，华为持续不断地在研发和管理上投入了巨大的物力、人力和财力，如今华为取得的成就得益于华为多年的坚持和奋斗。

1998年，华为投入巨资拜IBM为师，进行了伤筋动骨的变革，变革需要牺牲，变革也可能失败，面对外界的质疑和员工的“消极抵抗”，任正非没有丝毫动摇，十年如一日，正是任正非的坚持，华为变革取得了极大的成功，如今的华为可以说是中国最具国际化特点和运营效率最高的企业之一。

资料来源 建飞．任正非的企业家精神［EB/OL］．［2017-03-09］．https：//zhuanlan.zhihu.com/p/25672292.

应用自测2-1

答案提示

问题：

（1）商人与企业家的区别是什么？为什么说任正非身上具有企业家精神？

（2）任正非身上具有哪些企业家精神？你认为企业家精神还可以加入哪些特质？

（3）这个案例带给你哪些启示？

课后实践

根据【学前实践】形成的成果，结合本项目所学内容，重新分析调查问卷中所访问的创业者，对其创业的过程进行分析，说出其是否具有创新精神，创新精神在其创业过程中起到什么作用。再做一个问卷调查，这次尝试访问一个有着创业失败经历的创业者，结合本项目所学知识，总结其是否具有创新精神、企业家精神和创业素养。

注意：完成工作任务的实际操作，记录过程并展示成果。

学习评价

本项目学习评价见表2-13。

在线测评2-1

项目二

表2-13　　学习评价表

评价内容	自我评价	生生互评	教师评价	平均分数
理论知识掌握扎实				
实践训练按要求完成				
团队协作能力强				
创新创造能力强				
沟通、洽谈能力强				
具有积极性				
目标意识强				
具有启发性				
努力达成目标				
具有计划性				
总　分				

填表说明：按评价指标给该生的本次课堂表现进行综合赋分，满分100分，共计10个指标，每个指标按1～10分进行打分。其中，自我评价和生生互评各占30%，教师评价占40%。

总结反思

3

项目三

进发创意的火花

创业箴言

白手起家，勿在他人脚跟下凑泊。

——王时槐《明儒学案》卷二十

这句话的意思是自己从一无所有开始创业，不要总是跟随别人停滞不前。在当前经济形势下，创新意识和创业精神成为大学生应具备的核心素养。而在创业过程中，大学生首先要拥有勇气和决心，不惧风险，敢于追求自己的创新理念。其次，还需要具备专业技能和市场洞察力，根据市场需求和消费趋势，注重产品研发和品质提升，开拓有前途的新领域。最后，还需要注重与人合作，不断吸纳新思想和新人才，以及创造良好的人际关系网络，为创业提供更广阔的机会和资源。

学习目标

知识目标

1. 了解创意的含义及其在创业过程中的重要性。
2. 知晓创意促发的创新思维，以及创新思维对创业的重要作用。

能力目标

1. 能够甄别有效的创业机会。
2. 能够运用创新思维不断培养和提升自己的创造力。
3. 能够熟练运用常见的创造技法。

素养目标

培养学生利用创新思维和创造技法解决问题的意识。

课前自学

》》》》》》 学前思考

1.请你尝试用自己的话给创意下定义。

2.查找资料，找到一个关于创意的案例，并结合案例理解创意和创业机会的关系是什么。

3.你曾经产生过某些创意吗？你觉得它能否成为创业机会呢？

》》》》》》 学前实践

和小组的其他成员设计一份简单的调查问卷。该调查问卷将用于访问一个创业者，这些问题需要集中在：

创业者如何产生创办企业的想法？创业者如何识别和认识机会？创业者如何筛选、评估机会？创业者如何把想法转变成一个现实的企业？

调查问卷应该不超过两页。测试调查问卷（在班级其他成员中测试，征求他们的意见），确定问卷的问题是否清楚。在访问创业者之后，分析他们的回答，提交一个简短的报告并向全班汇报。小组成员必须协商和安排整个活动过程。课上老师在必要时可以给予指导和帮助。享受这个练习，这是非常有趣的事情！

注意：完成工作任务的实际操作，记录过程并展示成果。

课中创学

任务1 创意的认知

一、创意是什么

在线课堂3-1

创意是什么

创意是创造意识或创新意识的简称，是指对客观事物的理解及认知所衍生出的一种新的抽象思维和行为潜能。直观地说，创意就是我们通常所说的“点子”、“想法”或“主意”。

创意是经过思考而产生的。思考的依据来源于两个方面的资料：一个是一般性资料，即创意者个人必须具备的知识和智慧；另一个是特殊性资料，即创意者对对象的了解程度。如果用一个形象的公式来表示的话，那就是Ideas=Person×(Knowledge + Information)，即创意=人×（知识+信息）。通常情况下，当创意者把一般性的资料与特殊性的资料融合在一起进行系统分析和研究时，就能在研究过程中产生创意。

二、创意的价值

好的创意是创业成功的前提条件，是一家企业的核心价值。在产品、价格、品牌、营销同质化现象日趋严重的今天，创业者要想从众多竞争者中脱颖而出，就需要有源源不断的创意，不断提升客户的体验价值，最终赢得客户，并创业成功。

在新技术不断涌现和市场竞争日趋白热化的今天，一个产品、一种型号在市场上畅销几年的时代早已一去不复返了。创业者必须审时度势，不失时机地开发新产品并快速地推向市场，这样才能在全球化的市场竞争环境中更具有竞争力。市场先入者凭借先入为主的优势占有市场份额，要比从竞争对手中抢夺市场份额容易得多。在市场上，谁开发产品快，谁就掌握了市场竞争的主动权，就能在竞争中处于有利地位；反之，则处于不利地位，面临失去市场的危险。例如，目前我国市场上手机的平均售价已增长到2 700元至3 000元①，企业想要在中高端手机市场中脱颖而出，关键还是要不断创新，用差异化的产品和技术打动消费者。

对于创新型的产品来说，先进入市场的企业可以享有制定本行业标准的特权，这就等于为竞争对手制造了进入壁垒，延迟业内竞争的到来。例如，微软公司就是凭借Windows操作系统先入为主的优势，成功地成为操作系统软件的行业标准制定者。

三、创意与创新创业的关系

自主创新促进科技进步，科技进步引领经济发展。“创意、创新、创业”这三个词与国家、企业、个人的成长紧密联系在一起，它们不仅是科技进步的内核、经济发展的内核，也是大学生个人成长的内核。这三者之间紧密地联系在一起，缺一不可。

---

① 黄鑫．手机中高端市场竞争加剧［N］．经济日报，2022-09-15（6）．

（一）创意是创新创业的基础

人人皆有创意，但是并不是人人都能够科学地把握创意。创意是捕捉那转瞬即逝的灵光，用创新的思维、创业的形式赋予创意有形的翅膀，每个人的创意都可以创造出奇迹。创意是具有新颖性和创新性的想法，而且能够通过创意创造出更大的效益，包括物质和精神两方面。因此，创意是创新和创业的基础，没有创意很难开始创新和创业活动。

（二）创新是创意的飞跃

创新与创意在思维方式上有不同。从思维类别上看，创意以形象思维为主。而创新是在形象思维的基础上，把一系列表象概念化，通过逻辑思维，把感性的创意上升为理性思维居多的创新。创新与创意在稳定性方面也有不同。创意的过程是突发性和突变性的结合，是灵感的忽然闪现。创新又是概念化、逻辑化的创造方案，具有相对稳定性。创新来源于创意，但是高于创意。创意是一种创新的设想，它不仅要有理论的支持和目标的召唤，还要有实现的过程和检测的环节。

创意变成有价值的创新，是一个充满未知的艰苦的过程。创意具有突发性、突变性和突破性，我们要善于抓住灵感，形成构思，进而坚持不懈地试验，以最终实现创新。因此，可以说，创新始于创意而终于构思。

创业案例　　**开在特色商业街的青春小店**

在上海青浦蟠龙天地十字街上的“普天同秤”非遗杆秤体验馆常能看到这样的景象：有人好奇驻足观看店主手工制作杆秤，有人仔细欣赏“镇店之宝”——一杆金丝镶嵌的大秤，还有不少顾客在购买杆秤文创产品。

店主苏彦滨的父亲是上海非物质文化遗产“杆秤制作技艺”传承人。作为家里第四代“做秤人”，苏彦滨不但将这门手艺传承下来，还设计出多款融入“称心如意”祝福元素的杆秤工艺品，开设了这家既可体验非遗技艺，又能买到商品的店铺。

在电子秤精确度越来越高、应用越来越普遍的当下，手工制作的传统杆秤还有什么存在的意义吗？这是许多人心中的疑问，也是苏彦滨学习祖传杆秤制作以来，一直在思考的问题。在苏彦滨看来，传统手艺中蕴含着“器以载道”的造物理念，还有祖祖辈辈的经验和智慧，他希望将这些器物承载的内涵传递给消费者。

以杆秤为例，清人李光庭所书“市肆谓砝码为招财童子，谓秤锤（砣）为公道老儿”点出了商业中利润与道德之间的关系；民间流传的绝句“笔直一身无节目，斑斑星点最分明。秤斤注两知轻重，大象鸡毛均可衡”道出了杆秤“正直”“准星”“衡量一切”的寓意……

在设计、生产文创产品的路上，苏彦滨团队中设计师们的灵感都来源于这些传统文化内涵。走进“普天同秤”，每一处装修布置、每一件商品背后都有其独特的内涵。

苏彦滨创业过程中遇到最大的困难是将濒临淘汰的实用性工具转换成工艺品。要如何从材料、配件、审美等各个层面做到传承创新，生产出受消费者欢迎的产品，他很是下了一番功夫。然而，作为一家主打小众文创产品的店铺，如何打开市场，仍然是“普天同秤”必须面对的问题。

苏彦滨表示，虽然店铺现在有比较可观的销量，但杆秤毕竟不是快速消费品，他希望让更多人了解杆秤和它背后的文化。因此，苏彦滨在店铺临街的空间设置了展示区，希望通过展示杆秤制作工艺，起到宣传推广的作用。

在上海，像“普天同秤”这样开在非市区核心商业区的特色青春小店还有很多。这些店铺将中国传统文化元素与时尚潮流趋势相结合，既销售产品，也传递着店主们个性化的理念与追求。在青春小店呈现出多彩样貌的背后，是青年创业者“十年磨一剑”的积累和敢于面对挑战的勇气。

资料来源 魏其濛. 开在特色商业街的青春小店［N］. 中国青年报，2023-06-20（6）.

训练1 测测你的创意构想能力

【训练目标】

测试学生具备的创意构想能力。

【训练步骤】

对下面的问题根据自己的情况，可以选择下列答案并计算分数；答“是的”得3分；答“不是的”得1分；说不准的得2分。

1. 你经常会从一些平常的现象和事物中产生一些新鲜的想法吗？
2. 你经常对一些现象产生疑问和不满吗？
3. 你是否对一些现成答案感到不满，尝试着推翻和否定？
4. 你是否喜欢把不相干的事情或概念联系起来，想得很多、很远？
5. 你能保持独立思考和积极创新的意识和态度吗？
6. 你是否喜欢从不同角度、层面上思考同一个问题？
7. 你对某个问题能产生不同的、数量很多的解决思路和办法措施吗？
8. 如果你采用一种思路、方法试图解决难题而不奏效，你是否会转化思路、另辟蹊径去求解呢？
9. 你能预见你的创意设想实施的愿景和结果吗？
10. 你经常会和人们讨论新的创意设想吗？
11. 你是否喜欢与想法奇特的人们沟通、辩论问题？
12. 你是否能向别人简洁、清晰地描述你的创意设想？

结果说明：如果你的分数在30分以上，说明你的创意设想意识和能力很好；如果分数在20分以下，说明你的创意设想意识和能力需要改进和提高。

任务2 创意的诞生

创意绝对不是无本之木，创意来源于生活，是在对生活进行长期的观察、思考后产生的创造性思考，有时候也可能是“灵光一现”。从事创意工作的人应具备三个基本条件：一是要有一定的知识储备；二是善于观察思考和归纳总结；三是要有创造性思维。一般来说，产生创意要经过资料收集、资料分析、深思熟虑、完善改进方案、付诸使用几个步骤。

一、产生创意构想

提出创意，产生构想的过程是一种心灵的活动，与其说它是一种科学活动，倒不如称为艺术活动，创意和构想的产生过程就像宇宙中存在的星星一般，是现实世界中真实存在的事物，但它又像地球的赤道一样，无法一下子测定完毕。因此，创意构想的产生过程就是在意识和无意识之间、现实和虚幻之间经常往返的过程。

创造性的思考力和生动的想象力来源于人们的精神活动，人们总是无意识地完成这种创造活动。大体上，创意构想的产生过程可以分为四个阶段，分别是准备期、孵化期、解析期和实证期。

（一）准备期

准备的要素之一，是把自己过去的经验当作解决问题的资料。这种经验资料包括受过的教育水平、专业技术水平、各种经历以及感情方面的冲动等内容。

要想对问题的本质下定义，就必须从问题的各个角度进行思考，而且要对自己提出怀疑和进行反思。比如：

（1）过去曾经尝试过哪些事情？

（2）在所有的尝试中，哪些事情成功了，哪些事情失败了？

（3）为什么会发生这种结果？

此时要尽可能地收集一切资料，调查各种客观资料和参考文献，和提供资料的人进行研讨，并向对方提出疑问，例如“在我所面临的这种情形下，你又会采取什么样的措施来解决问题呢？”这就是说，对资料来源和提供资料的人都要有进一步的认识，进而建立创意和构想的雏形，再针对具体问题提出相应的解决方法。

（二）孵化期

当一个创意和构想正呼之欲出的时候，我们必须集中精神尽最大的努力来探索创造性的解决方法。在尽了最大的努力之后，我们可以先把问题搁置在一边。这时，我们可以参与一些其他的事，或者进行一下娱乐休闲活动。总之，只要前期的准备工作充分，探讨和研究的过程严谨仔细，那么在这个时候，创意就会自然而然、无声无息地慢慢酝酿，解决问题的办法就可能渐渐浮出水面。

（三）解析期

解析期是“终于了解”的阶段，也就是经过孵化期的努力所获得的成果，此时犹如拨云见日，呈现万丈光芒，创意和构想的创造过程已经抵达终点，各种假设也源源而出。

在这种情况下，我们或许可以找出解决问题的答案，但是，为了要和其他的方案相抗衡，证明这一方案是最为合理的解决之道，我们还需要运用想象力，来展望未来，模拟创意的执行过程，以直觉来判断方案的价值。这个过程要反复进行好几次，直到得到我们需要的答案为止。长此以往，还可以强化我们直觉的敏感性。

（四）实证期

这个时期是将创意和构想进行试验的阶段。这个阶段的作用是要评估创意和构想的各种实用程度，也就是评估创意和构想能解决问题的程度。在一阶段，我们除了要从各个角度对创意和构想进行评估以外，还要考察这些创意中是否有需要修改的地方。如果有必要的话，要对得出的答案进行多次的检验，并进行修改和强化。当然，那些无法通过检验的方案，以一般的方法来修改就不一定管用了，所以，若是遇到这种情况，就要重新从准备期再开始。

我们前面所说的四个阶段中，前三个阶段大概说明了创意和构想的形成过程。但实际上，创造创意和构想的过程并不是一定按部就班、一成不变地一步步按照这四个阶段的顺序来进行的，产生创意和构想的途径非常具有弹性，按照个人的思考习惯，以及本身对问题的不同要求，产生创意和构想的过程也会有所不同。那么，创造性的思考会经由什么样的路线而形成呢？从某种意义上来说，创意和构想的形成过程就和编织的图样一样，一会儿是锯齿状，一会儿是漩涡状，一会儿又变成方块状，可见其过程非常复杂。

爱因斯坦认为："只有以我们所知道的，并能够得到证明的事物为基础来进行思考，我们的心才能够有所进展，最终进入高度知识的阶段，我们可以称为直觉或其他的名称。但是，它究竟是经由哪种路线，才发展到高度知识的阶段，这一点是绝对无法证明的。一切卓越的发明都有这个特点。"

我们收集到的新的客观资料与自己需要思考的问题有所关联，或是以自己的经验可以理解的时候，这些资料才具有意义。我们必须把这些资料理解消化，相互融合，形成一种新的形态，再经过重新的构建，形成一个全新的个体。就一般人而言，面对自己不太熟悉的领域，在寻求解决问题的方案时，他的创造力通常都不会有太大的发展。所以，面对一个需要解决的问题，我们应该以自己丰富的体验为基础来进行思考。如此一来，富有创造性的人可能会有新的发现。那么，得出新的解决方法的可能性自然而然就会相应地提高。

二、产生创意的创新思维

在线课堂3-2

产生创意的创新思维

创新思维是指人类在探索未知领域过程中，进行积极的前所未有的思考，从而创造出新颖而独特的思维活动，是人类思维的高级过程。创新思维运行的过程就是创意的认知过程，创意输出的过程就是创造力产生的过程，创新思维是创意实现和创造力产生的"工具"。

常见的创新思维主要有发散思维、聚合思维、直觉思维、灵感思维、逻辑思维和联想思维，见表3-1。

表 3-1　创新思维的类型

类型	含义	特征
发散思维	发散思维是一种从不同的角度与方向思考问题，以解决问题为核心，以提出尽可能多的解决方案为目标的开放性思维方式	• 流畅性：发散思维可以在短时间内获得成果； • 开放性：打破思维框架另辟蹊径； • 独特性：站在前所未有的角度思考问题； • 多感官性：充分利用听觉、视觉等多种感官
聚合思维	聚合思维是一种将各种信息从不同的角度和层面聚集在一起，尽可能利用已有的知识和经验，将各种信息进行归纳、分析、整合，以此产生新的观点和想法的思维方式	• 向心性：聚合思维将由四面八方的发散思维所形成的结果聚集起来； • 关联性：与目标有关的信息具有关联性； • 求实性：聚合思维产生的成果往往是切实可行的
直觉思维	直觉思维指未对问题进行逐步分析，仅依存内因的感知，迅速对问题做出判断，突然对问题产生顿悟的一种思维方式	• 直接性：不受固有逻辑和规则的束缚； • 非逻辑性：未经过严密的推理； • 迅速性：迅速对问题产生猜想和假设
灵感思维	灵感思维是指当人长时间沉浸在对眼前问题的思考中时，受到外界事物的启发，茅塞顿开，顺势解决问题的过程	• 突发性：灵感往往是突如其来的； • 模糊性：灵感在细节上还很粗糙； • 意向性：灵感思维伴随思维意向运动存在
逻辑思维	逻辑思维是在人的感性认识的基础上，以概念为操作的基本单元，以判断推理为操作的基本形式，以辩证方法为指导，间接概括地反映客观事物规律的思维过程	• 规范性：要基于理论和现实； • 严密性：经得住理论和实际的推敲； • 推理性：人们可以通过运用逻辑思维对事务进行推理判断
联想思维	联想思维是思考者由于某种原因打通思路，让各个思路之间连接起来，将原先未曾有过的相互关联的想法和要素连接到一起的思维过程	• 连续性：由此及彼，就像一条环环相扣的链条； • 形象性：以表象为其基本的思维操作单元； • 概括性：相对于细节，联想思维更注重把握整体

三、创新思维的培养方法

（一）转换思维视角，突破思维定式

在创新过程中，应特别注意思维定式的消极影响，尽量防止或减少已有的思维定式可能产生的束缚作用。为了更好地克服习惯性思维，主要有如下四种方法：

1. 排除“以往经验”的束缚

以往的经验有时会阻碍解决问题的思路，凭以往的经验办事，有时甚至会导致错误。因为有些经验在某种情况下，使人们产生“盲点”，使人们对事物产生错误的判断。

2.不要受学术权威“结论”的束缚

大学生们在日常学习生活中，如果发现某个问题已有专家的定论，往往就会终止探讨，而以专家的结论为准。然而，这样做是不严格和不科学的，因为专家的有些结论不一定正确。这时，大学生们应该针对问题深入研究下去，得出自己的研究结果，然后跟专家的定论相比较。如果自己的研究结果与专家的定论有出入或者相悖，这时切不可盲目迷信权威，而放弃自己的研究成果。正确的做法应该是严格地、仔细地检查自己的研究过程，看是否有哪个环节或步骤出现了错误。如果没发现错误，重复研究考证仍然与自己的结论相一致时，就绝不能被专家的“结论”束缚住，而要鼓足勇气，敢于质疑。

3.摆脱从众思维定式的束缚

在实际生活中，大多数人都可能因为从众心理而陷入盲目性，明明经过稍加独立思考就能正确决策的事，偏偏跟着大家走弯路，这就是从众型的思维定式。形成从众思维的原因，一部分是思想懒惰、肤浅的结果，但在很大程度上是意志力薄弱的结果。正是这种思维定式，使我们胆小怕事，不敢为天下先，抑制了创新的勇气。

4.弱化书本型思维定式

有的人认为，书本上写了的就都是正确的，遇到难题下意识地先查书，如果发现自己的想法与书本上不一致，那就是自己错了。在这些错误认识的指导下，有的人书上没有说的不敢做，书上说不能做的更不敢做；对读书比自己多的人说的话完全相信，一点也不敢怀疑，这就极大地阻碍了人们去纠正前人的失误，开展新的探索。

（二）相对收敛思维，拓展发散思维

收敛思维又称“聚合思维”、“求同思维”、“辐集思维”或“集中思维”，是指在解决问题的过程中，尽可能利用已有的知识和经验，把众多的信息和解题的可能性逐步引导到条理化的逻辑序列中去，最终得出一个合乎逻辑规范的结论。收敛思维的特点是使思维始终集中于同一方向，使思维条理化、简明化、逻辑化、规律化。收敛思维也是创新思维的一种形式，与发散思维不同，发散思维是为了解决某个问题，从这一问题出发，想的办法、途径越多越好，总是追求还有没有更多的办法。收敛思维也是为了解决某一问题，在众多的现象、线索、信息中，向着问题的一个方向思考，根据已有的经验、知识或发散思维中针对问题的最好办法得出最好的结论和最好的解决办法。

（三）相对正向思维，开发逆向思维

逆向思维是指与一般思维方向相反的思维方式，也称反向思维，有人称“倒过来想”。逆向是与正向比较而言的，正向是指常规的、常识的、公认的或习惯的想法与做法。逆向思维则恰恰相反，是对传统、惯例、常识的反叛，是对常规的挑战。它能够克服思维定式，破除由经验和习惯造成的僵化的思维模式。任何事物都具有多方面属性。由于受过去经验的影响，人们容易看到熟悉的一面，而对另一面却视而不见。逆向思维能克服这一障碍，利用事物的另一面，可以获得意想不到的效果。

（四）相对纵向思维，培养横向思维

横向思维，顾名思义，是指这个人的思维有横向、往宽处发展的特点。之所以

称为横向，是因为逻辑思维的思考形态是垂直纵向走向，而横向思维则可以创造多点切入，甚至可以从终点返回起点式的思考。一般具有这种思维特点的人的思维面都很宽，且善于举一反三。这种思维就像河流一样，遇到宽广处，很自然地蔓延开来。

（五）相对抽象思维，唤醒形象思维

形象思维主要是指人们在认识世界的过程中，对事物表象进行取舍时形成的，是只要用直观形象的表象解决问题的思维方法。形象思维是人们在形象信息所传递的客观形象体系中进行感受、储存以后，结合个人主观的认识和情感进行审美判断和科学判断，并用一定的形式、手段和工具（包括文学语言、绘画线条色彩、音响节奏旋律及操作工具等）去创造和描述形象（包括艺术形象和科学形象）的一种基本的思维形式。

（六）改变海绵式思维，强化批判性思维

海绵式思维方式类似于海绵和水的相互作用：吸收。海绵式思维不能够提供一种方法来确定哪些信息和观点值得相信，哪些应该反对。如果一个人始终依赖海绵式思维，那么他将始终相信其最后接收的信息，这意味着所做出的决定不是慎重判断的结果，只是一个偶然的联想。

批判性思维可以弥补海绵式思维的不足，这种思维方式可以帮助人们对自己所做的决断进行言之有据的反省。批判性思维是自我指导、自我规范、自我检测和自我校正的思维方式。它不是一门学科，而是一门训练人们如何更好地思考的教导性和技艺性的学问。

（七）相对逻辑思维，培养直觉思维

直觉思维是指不受某种固定的逻辑规则约束而直接领悟事物本质的一种思维形式。它是根据对事物的生动知觉印象，直接把握事物的本质和规律，是一种高度省略和减缩了的思维。

直觉思维不是按照通常的逻辑规则按部就班地进行的，它既不是演绎式的推理，也不是归纳式的概括。直觉思维主要依靠想象、猜测和洞察力等非逻辑因素，直接把握事物的本质或规律。它不受形式逻辑规则的约束，常常是打破既有的逻辑规则，提出一些反逻辑的创造性思想，如爱因斯坦提出的“追光悖论”；它也可能压缩或简化既有的逻辑程序，省略中间烦琐的推理过程，直接对事物的本质或规律做出判断。

（八）突破思维僵持，激发灵感思维

灵感思维也称为顿悟，它是人们借助直觉启示所猝然迸发的一种领悟或理解的思维形式。运用灵感思维从事创新活动时，大致要经过“悬想”、“苦索”和“顿悟”三个阶段。“悬想”是初始准备阶段；“苦索”是研究阶段；“顿悟”是最后阶段，此时因启动了灵感而恍然大悟，大获成功。

创业案例　　**为飞机智慧维修提供“中国方案”**

刘宇辉，中国南方航空股份有限公司工程技术分公司（机务工程部）机务类机载

信息专家。20多年来，他坚持“创新驱动发展、科技引领未来”的理念，发扬工匠精神，在科技创新的道路上不断向前，助力机载电子化系统关键技术基础平台建设，为推动中国民航的高质量发展贡献力量。

将难点作为兴趣点

1996年，刘宇辉大学毕业后进入南航工作，在从事航空电子技术与工程的实践中，将飞机维修中的难点作为自己的兴趣点，主攻飞机健康监控诊断与大数据领域科技创新。

2002年，刘宇辉成功研发“飞机远程诊断与实时跟踪系统”，打破了波音、空客等原厂技术垄断，开启了以飞行大数据为驱动的飞机智慧维修关键技术“中国方案”，填补了国家发明专利空白。

刘宇辉的研发成果，直接预判飞行故障累计数万次，前移安全关口，使传统的飞机视情维修转为预见性维修模式，节约因引进多个原厂系统而产生的费用约10亿元人民币。

携手团队，科技创新

“一个人的力量是有限的，团结起来的力量是无限的。”正是秉持这样的理念，刘宇辉积极携手团队，科技创新。

为解决大量南航飞机电子“无故障送修（NFF）”的顽疾，刘宇辉团队抓住大量飞机停场的机会，携手机载信息专业工程团队与航材质量验收业务人员，无数次穿插在机库与航材库房之间，完成飞机设备故障自检数据获取与数据推送的新型技术方案设计验证。

历时18个月，刘宇辉团队完成“无故障送修全流程支撑”技术平台的搭建，开创性地实现了设备故障数据与设备送修流程同步捆绑。项目迄今已完成南航A320/B737等近20家主力机型基地推广，为南航航材送修累计节资超过2 000万元。

2017年6月，集团公司成立刘宇辉领衔的高技能人才创新工作室。刘宇辉带领以飞机故障诊断为自主核心技术的科研/工程团队，深度实施相关科技项目研发与成果转化，构建以工业互联网原理为支撑的、面向生态化与平台化的飞机传感大数据维修数字化平台，开发嵌入式机载软件按国际同类产品折算总价值约9 600万元。其中获授权新型国家发明专利4项，软件著作权39项，已投产应用生产作业指导62项。

2020年7月，刘宇辉创新工作室被中国民航工会命名为全国民航劳模（高技能人才）创新工作室。同年12月，工作室被广东省总工会命名为广东省劳模和工匠人才创新工作室。

资料来源 叶小钟. 为飞机智慧维修提供“中国方案”[N]. 工人日报，2023-02-21（1）.

训练 2　创新思维训练

【训练目标】

1. 有效识别不同创新思维的区别。

2. 知道不同创新思维激发创意的方向。

3. 在同一个出发点之下激发多种创意并有效甄别有用创意。

【训练步骤】

请根据本任务的知识点，完成该练习内容。

各组领取一个物品名称“牙刷”“高跟鞋”“白上衣”“袜子”，使用不同的创新思维来产生新的产品创意，并陈述你组产生的创意所使用的创新思维和产生理由，每组至少提出四个创意。这个过程很可能会影响你对产品创意效能评价，或促使你修订产品创意。我们在此列出了一些我们认为你应该关注的重要问题，但你可能还需要加上一些其他方面的问题。这个练习的主要目的是促使你根据已有的产品产生新创意，并筛选可用创意。

1. 你的产品创意要解决的重要问题、需要或需求是什么？

2. 为什么这是重要问题？

3. 如果你的产品创意能解决某问题或需要，和其他产品或服务相比，谁会为这项产品或服务支付高价？

4. 它能创造的根本价值是什么，即它如何带来收益，如何形成优势，以及为什么会这样等？

5. 简要描述你想进入的市场或细分市场。

6. 确切描述要销售的产品或服务，如果是产品，确切地说出它的最终用户（如果你的产品创意已经可以以商品形式提供或已经存在原型，可以附上产品规格、照片、样品等）。

7.评估该产品或服务是否有替代品。

8.评估你的主要客户群：

（1）描述你的主要客户群购买你的产品创意的主要原因，包括该群体中的客户是否愿意接受产品或服务，以及你的产品或服务怎样为其增加价值或创造价值，以及这对你的进入战略或扩张战略意味着什么？

（2）为识别产品或服务是否会有大量客户惠顾，列出你必须回答的5~10个关键问题以及其他你必须知道的信息：

（3）指出客户会怎样购买你的产品或服务（如通过批发直销或零售直销；通过制造商的代表或中间商；通过目录销售；通过直接邮寄；网络销售等）。

（4）描述购买过程（即购买在哪里发生以及由谁最终负责审批购买开支；影响销售的因素和人是哪些；从第一次接触到达成交易，到交货，到收到现金要花多长时间；并总结出自身的竞争优势是什么，以及产品或服务如何增加或创造价值）。

任务3 产生创意有方法

创造技法是创造学领域中的创造方法，也是产生创意的工具和方法。创造技法一举击破了创造的神秘气氛，使普通人借助创造技法亦能涉足创造活动。由于创造技法简单易学，对于创造活动有很大的实用价值和工具价值，因此掌握创造技法是开发个体创造力的好思路。下面我们列举几种创业过程中常用的创造技法。

一、列举法

列举法是最常用、最基本的一种创造技法，是一种将研究对象的某方面特性，如属性、优点、缺点或希望点等一一罗列出来，并对它们进行分析研究，然后针对所列出的特性和分析结果分别提出改进方法的创造技法。列举法主要有四种：属性列举法、优点列举法、缺点列举法和希望点列举法。

（一）属性列举法

按事物属性对研究对象的某方面属性进行列举，当达到一定程度后，按“内容重复的合并、互相矛盾的协调统一”的原则进行整理，然后提出问题，再从结构、材料、功能等方面进行改进。以改良水杯为例，使用属性列举法把水杯的构造和性能等全部列举出来，如陶瓷、手柄、隔热等，再对这些属性分别进行检查，思考改进方案，这样将有机会引出新的构想和创意。

一般来说，可以从三个方面进行属性列举：一是名词特性——整体、部分、材料、制造方法等。二是形容词特性——颜色、形状、感觉、性质、状态等。三是动词特性——功能、作用等。

（二）优点列举法

优点列举法需要逐一列出研究对象的优点，明确自身或竞争对手的竞争优势，从而扬长避短，有选择地进行借鉴。

（三）缺点列举法

缺点列举法，即运用“吹毛求疵”的精神，尽力发掘事物的缺点，并将其一一列举出来，然后对这些缺点进行归类、分析，以找出改进的方法。比如，穿着普通鞋子在泥泞的路上行走很容易摔倒，这是因为鞋底花纹太浅，泥土陷在花纹缝里，使防滑度大大降低，针对这个缺点，某鞋厂将鞋底花纹改成一个个小圆柱，新的防滑设计就这样诞生了。

（四）希望点列举法

希望点列举法就是指把人们对某个事物的要求，如“希望”“如果是那样就好了”之类的想法列举出来，聚合成焦点来加以思考，在此过程中产生新的观念和想法，从而实现创新。例如，人们希望电脑方便携带，于是便发明了笔记本电脑和平板电脑。

二、头脑风暴法

（一）内涵

头脑风暴法实际上是一种集思广益的群体创新方法。其特点是让与会者敞开思路、打破常规，产生大量创造性设想，并使各种设想在相互碰撞中激起脑海中的创造性风暴。因此，头脑风暴法是针对某一特定问题，通过召开特殊专题会议的形式，使不同专业与背景的人员互相交流、互相激励、互相启迪、互相修正、互相补充、集思广益，从而达到产生大量新设想，并最终求得新创造、新构思的集体性发散技法。

头脑风暴法目前被广泛地应用于各行各业。在商业领域，头脑风暴法得到了成功的运用与发展，并且在许多需要创造性思维的领域中得到了拓展。

（二）使用原则

以会议形式对与会者进行头脑风暴，可以充分激发每个人的智慧，为解决问题提供大量新思路。在使用头脑风暴法时要掌握以下基本原则：

1.自由畅想原则

头脑风暴法的基本原则体现了该方法的理论依据，此原则要求与会者敞开思路，不受任何已知条件、熟知的常识和已知真理及规律的束缚，从多个角度甚至相反的角度来考虑问题。坚持开放和独立的思想，畅所欲言，敢于提出看似荒诞的想法。

2.延迟评价原则

在头脑风暴的过程中，过早地判断和评价是非常有害的，会使许多新的想法消失。其一，开始形成的新思想是不完整和脆弱的，要留出足够的时间来完善它们。其二，一个想法也可能导致另一个想法，若母体不复存在，她的后代也不复存在。有人说，过早的判断是创造力的克星，而延迟的判断可以在集体解决方案中产生90%的想象。延迟评价包括自歉性的表白、否定性的评论以及肯定性的赞语。

3.以量求质原则

头脑风暴法强调尽可能多地产生创意与想法。在头脑风暴过程中，通过成员的相互启发、相互激励，不考虑创意的质量，不评价是否可行，不关注影响因素，只求提出创意与想法。头脑风暴的数量决定其质量，头脑风暴是靠量变求质变，达到头脑风暴的目的。

4.综合改善原则

头脑风暴法的发明人亚历克斯·奥斯本（Alex Faickney Osborn）曾经提出："最有意思的组合大概是设想的组合。"头脑风暴会议鼓励与会者借题发挥，对别人的设想补充完善成新的设想。此外，会后还要对所有设想做综合改善工作。

（三）实施流程

头脑风暴法作为鼓励在小组中进行创造性思维的最常用方法，其通常的实施流程包括以下几个阶段：

1.准备阶段

准备阶段包括产生问题，组建头脑风暴法小组，培训主持人，以及通知组员会议的内容、时间和地点。

2.热身阶段

主持人应创造一种宽松、祥和、自由的氛围，让与会者放松，进入一种无拘无束的状态。宣布会议开始后，主持人先说明会议的主题与议事规则，然后随便谈点儿轻松、有趣的话题，让与会者思维处于轻松和活跃状态。

3.导入阶段

会议主持人应简洁、明确、扼要地介绍需要解决的问题。介绍不应过分详细、周全，以免限制与会者的创新思维，干扰其充分发挥想象力。

4.畅谈阶段

由与会者自由地提出设想。主持人要坚持严谨评判的原则。对违反原则的与会者要及时制止，如其坚持不改可劝其退场。记录员应认真将与会者的每一设想都完整地记录下来，会后整理会议发言记录。

5.整理阶段

在会议的第二天再向与会者收集设想，这时得到的设想往往更富有创见性。如果问题未能解决，可重复上述过程。再由原班人马进行讨论时，要从另一个侧面或用最广义的表述来讨论课题，这样才能变已知任务为未知任务，使与会者的思路改变。

6.评判组会议

对头脑风暴会议所产生的设想进行评价与优选时应慎重行事，务必要详尽细致地思考所有设想，即使是不严肃的、不现实的或荒诞无稽的设想亦应认真对待。

三、5W2H法

5W2H法通过连续提7个问题，构成设想方案的制约条件，设法满足这些条件，便可获得创新方案。目前，5W2H法已广泛应用于改进工作、改善管理、技术开发、价值分析等方面。实施程序如下：

（1）对某种现行的方法或现有的产品，从7个角度做检查提问，即：①为什么（Why）；②做什么（What）；③何人（Who）；④何时（When）；⑤何地（Where）；⑥如何（How）；⑦多少（How much）。

（2）将发现的疑点、难点列出。

（3）讨论分析，寻找改进措施。

如果现行的方法或产品经此检查基本满意，则认为该方法或产品可取；若其中某些方面答复有问题，则就在这些方面加以改进；要是某方面有独到的优点，则应借此扩大产品的效用。

5W2H法视问题的性质不同，设问检查的内容也不同。例如：

（1）为什么：为什么发光？为什么要做成这个形状？为什么不用机械代替人力？为什么产品制造的环节这么多？为什么要这么做？

（2）做什么：条件是什么？目的是什么？重点是什么？功能是什么？规范是什么？要素是什么？

（3）谁：谁来办合适？谁能做？谁不宜加入？谁是顾客？谁支持？谁来决策？忽略了谁？

（4）何时：何时完成？何时安装？何时销售？何时产量最高？何时最切时宜？需要几天为合适？

（5）何地：何地最适宜种植？何处做才最经济？从何处购买？卖到什么地方？安装在哪里最恰当？何地有资源？

（6）怎样：怎样做最省力？怎样做最快？怎样效率最高？怎样改进？怎样避免失败？怎样求发展？怎样扩大销路？怎样改善外观？怎样方便使用？

（7）多少：功能如何？效果如何？利弊如何？安全性如何？销售额如何？成本多少？

表3-2为5W2H法实际应用举例。

表 3-2　　5W2H 法应用案例：某商店因生意惨淡需改进

序号	提问项目	提问内容	情况原因	改进措施
1	为什么	此处设这个店行不行	有需求	应保留
2	做什么	做批发还是零售？百货还是专营？维修、服务做不做	本地点适合零售	零售为主，增加服务项目
3	何地	店设何处？此地离长途车站较近，附近有居民小区	旅客大多不经过此处	增加旅客上车后需求的商品和服务
4	何时	何时购物？旅客在行李寄存后及有所需求时才会来此购物	无行李寄存处：办理托运晚	开办行李寄存服务
5	何人	谁是顾客？居民？旅客？	未把旅客当主要顾客	附近车站客运量在增长，主要顾客应是旅客
6	怎样？	怎样才能招徕更多的旅客成为本店的顾客	此店不醒目，未能引起顾客注意	增设此店购物的指示牌；装饰醒目门面以引起旅客注意
7	多少？	改进措施能有多少花费和收益	目前尚有一定资金投入能力	装修及扩大服务需投入 1.5 万元；预计改进后营业额将增长 20% 以上

四、奥斯本检核表法

奥斯本检核表法（以下简称“检核表法”），又称思路提示法，它是根据需要创造发明的对象和社会发展中需要解决的问题，列出按项分类的提纲式表格，然后有条理地逐项进行考核并讨论研究，从而得到创造发明设想和解决问题的方法。检核表法能够大量开发创造性设想，有效地为创造性思考提供合理的步骤。

奥斯本检核表法中的问题可归纳为 9 组，即九大检核类别，其核心是改进。九大检核类别分别为：能否他用、能否借用、能否改变、能否扩大、能否缩小、能否代用、能否调整、能否颠倒、能否组合（见表 3-3）。

表 3-3　　奥斯本检核表

序号	检核项目	具体提问内容	案例
1	能否他用	现有的东西（如发明、材料、方法等）有无其他用途？保持原状不变能否扩大用途？稍加改变，有无别的用途？	夜光粉是一种用量少、用途不算广的发光材料，过去多用于钟表和仪表上。后来人们扩大了它的用途，设计出了夜光项链、夜光玩具、夜光壁画、夜光钥匙扣、夜光棒等，应有尽有。还有人制成夜光纸，将其裁剪成各种形状，贴在夜间或停电后需要指示其位置的地方，如电器开关处、公路转弯处、楼梯扶手上等

续表

序号	检核项目	具体提问内容	案例
2	能否借用	能否从别处得到启发？能否借用别处的经验或发明？外界有无相似的想法，能否借鉴？过去有无类似的东西？有什么东西可供模仿？谁的东西可供模仿？现有的发明能否引入其他的创造性设想之中？	建房时，要安装水暖设备，经常要在水泥楼板上打洞，既慢又费力。山西省的一位建筑工人设想用能烧穿钢板的电弧机来烧水泥板，经过改造，发明了水泥电弧切割器，在水泥上打洞又快又好。再如，泌尿外科医生在泌尿科中引入了微爆破技术消除肾结石，就是借用了其他领域的创新
3	能否改变	现有的东西是否可以做某些改变？改变一下会怎么样？可否改变一下形状、颜色、声音、味道？是否可改变一下意义、型号、模具、运动形式？改变之后，效果又将如何？	1898年，亨利·丁根把滚柱轴承中的滚柱改成了圆球，发明了滚珠轴承，大大降低了摩擦力
4	能否扩大（放大）	现有的东西能否扩大使用范围？能不能增加一些东西？能否添加部件，拉长时间，增加长度，提高强度，延长使用寿命，提高价值，加快转速？	在两层玻璃中间加入某些材料，就制成了防弹、防震、防碎的新型玻璃
5	能否缩小（省略）	缩小一些会怎么样？现在的东西能否缩小体积，减轻重量，降低高度，压缩，变薄？能否省略？能否进一步细分？	一家儿童用品商店为了扩大营业额，就让每位营业员出主意。一位营业员利用“缩小”的技巧，将玩具柜台改成“儿童型号”的，即比普通的柜台矮一半。这样做，虽然营业员取放东西不方便，但能吸引孩子们参与挑选玩具，可以促进销售
6	能否代用	可否由别的东西代替？由别人代替？用别的材料、零件代替？用别的方法、工艺代替？用别的能源代替？可否选取其他地点？	瓶盖里过去是用橡胶垫片，后改为低发泡塑料垫片，节约了橡胶，降低了生产成本
7	能否调整	从调换的角度思考问题。能否更换一下先后顺序？可否调换元件、部件？是否可用其他型号？可否改成另一种安排方式？能否变换一下日程？更换一下，会怎么样？	房间内家具的重新布置；商店柜台的重新安排；营业时间的合理调整；电视节目的顺序变动；车间机器设备的布局调整都可能产生更好的结果

续表

序号	检核项目	具体提问内容	案例
8	能否颠倒	从相反方向思考问题。倒过来会怎么样？上下是否可以倒过来？左右、前后是否可以交换位置？里外可否调换？正反是否可以调换？可否用否定代替肯定？	合页铁片门闸在不少场合都被用到，但它有一个缺点，就是如果门闸没有被好好固定在门后而是伸出来，人们在出入门口时很容易被伤到。如果让门闸的合页呈45°安置，当门闸被打开之后就会自然落下，“躲”到门后，而不是伸出来了。一个小小的设计就能让生活中的小麻烦迎刃而解
9	能否组合	从综合的角度分析问题。组合起来会怎么样？能否装配成一个系统？能否把目的进行组合？能否将各种想法进行综合？能否把各种部件进行组合？	座椅和轮子组合成轮椅，鞋和轮子组合成轮滑鞋

创业案例　54岁创业的李建全，将全棉时代做成大生意

李建全，1978年从湖北省对外贸易学校（现武汉纺织大学外经贸学院）毕业，稳健医疗集团董事长、总裁，深圳全棉时代科技有限公司董事长，中国医药保健品进出口商会医用敷料分会会长。54岁开始二次创业的李建全十年磨一剑，用品质和口碑破解了一个又一个“死局”，将“一朵棉花”盘活成一门年营收达30亿元、全国拥有230家门店的大生意。

创业的动机是养家糊口

全棉时代的故事要从其棉柔巾的核心技术——全棉水刺无纺布的研发开始讲起。李建全于1991年创办稳健医疗，凭借医用敷料用品的OEM生产起家，出口至欧美日，成为中国最大的医用敷料出口企业。但当时一个世界级的难题是，医用手术纱布会带纱头或绒毛，很容易遗留在体内，导致出现后遗症（目前，该问题已不存在）。李建全自己就是受害者，至今手术后的部位一到雨天就疼。

能不能做出不带绒毛的无纺纱布呢？1 096天，2 156次实验，消耗537吨棉花之后，2005年，李建全带领团队终于成功研发了全棉水刺无纺布技术，并获得专利。但没想到的是，因为技术超前，缺乏认证标准，产品在医疗市场应用受阻。因为这种新式的“无纺布”尚未获得欧盟的认证许可，根本无法打入海外医疗市场。

无奈之下，李建全开始转变市场方向。这时候，他才发现：国内的卫生巾厂家对这种产品很感兴趣。而且，过去棉花大多数被用在做衣服、被子上，在日用品上用得比较少，但其实棉花在舒适性上非常有价值。也就是说，日用消费棉制品蕴含着巨大的商机。

全棉时代的诞生

2009年，李建全正式入局民用市场，全棉时代由此诞生。第一年，李建全一口气开了20多家店，亏了3 000多万元；第二年又接着开了17家店，亏损4 000多万元；第三年，再开30家店……2010—2013年这四年，李建全开了八九十家店，关了20多家店，累计亏损近2亿元。

屡屡碰壁的李建全这时候开始改变打法。他先是摒弃大扩张的打法，改为聚焦大型购物中心，以300～500平方米的大店模式直营，打造统一的高端品牌形象。随后开始将业务聚焦起来，把母婴市场作为重点突破口，推出了婴童和孕产服饰等产品。除此以外，为了打造良好的口碑和服务质量，李建全始终坚持在线上线下保证产品的品质、价格一致性，从来不会利用价格的利差去忽悠消费者。

几顿操作后，全棉时代迎来新生，逐步从众多同行中脱颖而出。2012年，其线上销售额达2 000万元；2013年，其线上销售额达7 000万元。

在品牌和产品受到越来越多人的了解和认可后，全棉时代的线下渠道也顺势发力，业绩迎来了转机。2014年，全棉时代销售额接近4亿元，实现了转亏为盈。更为关键的是，在母婴领域大获成功后，李建全持续求新，在用户和产品类型上寻求双突破。一是请来新生代偶像王俊凯代言，使产品年轻化；二是逐步弱化母婴标签，把业务扩大开来。

目前，全棉时代SKU达2万个，已经形成"全棉全品类"业态，其消费群体年龄集中在25～35岁，其中女性用户占到85%。从连年亏损到转亏为盈，再到如今年盈利近30亿元，全棉时代力克重重困难，成功地完成了自己的突围。

10年时间，李建全是如何做到的呢？说到底，其实就一句话，一定要让消费者感受到你是真诚的，你是实在的。在刚做电商的时候，全棉时代请了一位运营专家来授课，专家建议跟随一些品牌的做法，将线上线下产品和定价做得不一样，如将线上产品包装做漂亮一点，质量差一点，价格定高一点后，再打折。李建全痛斥这种观点，认为这完全是在欺骗消费者。他还说："一个企业或者一个品牌，不管你赚不赚钱，即使你亏本，也不能丧失信用。"如果要问李建全为啥会取得如今的成就，这可能就是最核心的一点了。

资料来源　工总浩. 54岁创业的李建全，将全棉时代做成大生意［EB/OL］.［2021-02-17］. https：//www.163.com/dy/article/G32D77D30536TDH9.html.

训练3　运用创造技法改造保温杯

【训练目标】

了解自己对创造技法的掌握情况，提高利用创造技法解决问题的能力。

【训练步骤】

所需材料：彩色笔，A4纸张。

具体步骤：

请同学们以小组的形式，将保温杯作为对象，在本项目所学习的四种创造技法中任选一种，对保温杯进行创新改造，提出新型保温杯设计概念。

每组推选一名同学上台说出你所在小组的创意，看看哪个小组的想法最具有创意，能够使保温杯发挥更大的价值和作用。

课后拓学

育德启智

延伸阅读3-1

巧用逆向思维，打破思维枷锁

创业初心中的家国情怀

家国情怀也就是古人提倡的“修身齐家治国平天下”“先天下之忧而忧，后天下之乐而乐”的情怀。从“昔我往矣，杨柳依依；今我来思，雨雪霏霏”（《诗经·小雅·采薇》）到“彼黍离离，彼稷之苗。行迈靡靡，中心摇摇”（《诗经·王风·黍离》），从“陟升皇之赫戏兮，忽临睨夫旧乡。仆夫悲余马怀兮，蜷局顾而不行”（《楚辞·离骚》）到“王师北定中原日，家祭无忘告乃翁”（陆游《示儿》），无不表达了古人对家园、国家的眷恋与情怀。就国家而言，家国情怀是公民对国家的认同与情感归属，是民族凝聚力的心理基础。就个人而言，家国情怀是自己感受到与国家相联系的精神纽带。

家国情怀强调个人对家庭、国家责任与担当的爱国主义精神。修身——培养良好品德、学习文化知识，其目的是“齐家”，即把家庭治理好。而“齐家”是为治国，即为了国家的稳定与发展，“家齐”而“国治”。“修齐治平”的理念将个人发展与家庭发展、国家发展乃至社会发展一体化，在今天具有积极意义。从爱亲人、爱家庭做起，进而扩展到爱家乡、爱祖国。从培养家庭观念、乡土情怀做起，进而增强对祖国、对民族的感情，这便是“修齐治平”家国情怀对今天爱国主义教育的最大启示。

家国情怀同样是当下创业成功的必备品质，不忘爱国初心方能把握创业机会，以爱国情怀为初心的创业行动才能扎根中国大地。回望过去，为了改变旧中国国弱民贫之境况，清末民初实业家张謇兴办大生纱厂，躬身“棉铁主义”救国实践三十余载；为了支援抗日救亡，“华侨旗帜”陈嘉庚投资设立制药厂，为前线供应药品，积极组织捐款献物；创办近代化学厂、带头进行公私合营、毅然投身改革开放大潮，企业家王光英在革命、建设和改革各个历史时期始终与国家发展大势同频共振。爱国始终是中华民族的精神基因，是近代以来我国优秀企业家的光荣传统。

资料来源 谦济明. 中华优秀传统文化教育应包含四大内容［EB/OL］.［2021-08-23］. https: //baijiahao.baidu.com/s? id=1708883379204718904&wfr=spider&for=pc.

学有所悟：

家国情怀让身处新时代的大学生愈发坚定立志报国之心，筑牢理想信念。理想信念是人生的定盘星，也是奋斗的原动力。习近平总书记告诫青年人，“人生的扣子从一开始就要扣好”。扣好人生第一粒扣子，就是端正志向，树立正确的世界观、人生观、价值观。当今中国正奋进在实现中华民族伟大复兴的历史征程中，当代青年要树立与时代主题同心同向的理想信念，勇于担当这个时代赋予的重任。立志干大事，而不是求大名、图大利；立志为国家、为人民、为社会多做贡献，而不是只顾个人、只顾小家。有了高远志向，就有了正确的人生航向，就会有不竭的前进动力。

应用自测

阅读以下案例并回答问题：

产品创新紧贴生活需求

步入浙江东度文化创意公司展厅，各类创意青瓷展品琳琅满目。新生代青瓷匠人叶芳向我们展示了一款名为“对白”的茶器：在两盏青瓷杯底部安装竹制旋钮后，传统茶杯变为时尚的鸡尾酒杯。这款集茶杯、酒杯于一体的产品备受市场青睐。

“我们将现代、时尚等元素融入制瓷工艺，赋予龙泉青瓷更多艺术性和实用性。”叶芳认为，青瓷要想被更多人了解、接受，首先要贴近和融入生活。他们从大众生活需求入手，寻找青瓷产业升级的“金钥匙”。

青如玉、明如镜、声如磬，龙泉青瓷以独特的釉色成为历史长河中一颗闪亮的明珠。龙泉青瓷在唐中期至五代开始规模化生产，鼎盛于宋元时期。历史上，龙泉青瓷曾远销海外，在世界文化交流中大放异彩。

明清后，龙泉青瓷走向衰落。中华人民共和国成立后，龙泉青瓷烧制技艺逐步恢复。2009年，龙泉青瓷传统烧制技艺入选联合国教科文组织人类非物质文化遗产代表作名录。

“如今，龙泉青瓷产业已步入新的繁荣期，但更多体现在艺术瓷方面，日用瓷、包装瓷、工业瓷等产业规模有限，与国内其他陶瓷主产区还有不小差距。”龙泉市青瓷行业协会副会长王武说，龙泉青瓷市场占有量小，竞争力有限，产品创新能力有待提升。据统计，龙泉青瓷产品中约70%为艺术品，经营主体虽有2 000多家，2020年主营业务收入仅有14.8亿元。

“市场风向转变，对青瓷产业形成倒逼压力，产品既要保持传统工艺与艺术风格，还要不断与时俱进。”王武认为，与现代设计相结合，找到年轻人审美观念与传统工艺之间的平衡点，成为青瓷闯市场的关键。应在保留传统制瓷技艺基础上，从传承、发展、产品、商业、技术、消费等方面综合施策，深度开发青瓷的产业潜力和发展活力。

走进龙泉各大青瓷工作室，可以发现，青瓷产品不只是瓶瓶罐罐，新产品、新设计如雨后春笋般涌现：有的人把青瓷设计成项链、包挂等装饰品；也有人将竹木、玻璃、亚克力与青瓷混搭；还有的在釉色上下功夫，除传统梅子青、粉青外，蟹壳青、鳝鱼黄、茶叶末釉等百花齐放……据统计，龙泉目前有青瓷工作室1 000余家，青瓷电商400余家，青瓷行业产值同比增长10%以上。

“我们将出台系列扶持政策，每年拿出1 000万元支持青瓷产业发展，持续推进中国青瓷小镇、国家考古遗址公园等项目，实现文旅产业深度融合。”龙泉市委书记吴松平说。

资料来源　柳文. 产品创新紧贴生活需求［N］. 经济日报，2021-07-12（12）.

应用自测3-1

答案提示

问题：

（1）创意与创新创业有什么关系？创意对产品创新升级有什么作用？

（2）产生创意的方法有哪些？你认为最适合创业的创意方法是什么？

课后实践

根据【学前实践】形成的成果，结合本项目所学内容，重新分析调查问卷中所访问的创业者，他在产生创意、甄别创业创意、应用创业创意把想法转变成一个企业的产品过程中，都体现了哪些创业原理。

再做一个问卷调查，这次尝试查找一件失败的产品，结合本项目所学知识，总结产品之所以失败，没有很好利用创意的原因。

注意：完成工作任务的实际操作，记录过程并展示成果。

学习评价

在线测评3-1

项目三

本项目学习评价见表3-4。

表3-4　学习评价表

评价内容	自我评价	生生互评	教师评价	平均分数
理论知识掌握扎实				
实践训练按要求完成				
团队协作能力强				
创新创造能力强				
沟通洽谈能力强				
具有积极性				
目标意识强				
具有自我启发性				
努力达成目标				
具有计划性				
总　分				

填表说明：按评价指标给该生的本次课堂表现进行综合赋分，满分100分，共计10个指标，每个指标按1～10分进行打分。其中，自我评价和生生互评各占30%，教师评价占40%。

总结反思

4

项目四

挖掘有价值的创业机会

创业箴言

如果大环境小环境都自己去建设的话，我自身的能力、实力不具备。所以当时我们只有一个简单的想法，就是我把自己有限的资本或者力量聚焦到一个核心——如何去塑造品牌，把相关的交给社会来完成。

——美邦服饰创始人　周成建

成功要抓住机遇，珍惜每一个有利的瞬间。在创业领域中，也同样如此。创业机会不是时常存在的，而是需要我们发掘和捕捉。大学生创业者们应该密切关注市场变化和商业趋势，以及自身的专业能力和经验，不断寻找创业机会。同时，在寻找创业机会的过程中，大学生创业者们也需要敏锐地把握时机，紧随市场变化和商业趋势的步伐，勇于尝试新的商业模式、创意产品或服务。当机会到来时，必须迅速行动，抓住这个机会，不要失之交臂。

学习目标

知识目标

1. 了解创业机会的内涵与特征。
2. 熟悉创业机会的来源和类型。
3. 了解什么是问题。

能力目标

1. 能从问题中发现创业机会。
2. 能够从合理的角度评估创业机会。

素养目标

顺应时代发展大势，发掘对自身、对社会、对人们有价值的创业机会。

课前自学

学前思考

1. 请你尝试给创业机会下个定义。

2. 查找资料，找到一个关于创业机会的案例，并结合案例理解创业机会对于创业而言意味着什么。

3. 你认为创业需要做好哪些准备？

学前实践

和小组的其他成员设计一份简单的调查问卷。该调查问卷将用于访问一个创业者，这些问题需要集中在：

创业者如何产生创业的想法？创业者如何识别和认识机会？创业者如何筛选、评估机会？创业者如何把想法转变成一个企业？

调查问卷应该不超过两页。测试调查问卷（在班级其他成员中测试，征求他们的意见），确定问卷的问题是否清楚。在访问创业者之后，分析他们的回答，提交一个简短的报告并向全班汇报。小组成员必须协商和安排整个活动过程。课上老师在必要时可以给予指导和帮助。享受这个练习，这是非常有趣的事情！

注意：完成工作任务的实际操作，记录过程并展示成果。

课中创学

任务1 何谓创业机会

英国哲学家弗朗西斯·培根曾经说过："在一切大事业上，人在开始做事前要像千眼神那样察看时机，进行时要像千手神那样抓住时机。"可见，时机对于创业者来说是多么重要的一件事。一个具有创业动机的潜在创业者创业行动的第一步就是识别创业机会。

一、创业机会的内涵与特征

在线课堂4-1

创业机会的内涵与特征

（一）创业机会的内涵

创业机会是指在社会经济活动过程中产生的一种带有偶然性并能被经营者认识和利用的契机。简单来说，创业机会可以定义为一个有吸引力的、使投资者能够收回投资的想法或主张。这样的机会表现为消费者的需求导致了可以给顾客提供更多有价值的产品和服务。

需要注意的是，前文中提到的创意不等于创业机会。创业者常说："好的创意是成功的一半。"然而，创意并不等于创业机会。这是因为一个创意可以通过多种方法产生，它只是一种有吸引力的思想、概念或想法，并不十分注重其可实现性和商业性；但一个创业机会必须是实实在在的，是能够真正为企业带来价值的。这是相当关键的区别。

从某种意义上说，创业机会是创意的一个"子集"。创业机会拥有大多数创意所不具备的一个重要特征——能满足顾客的某些需求，具有市场价值。这一特征使有价值的商业机会得以从众多创意中脱颖而出，成为创业者关注的焦点。

（二）创业机会的特征

创业学先驱杰弗里·蒂蒙斯认为，创业机会的特征是具有吸引力、持久性和适时性，并且伴随着可以为购买者或者使用者创造或增加具有使用价值的产品和服务。

1.吸引力

创业者所选择的行业，即创业者所要提供的产品和服务，对于消费者来说应该是具有吸引力的，消费者愿意消费该产品和服务。

2.持久性

创业机会应当具有持久性，能够得到进一步的发展。具体来说，市场能够提供足够的时间使创业者对创业机会进行开发。创业者进行创业机会分析时，应把握创业机会的这一特征，以免造成对资源和精力的浪费。

3.适时性

适时性与持久性相对。创业机会存在于某个时间段，在这个时间段进入该产业是最佳时机，这个时间段被称作"机会窗口"，即创业机会具有易逝性或时效性，它存在于一定的空间和时间范围内，随着市场及其他创业环境的变化，创业机会很可能消失或流失。

4.价值性

创业机会来源于创意，创意是创业机会的最初状态。创意是一种新思维或者新方法，是一种模糊的机会，如果这种模糊的机会能为企业和顾客带来价值，那么它就有可能转化为创业机会。

二、创业机会的来源

在线课堂4-2

创业机会的来源

“创业机会从何而来？”研究者们也是众说纷纭，其中，2009年度全球创业研究奖得主斯科特·谢恩教授的观点较有代表性。他认为，产生创业机会的四种变革，分别是技术变革、政治和制度变革、社会和人口结构变革、产业结构变革。

（一）技术变革

技术变革可以使人们去做以前不可能做到的事情，或者更有效地去做以前只能用不太有效的方法去做的事情。新技术的出现也改变了企业之间的竞争模式，使得创办新企业的机会大大增加。例如，近几年数字化技术的发展使得网络购物的形式越来越多样化，从传统的京东、淘宝等电商平台发展到后来的电商直播、“云购物”等新的网络购物形式。

对于大学生创业者来说，现阶段，国家重点支持的高新技术领域有电子信息、生物与新医药、航空航天、新材料、高技术服务、新能源与节能、资源与环境、先进制造与自动化等。身处高新科技前沿阵地的大学生，在这些领域创业有着近水楼台先得月的优势。

（二）政治和制度变革

政治和制度变革革除过去的禁区和障碍，或者将价值从经济因素的一部分转移到另一部分，或者创造了更大的新价值。例如，我国环境保护和治理政策出台，会将那些污染严重、对环境破坏大的企业的资源转移到推进生态文明建设的创业机会上来；“双减”政策的严格执行，通过从严治理、全面规范校外培训机构，使得义务教育阶段的学科类校外培训企业自我转型。

（三）社会和人口结构变革

社会和人口结构变革是指不同的社会时期，因社会和人口的结构变化而给创业者带来的创业机会。社会和人口的结构变化会改变人们对产品和服务的需求，对社会发展也会提出不同的要求。目前，随着我国老年人口持续增加，人口老龄化程度不断加深，老年群体的消费潜力不断释放，面向老年群体提供消费产品、文娱服务、健康管理等，成为了创业者重点探索的创业机会方向。

（四）产业结构变革

产业结构的变革是指在社会的发展过程中，新产业的出现和旧产业的消退让产业结构发生了变化而产生的创业机会。例如，随着经济全球化的发展，西方国家的产业迁移给我国带来了市场机会。西方产业中的技术要求、人才要求又间接地对我国的一些产业结构进行了调整。

三、创业机会的类型

按照创业机会的来源和发展程度对创业机会加以分类，如图4-1所示。

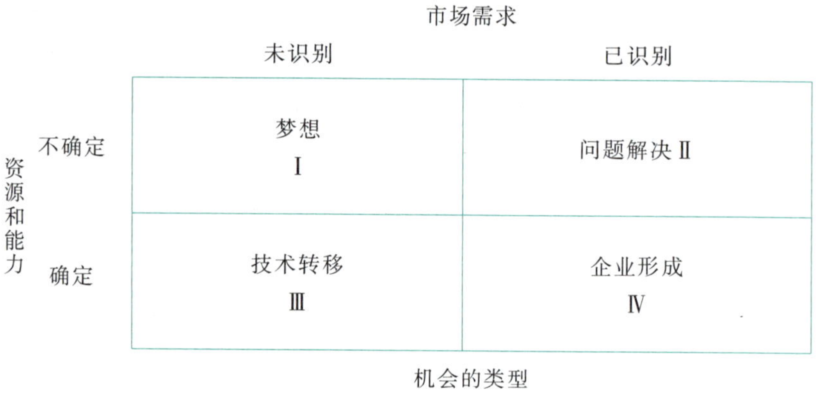

图4-1 创业机会的类型

在这个矩阵中，市场需求表示存在的问题，资源和能力表示解决问题的方法。市场需求可能是可识别的（已知的）或未能识别的（未知的）；资源和能力可能是确定的或未确定的。确定的资源和能力包括对创业者的知识技能和经验、人力资源、财务资源等情况了解或对自然资源（如产品/服务的技术条件）的情况了解。

矩阵左上方部分（机会类型Ⅰ）：市场需求未能识别且资源和能力不确定（问题及其解决方法都未知），表现的是艺术家、梦想家、一些设计师和发明家的创造性。他们感兴趣的是将知识的发展推向一个新方向和使技术突破现有限制。

矩阵右上方部分（机会类型Ⅱ）：市场需求已识别但资源和能力不确定（问题已知但其解决方法仍未知），描述了有条理地搜集信息并解决问题的情况。在这种情况下，机会开发的目标往往是设计一个具体的产品/服务以适应市场需求。

矩阵左下方部分（机会类型Ⅲ）：市场需求未能识别但资源和能力确定（问题未知但可获得解决方法），包括我们常说的“技术转移”的挑战，如寻找应用领域和闲置的生产能力。这里的机会开发更多强调的是寻找应用的领域而不是产品/服务的开发。

矩阵右下方部分（机会类型Ⅳ）：市场需求已识别且资源和能力已确定（问题及其解决方法都已知），这里机会的开发就是将市场需求与现有的资源匹配起来，形成可以创造并传递价值的新企业。

从理论上来说，这个矩阵描述了一个发展的过程：从问题和解决方法都未知（左上方部分）到已知问题或解决方法其中之一（右上方和左下方部分），再到两者都已知（右下方部分）。一般来说，在问题及其解决方法有一个未知或两者都未知的情况下创业，其成功的概率比两者都已知的情况下成功概率要小。

创业案例 **用“画笔”描绘乡村振兴新图景**

山高沟深，偏远闭塞——曾经，位于伏牛山腹地的河南省嵩县黄庄乡三合村是个远近闻名的穷山村，乡亲们世代走不出大山，苦不堪言。

思路一转天地宽。如今，这里的道路整洁交错，白墙黛瓦点映山水之间。每年开春之后，一群群写生大军就相约而来，他们用灵动的画笔描绘出这里的美。而这主要归功于返乡创业青年，嵩县黄庄乡三合村党支部副书记、团支部书记冯亚珂。

“瓶颈变‘杠杆’，劣势变优势，乡村的广阔天地上，果真大有可为。”已是河南省青联委员的黄庄伏牛山写生基地负责人冯亚珂说。他带领乡亲们探索的写生经济，让一个贫困山村变为“手绘小镇”，焕发勃勃生机。

大学生返乡打造“手绘小镇”

“要么出去打工，要么守着家里的土地，挣钱门路太少了！”三合村多年的党支部书记武松生说，在原来的三合村，人均不足7分耕地，1/3村民是贫困户。

冯亚珂就是这里土生土长的娃。2004年，他考入洛阳师范学院学习绘画，成为村里为数不多的大学生。每年跟随老师到山区采风时，面对写生基地的老屋、老树，他都会想到自己的家乡。“古朴自然的三合村，不就是一个天然的写生基地吗？”

2011年，毕业后入伍的冯亚珂从部队转业，在郑州与朋友共同经营一家画室，从事艺术培训。“带学生来村上写生时，白天画画，晚上要住在10千米外的乡镇上，因为村里连一家饭店都没有，吃住都是问题。”冯亚珂回忆。

此后几年，冯亚珂走遍了河南省内外的写生基地，积累了不少资源，创业愿望也愈加强烈。

“有了想法就去做，我相信自己能在家乡蹚出一条路来。”终于，2015年10月，冯亚珂毅然离开了城市，回到了家乡三合村。

回到家乡，冯亚珂开始用一位画家的眼光，去打量这个熟悉的村庄——屋后的山峦、门前的河流、破败的土房，还有那墙根的老汉……每一个场景都恰如其分，这不就是画家眼中的“宝贝”吗？冯亚珂决定立足家乡优势，创办三合伏牛山写生基地，立志带领大家致富。

一支画笔带来的希望

从事艺术培训的时候，冯亚珂多次带学生来到三合村写生，因为村里当时没有宾馆、饭店，白天带学生来村里画画，晚上还要住在10千米外的黄庄乡里，中午还要给孩子们送顿饭，非常不方便。

“与旅游景区的精致相比，写生基地更加追求原生态，无须大量投资、过分雕琢。只需要一个落脚的地方，大家便会欣然而至。”因此，冯亚珂创业的第一步便是修建家庭宾馆。

“谁愿意来看穷山沟？这傻孩子真是瞎折腾。”乡亲们嘴上没说，但心里并不理解。

2016年8月，冯亚珂张罗许久的四层民宿落成。不久后，一个个写生团队纷至沓来。短短两个月时间，冯亚珂便接待了1 500人，数十家高校、画室慕名而来，在三合村建立起写生基地。

人气带来了商机。2017年开春，嵩县黄庄乡专门成立了建设指挥部，打造伏牛山写生基地，对废弃民居进行改造。一年间，三合村的家庭宾馆从1家增至25家，还修复了老井、旧宅、豆腐坊等景观，“手绘小镇”的美丽画卷徐徐铺展……正如冯亚珂所说，“三合村的希望，是画笔带来的。”

老百姓的“新营生”

“作为一个村干部，什么事都要想在老百姓前面，每一个村民都享受到发展的红利，这才是最重要的。”冯亚珂说。

如今，三合村成为近百家画室的写生基地，接待全国各地写生绘画师生逾3万人次，农家宾馆和精品民宿稳定客源突破10 000人，年户均增收3万余元，带动群众200余户……

来写生的人多了，三合村脱贫光荣户张嵩现的蜂蜜也打开了销路。“现在我养了60箱蜜蜂，每年能赚不少钱，生活越过越好了。”张嵩现露出满脸幸福的笑容。他成立蜜蜂养殖专业合作社，并且注册了“铁拐张”蜂蜜商标，准备带领更多村民增收致富。

资料来源　潘志贤．返乡创业青年冯亚珂：用“画笔”描绘乡村振兴新图景［J］．中国青年报，2023-03-20（2）．

训练1　AI时代的创业机会

【训练目标】

1.了解当前AI时代下的创业机会和趋势。

2.主动探寻并寻找与自己所学专业相关的创业机会。

【训练步骤】

1.教师向学生介绍活动要求和活动背景。

AI时代是以人工智能技术为核心的数字化时代，也被称为第四次工业革命。在这个时代里，人工智能技术已经渗透到生产、科研、医疗、金融、商业、交通等各个领域，对社会经济、生活方式和人类认知方式等方面都产生了深刻影响。

人工智能技术可以提高社会生产力和人类的创造力，实现更加智能化、高效化和个性化的服务和管理模式。下面，请将自己所学专业与人工智能结合起来，思考有什么好的创业机会和想法。

2.教师将学生们分成小组，建议每组3～4人。

3.教师给每个小组一张白纸，让学生在上面写下小组的创业机会和想法，尽可能详细地描述出这个项目的内容要点。

4.教师适时引导学生，开拓学生思路。

例如：在农业领域，基于AI技术的智能农业系统可以通过环境监测和植株成长数据分析，提高农作物的种植效果和管理水平，由此可以发掘出为农民提供基于AI技术的数据分析和管理服务的创业机会，如农业气象预测和环境监测、农作物成长状态跟踪和病虫害预警。

5.教师随机选择两个小组上台展示自己的创业机会和想法与对应的创业知识点，教师对小组的成果给予评价。

【说明】

在展示成果环节中，教师要指导学生突出重点和关键知识点，以便其他小组成员能够更好地理解和吸收。

任务2 从问题中挖掘创业机会

许多大学生创业者经常抱怨和苦恼自己想一展拳脚的“蓝海”（即蓝海市场，指未知的市场空间，是一种没有恶性竞争、充满利润和诱惑的新兴市场）到底在哪儿？为什么寻找创业机会时，看到的都是“红海”（即红海市场，指已知市场空间、现有的竞争激烈的市场）？这是因为，他们不清楚，创业的本质就是通过解决用户的问题来满足用户的需求。对于缺乏社会经验的大学生创业者来说，从市场中普遍存在的问题中寻找创业机会是最好的方法。

一、什么是问题

在大部分语境下，问题的意思是因为不知道或者不理解而提出的疑问（Question）。在创业领域，这里所说的问题指的是事件所处的当前状态与预期状态之间的差异以及该差异引起的不满和期待。例如，人们在下雨天时很难打到车就是一种问题，在雨天难以打到车是当前状态，在雨天能方便快捷地打到车就是预期状态。

发现问题是寻找创业机会的第一步。研究其他成功的创业案例，也几乎毫无例外，这些企业都是解决了用户的问题。人们的日常生活、工作和学习中都存在很多问题，从发现问题来寻找创业机会也是国际创业教育和创业实践的最新趋势。一言以蔽之，寻找问题就是寻找创业机会。

发现问题和确定创业机会并不是灵光一闪，而是要经历一个从发现问题、分析问题到评估问题的过程。这个过程即使对一个有丰富创业经验的人来说可能也需要几个月甚至几年时间。泰笛在线洗衣店的创业机会历时3个月才确定，滴滴打车的创业机会历时9个月才确定，其间有很多次反反复复的评估和修改。对于大学生和没有创业经验的年轻人而言，踏踏实实、一步一步地学习和反复练习是非常必要的。

二、发现问题的方法

发现问题就是通过观察、提问和差异分析找到当前状态与预期状态之间的差异以及该差异引起的不满和困境。香港城市大学教授孙洪义等人认为，要发现问题，可从12个维度（7W5H）进行思考[①]。在运用7W5H法时，无论从哪个维度，都要换位思考，以同理心设身处地、感同身受地从用户（或涉及的其他人）的视角来观察。抱有不同心态和意图，所感受到的问题是不同的。下面以提款机为例，介绍如何运用7W5H法来发现问题（见表4-1）。

大学生在运用7W5H法时，有四点需要注意：①并不是每个维度都一定存在问题，要根据观察的对象和现象而定；另外，有些维度可能是相互关联的，也许会找到一组相关的问题。②不建议和周围的人同时观察同一个对象，而是要根据自己的兴趣自由选择观察的对象。另外，不要期待别人告诉你去观察什么，而要自己主动去选择感兴趣的观察对象。③观察对象未必一定是很多教科书所建议的用户或商家，家人、

① 孙洪义. 创新创业基础［M］. 北京：机械工业出版社，2016.

表 4-1 利用 7W5H 法提出疑问和发现问题（以提款机为例）

英文	中文	维度	提出疑问	潜在问题
What	什么	目标/目的/结果	提款机还可以做什么？可以查看信用卡吗？可以付电影票吗？可以付学费吗？可以提取零钱吗？可以回收零钱吗？	• 提款机不能提取零钱 • 提款机不能回收零钱
Where	在哪里	空间/地点/范围	可以在其他地方吗？可以在商场里面吗？可以在家里面吗？	部分商场和小区里面没有提款机
Which	哪个	事件/活动	哪家银行的提款机？其他银行可以吗？其他理财渠道可以吗？	• 线上银行不能提款 • 手机没有连接提款机
When	什么时候	时间	是 24 小时可以使用的吗？24 小时都安全吗？半夜提款怎么办？什么时候来的人多？有高峰期吗？	• 夜间提款不安全 • 高峰期排队时间长
Who	谁	人物/用户/伙伴	谁来提款？什么样的人多？什么样的家庭、阶层？孩子可以吗？	• 老人取钱不方便 • 孩子拿家长的银行卡取钱很危险 • 被偷的银行卡也能取钱
Whom	谁	对象	提款给谁？谁是主要服务对象？	没有考虑残疾人提款
Why	为什么	原因	为什么提款机只有一面可以操作？为什么到提款机取钱？	有时排队时间很长
How	怎样	状态/操作	输入密码方便吗？忘记密码怎么办？指纹、虹膜可以识别吗？	提款机识别方式单一
How much	什么程度	程度/成本	空间很拥挤，拥挤到什么程度？速度很慢，慢到什么程度？	提款机所在的室内空间有限
How many	多少	数量	取多少钱？币值有限制吗？	• 提款机不能提取零钱 • 提款机不能回收零钱
How long	多长时间	时间	每次取钱等多久？	高峰时排队太久
How often	多少次	频率	用户平均每个月取多少钱？来多少次？	提款机有金额限制

朋友，任何感兴趣的人和现象都可以是观察的对象，他们都可能是潜在的用户。④观察和提问不局限于实物和现场。电影中、大数据中、用户调查报告中、社交场景中、开会的时候、微信群中、社交网络中都可以找到观察的对象。

三、识别与评估问题

发现了具体问题后，接下来就是分析问题，进一步明确问题，最后评估问题。

（一）识别分析问题

问题解决领域专家甘华鸣把问题分为四种类型：①当前状态和预期状态都明确；②当前状态不明确，预期状态明确；③当前状态明确，预期状态不明确；④当前和预期状态都不明确。对不同性质的问题，解决方法不同，创业机会也不同。

1. 确定型问题

确定型问题是指当前状态和预期状态都明确的问题。这就像老师把问题给学生，而学生不需要寻找问题一样。典型的是数学问题，例如老师给出一组变量，学生将其代入一个公式，就能得到一个预期的结果，而且是统一的、标准的结果。

2. 现状型问题

现状型问题是指当前状态不明确、预期状态明确的问题。要解决问题，必须先确定现状。例如，老师让学生设计一个汽车模型，三天后交作业，但是没有确定用什么材料、什么工具以及从什么时候开始。学生必须自己选择从哪里出发，制订一个计划以确定时间、材料和分工。

3. 目标型问题

目标型问题是指当前状态明确、预期状态不明确的问题。解决问题的思路也是不明确的。很多应用题属于这类问题。因为只给出问题的描述，不清楚问题的最后答案，应用公式和结果也不确定。例如，很多大赛给学生提供一组材料或原件，要求学生设计一个机器人。这就需要学生自己找到目标。

4. 双盲型问题

双盲型问题是指当前状态和预期状态都不明确的问题。例如，老师让学生两天后交一份自由命题的作文。这就需要学生自己命题，自己确定目标，自己设计和规划作文的内容，自己搜集资料。

（二）评估问题

创业机会里面一定包含一个或多个问题，但是反过来却不一定成立。不是所有的问题都反映了确实需要关注的用户痛点，也不是所有的问题和痛点都能构成一个创业机会。有些问题是临时的干扰问题，很快就会自然地消失了，没有持久性；有些问题则可以用普通的管理方法解决。创业失败的一个主要原因就是所发现的问题根本就不是一个创业问题。“大问题做大生意，小问题做小生意”的观点未必正确。有些问题看似不大，却足以创业。你发现的问题是一个创业问题吗？如果你有一个解决方案（产品），它是用户希望和期待的吗？创业者必须先回答这些问题，而这就需要对问题做一个初步的评估。这一点在创业高潮时期尤其重要。表4-2是根据问题的严重程度（Degree）和持续性（Duration）进行问题评估的矩阵。其中，两个维度的评估数值相加所得称D-D值。D-D值在6以上，所发现的问题才是一个创业问题，也就是说，这个问题必须是严重的和持续的。

表4-2　　评估用户痛点严重程度和持续性的矩阵

持续性	严重程度				
	不严重	有点严重	严重	很严重	非常严重
时间不长					
时间有点长					
时间长					
时间很长					
时间非常长					

创业案例　　理工青年不负韶华，聚焦工业数据连接技术

在不断求索中发现

我叫孙嘉伟，北京理工大学研三在读，是一名“爱折腾”的工科青年，做过学生干部、校园代理，如今是一名创业者。

从大三开始，我就不断参加各类科创小组，参加多项科创比赛，多次获得国家级、省部级的创新创业类奖项。在这些科创经历中，大部分与我研究生阶段所研究的智能系统工程方向有关，即基于系统理论去解决工程中的信息化、数字化和智能化等多方面的问题。在一次次的团队合作中，我们围绕工程实际问题交付了多个可行的成熟方案。研一的那年夏天，在一次承接企业对其产线质量合格率进行实时预测的任务时，我们发现了工业领域实时预测和研判的难点在于数据采集和多源数据融合，经过对19家制造企业的调研，无一例外。我与团队伙伴反复调研，发现该领域缺少成熟的技术方案，处在蓝海市场的阶段，最终，我们确定要沿工业数据自动连接这一场景深度发展。

在无数次讨论、思考和实践中，我和我的科研小组转向了正轨：在不断求索中，我们团队发现了“新大陆”。我们团队立即注册公司，迈向了数据智能的商业蓝海。

在荆棘泥泞中前行

人生充满各种不确定性，人生之路坦途之少、泥泞之多，恐怕是我们共同的感受。人生的勇气就在于我们能在泥泞中坚定地前行，人生的智慧就体现为我们能够走出人生的一滩又一滩泥泞。

升发智联（北京）科技有限责任公司成立于2018年11月，聚焦于工业领域中数据孤岛问题。公司刚刚成立不久，虽然团队对技术路线非常清晰对应用场景也非常熟悉，但缺乏运营资金和管理经验，使得项目停滞不前。身为团队创始人，我常常夜不能寐，一直在想人怎么管，运营的费用哪里来……最困难的时候，我要一个人兼顾研发、商务和路演工作。

幸运的是，通过参加北京市优秀大学生创业团队评选比赛，我获得免费入驻北京高校大学生创业园的机会，可以节省大量运营成本。当我和团队成员们拿着实验设备进到崭新的写字楼办公室时，我们充满了前行的力量。

同时，园区也给予我们全方位的创业孵化，得以让团队的综合能力迅速提升，经过至暗时刻的锤炼，团队仿佛更有动力、更有生机。我们迅速研发出了数据管道集群1.0产品的软件平台，可以实现上亿条、50余种数据的同步迁移和转换，这项技术突破了工业领域国外设备接口的封锁，加速了制造企业设备网络一体化的建设。

因为相信，所以看见

我们大多数因为看见，所以相信，而创业则是因为相信，所以看见。马云因为相信电商让天下没有难做的生意，才能有今天的阿里电商帝国。作为工科出身的青年创业者，我更加相信，核心科技能够改变未来。

2019年，在万物互联的背景下，大家思考的是如何进行数据的采集和应用，但如何打破多个物联网关、软件系统之间的孤岛呢？团队率先提出了工业领域数据连接的概念以及“数据-组件-应用”三级闭环体系。基于此，构建新一代数据连接基础设施软硬件一体化方案，将会是未来工业领域数据海量互联的核心技术支撑，也是未来所有数字化应用的基础平台。

2020年，团队成功研发并测试了数据智能节点硬件设备，并成功落地了两个试点项目，同时，达成与高校研究单位的战略合作，共同攻关数字孪生工厂领域的某重点研发课题。

创业人生，你我同行

历经两年的创业旅途，我深知创业的不易，但这也是魅力所在。在我看来，创业是人生的长征，要坚韧和笃信，没有坚定不移的决心和魄力，无法带领团队披荆斩棘。创业也是人生的追寻，要感恩你身边的创业伙伴，因为他们是创业路上的精神伴侣、得力干将，与志同道合的创业伙伴同行，共同经历人生风景，是我们一生的财富。

创业更是人生的大舞台，在那里展现我们的才华和智慧，在那里体现我们的人生价值。我想，创业者只有把人生理想融入国家和民族的事业中，才能最终成就个人的一番事业。“清清延河水，抚育你茁壮成长，悠悠岁月长，磨炼你意志如钢”，作为一名理工青年创业者，我时刻高歌时代使命与担当的主旋律，不负韶华，勇攀高峰。努力学好本领，为实现中华民族伟大复兴中国梦贡献智慧和力量！

资料来源　北京高校大学生就业创业指导中心．理工青年不负韶华，聚焦工业数据连接技术[J]．中国大学生就业，2021（23）．

训练2　创业机会探索

【训练目标】

了解当下的市场状况，锻炼发现问题、识别创业机会的能力。

【训练步骤】

1.教师介绍创业的基本概念和当前市场情况，并简要说明本次活动目标、时长和规则。

2.学生分组进行小组头脑风暴。每个小组由5～6名学生组成，每个小组选择一个市场或行业，通过头脑风暴的方式讨论该市场或行业中存在的机会和痛点。学生可以利用小组内的群智力量，展开集思广益的讨论，挖掘出潜在的创业机会。

3.每个小组根据其讨论结果，从中提取1～2个市场机会，并记录下来，内容应包含市场现状、痛点问题、痛点的解决策略、针对痛点问题开发的产品。

4.每个小组逐一分享自己的创业机会，其他小组对此进行讨论和分析。教师可以适度发挥自己的主持人作用，为学生们的互动引入新的话题。

5.小组根据其他小组的反馈再进一步完善自己的创业机会。教师对各个小组的最终产品进行评价和总结，提出建设性意见和建议。

课后拓学

育德启智

时代发展需要工匠精神

延伸阅读4-1

人工智能带来的创业机遇

在我国古代，“工匠”是指具有精湛手艺的工人，是专门从事手工业生产的一个群体。古代中国曾是世界上最大的原创之国、匠品出口国及匠人之国。我国的丝绸、瓷器、茶叶、漆器、金银器、壁纸等产品曾是世界各国王室贵族和富裕阶层的宠儿。早在西周时期，就已设立了“百工制度”，古代的“中国制造”闻名远近。在几千年的历史长河中，涌现出诸如鲁班、蔡伦、黄道婆等一代又一代的能工巧匠，培育出尊师重道、爱岗敬业，对工作执着、专注，精雕细琢、精益求精，尽力做到极致的“工匠精神”。

随着时代的发展和创新创业的普及，工匠精神已经具备了普遍性，有了新的时代内涵，它不再是手工业者的专属，而是新时代每个人的普遍的价值取向，是中华优秀传统文化的传承，代表了中华民族劳动人民的优秀品质。

在工匠精神新的时代内涵中，求实创新彰显了工匠精神的时代气息。求实就是讲究实际，实事求是。创新就是永不满足，与时俱进，追求新高。大学生创业者在打造产品或服务的时候，唯有在实践的过程中“求实”，洞悉客户的需求，掌握最新的生产工艺，遵循生产规律，才能生产或提供出最优质的产品或服务。工匠精神要求大学生创业者永不满足，精益求精，不断改进生产技术，提高产品或服务的质量，提高生产与服务的效率，提升产品或服务人性化的程度。求实是创新的基础，创新是求实的体现，工匠精神需要有脚踏大地的务实，也需要有仰望天空的浪漫，求实创新是工匠精神的灵魂。

资料来源　毛健，李名奇. 大学人文基础［M］. 重庆：重庆大学出版社，2017.

学有所悟：

新时代的征程在呼唤工匠精神，我们比任何时候都更加渴求工匠精神。时代发展需要大国工匠。不论是传统制造业还是新兴制造业，不论是工业经济还是数字经济，工匠始终是中国制造业的重要力量，工匠精神始终是创新创业的精神源泉。

应用自测

阅读以下案例并回答问题：

山西传扬着大学生“养鸡专业户”马俊的创业故事。马俊的父母是地地道道的农民，付出极大努力支持马俊完成了大学学业，然而他们怎么也没想到，大学毕业的马俊却毅然决定回家养鸡。

从养鸡的第一天起，马俊就提出“轻松养鸡、快乐养鸡、养快乐鸡”的理念，而且他也实现了这一梦想。在他的养殖场，一个人可以轻松饲养4 000多只鸡，这是人们原来想都不敢想的。

马俊为自己养的鸡注册了商标“易兰质”。“易”指容易饲养，“兰”指像兰花一样的优良品质，“质”指质量战胜一切困难。为鸡注册商标，当时在全国尚无先例，马俊的“易兰质”成为山西省第一个鸡品牌。为了将“易兰质”轻松养鸡法传授给养殖户，马俊创立了“易兰质”鸡业合作社，以“连锁养鸡场”的模式延续他的快乐养鸡法。一位青海的养殖户不远千里来到马俊的养殖场取经，看了马俊设计的科学饲养方案，他激动地告诉马俊：“我养了1 000多只鸡，每天要工作8个多小时，而且鸡还长得慢，按照你的方法，每天工作不超过3个小时……”回家不久，这位养殖户就给马俊打来电话，他已经在扩建养鸡场了。马俊养鸡的成功经验使当地农民看到了科技与创新的威力，很多养殖户不得不承认，发展高效农业就得靠有知识的年轻人。

应用自测4-1

答案提示

问题：

（1）在实施国家乡村振兴战略规划的背景下，大学生有哪些创业机会？

（2）案例中的马俊的创业故事带给了你什么样的启发？

课后实践

根据【学前实践】形成的成果，结合本项目所学内容，重新分析调查问卷中所访问的创业者，他在产生创意、识别和认识机会、评估机会到把想法转变成一个企业的过程中，都体现了哪些创业原理。

再做一个问卷调查，这次尝试访问一个有着创业失败经历的创业者，结合本项目所学知识，总结他失败的原因及启示。

注意：完成工作任务的实际操作，记录过程并展示成果。

学习评价

在线测评4-1

项目四

本项目学习评价见表4-3。

表4-3 学习评价表

评价内容	自我评价	生生互评	教师评价	平均分数
理论知识掌握扎实				
实践训练按要求完成				
团队协作能力强				
创新创造能力强				
沟通洽谈能力强				
具有积极性				
目标意识强				
具有自我启发性				
努力达成目标				
具有计划性				
总　分				

填表说明：按评价指标给该生的本次课堂表现进行综合赋分，满分100分，共计10个指标，每个指标按1～10分进行打分。其中，自我评价和生生互评各占30%，教师评价占40%。

总结反思

5

项目五

组建优秀的创业团队

创业箴言

一两智慧胜过十吨辛苦，脑袋决定口袋。

——牛根生

成功创业者的公式：胆识+智商+情商=成功创业者！没有超人的胆识就没有超凡的事业。成千上万的人做着创业梦，只有少之又少的人勇敢地付诸行动。在没有资金的情况下，敢想、敢说、敢干也是一种资本，当你拥有足够的想象力，在资金短缺的原始积累初期，它能发挥出难以想象的“资本”威力。我们经常提到一句话“一个好汉三个帮”，融洽的创业团队的威力永远胜过单打独斗的、优秀的创业者，所以我们要清楚地认识到人在创业过程中不可替代的重要力量。

学习目标

知识目标

1. 了解创业团队的内涵和组成要素。
2. 了解高效创业团队的特征。
3. 了解优秀创业团队组建的要点。

能力目标

1. 具备良好的人际交往和沟通能力。
2. 具备创业团队的管理能力和合作能力，能够打造出一支有向心力和凝聚力的创业团队。

素养目标

培养学生的团队意识和责任感，增强创业团队精神。

课前自学

学前思考

1.请你尝试给创业团队下个定义。

2.查找资料，找到一个关于成功创业团队的案例，并结合案例理解创业团队对于创业成功意味着什么。

3.为了团队的可持续发展，你认为应该如何管理创业团队？

学前实践

和小组的其他成员设计一份简单的调查问卷。该调查问卷将用于访问一个创业者，这些问题需要集中在：

创业者为什么会产生创办企业的想法？创业者如何查找自身的优势与不足？创业者是如何找到伙伴共同创业的？创业过程中的分工和磨合是什么样的？

调查问卷应该不超过两页。测试调查问卷（在班级其他成员中测试，征求他们的意见），确定问卷的问题是否清楚。在访问创业者之后，分析他们的回答，提交一个简短的报告并向全班汇报。小组成员必须协商和安排整个活动过程。课上老师在必要时可以给予指导和帮助。享受这个练习，这是非常有趣的事情！

注意：完成工作任务的实际操作，记录过程并展示成果。

课中创学

任务1 认识创业团队

企业的创建者可以是个人，也可以是团队。通常一些有着共同愿景和价值观的人，怀着对梦想的渴望而走到一起，就形成了最初的创业团队。他们通过对资源和生产要素的重新组合，来开发自己的产品或服务，满足市场的某种需求。

在线课堂5-1
创业团队的内涵

一、创业团队的内涵

团队就是合理利用每一个成员的知识和技能协同工作，以解决问题、达到共同目标的共同体。创业团队就是由少数技能互补的创业者组成，为实现共同的创业目标，为达成高品质的结果而努力的共同体。

创业团队的概念有狭义和广义之分。从狭义上说，创业团队是由两个或两个以上具有共同的愿景与目标，共同创办新企业或参与新企业管理，拥有一定股权且直接参与战略决策的人所组成的特别团队。从广义上说，创业团队除了拥有股份的核心成员外，还包括参与创业活动的所有相关成员。创业团队成员拥有可共享的资源，按照角色分工相互依存地在一起工作，共同对团队和企业负责，不同程度地分担创业风险并分享相应的创业回报。本书采用狭义的创业团队概念，界定是否属于创业团队的条件有：（1）是否具有与创业团队一致的理念和目标；（2）是否拥有股份；（3）是否直接参与创业决策或经营活动。

在线课堂5-2
创业团队的组成要素

二、创业团队的组成要素

创业团队需具备目标、人、定位、权限和计划五个重要的组成要素，简称“5P”。创业团队的组成要素之间相互影响、相互作用，缺一不可。

（一）目标

创业团队应该有一个既定的共同目标，为团队成员导航，使团队成员知道要向何处去。没有目标，这个团队就没有存在的价值。目标在创业企业的管理中以创业企业的远景、战略等形式体现。

（二）人

人是构成创业团队最核心的力量。三个及三个以上的人就形成一个群体，当群体有共同的奋斗目标时就形成了团队。在一个创业团队中，人力资源是所有创业资源中最活跃、最重要的资源，应充分调动团队成员的各种资源和能力，将人力资源进一步转化为人力资本。

（三）定位

创业团队的定位包含两层意思：创业团队在企业中处于什么位置，由谁选择和决定团队的成员，创业团队最终应对谁负责，创业团队采取什么方式激励下属；成员在创业团队中扮演什么角色，是制订计划还是具体实施或评估，是大家共同出资，委派某个人管理，还是大家共同出资共同参与管理或者是共同出资聘请第三方管理。

（四）权限

创业团队中领导人的权力大小与其团队的发展阶段和创业企业所在行业相关。一般来说，创业团队越成熟，领导者所拥有的权力相应越小，在创业团队发展的初期，领导权限相对比较集中。

（五）计划

创业团队的计划包含两层意思：由于目标的最终实现需要一系列具体的行动方案，因此可以把计划理解成达到目标的具体工作程序；只有在有计划地操作下，创业团队才会一步一步地贴近目标，从而最终实现目标。

三、高效创业团队的特征

创业团队是一种特殊的群体，团队成员在创业初期把创建新企业作为他们共同努力的目标。他们在集体创新、分享认知、共担风险、协作进取的过程中，形成了特殊的情感及高效的工作流程。高效的创业团队不是“1+1=2”，而是“1+1＞2”。高效的创业团队应具有以下特征：

（一）目标明确

团队成员在创业初期就拥有共同的目标，明确的目标能为团队指引方向，提供动力，能够激励团队成员把个人的目标升华到群体目标上，提高团队的绩效水平，并坚信这一目标是正确的，是最终可以实现的。

（二）有效领导

一个合格、有才能的领导对于创业团队的高效工作至关重要，好的领导能将创业团队中的每一个人都团结起来，形成强大的凝聚力，使大家在遇到困难的时候共同承担责任、共克艰难。高效的创业团队领导往往承担的是教练的角色，他们为创业团队提供支持、指导和鼓励，带领他们为实现各种创业目标和任务而努力奋斗。

（三）良好沟通

良好的沟通既是高效团队的外在表现，也是营造团队和谐人际关系的重要手段。充分有效的沟通是创业团队成员目标协调一致的基础，创业团队成员只有在沟通后才能准确地了解彼此的想法，才能确保团队成员行为与团队步调一致。通过沟通，团队成员分享信息，团结一致，化解矛盾，最终达成共识、和谐相处，使得团队更加有战斗力。

（四）相互信任

所谓“疑人不用，用人不疑”。创业者与创业团队的其他成员间的相互信任是创业成功的关键因素，每个成员对于团队中的其他成员的品行和能力都应该是确信不疑的。相互信任是创业团队和谐人际关系形成的重要特质，创业团队成员之间应具有批评和自我批评的宽厚态度，只有如此，才会和谐共处，才能让信息畅通，不出现人为梗阻的现象，最终确保团队目标顺利实现。

（五）承诺一致

创业团队成员应对团队表现出高度的忠诚，对团队目标具有奉献精神，愿意为实现这一目标而调动自己的最大潜能。有了共同一致的承诺，团队成员便有了共同的理念，大家可以为了共同的目标而奋斗，进而促使团队高效、顺利地实现目标。

（六）制度完善

“没有规矩，不成方圆”，完善的规章制度能使创业团队的工作有章可循、有章可依，能够使团队全体成员的行为保持一致，实现制度化管理上的飞跃。实践证明，完善的制度能有效地解决团队内部不必要的内耗，从而促使团队的蓬勃发展。

创业案例　手作“道具”十年创业路：从痴迷动漫到实现梦想

从痴迷动漫的大学生“宅男”蜕变为年营业额800万元的青年创业者，管远航用了整整10年。回顾这10年创业路，管远航看到了手持“宝剑”、身披“盔甲”的逐梦少年，看到了艰辛旅途中伸出援手的良师益友。10年来的翻山越岭，管远航饱尝了在新兴行业创业的苦涩，如今他终于看到了最初的梦想正落地生花。

启航：创业源自兴趣

为何选择动漫道具服装制作这一行？管远航坦言，一切都源于兴趣和热爱。高中时，管远航就喜欢看国内外动漫，曾模仿着手工制作了几件道具，身边的动漫爱好者觉得做得不错，这增加了管远航的信心。他开始对道具服装制作逐渐上心，想做出更精美的道具。

2012年，管远航考入安徽信息工程学院材料成型及控制工程专业。刚上大学的他只是一个喜欢二次元的“宅男”，选择该专业的原因也只是想学手工制作的相关专业知识。尽管对手作道具感兴趣，也加入了学校Cosplay社团，但管远航从未将这一爱好与创业联系起来。他在社团参与活动时制作了一些宝剑、铠甲道具，很受同学欢迎。辅导员赵靓得知班上有一个精通手工的学生，他对这个行业前景十分看好，就劝管远航立项参加各级创新创业比赛。当时，校内喜欢动漫的大学生并不少，管远航很快结识了一群爱好相同的小伙伴，大家常聚在一起商量道具的选材和服装版型。就这样，一项立足于二次元领域的创业项目有了雏形。

2013年，管远航带着原创的“动漫与游戏道具制作工作室”项目参加了“昆山花桥杯”第八届安徽省大学生职业规划设计大赛暨大学生创业大赛，获得了安徽信息工程学院在创新创业类赛事上的第一个省级铜奖。次年，他又在“创青春·中国联通”安徽省大学生创业大赛决赛中摘得金奖，在国家级“创青春”赛事中斩获铜奖。几次在比赛中获得佳绩，让管远航开始系统思考项目落地实践的可能性。

转向：被浇了一盆凉水

从想法到落地，管远航经受了创业人必经的坎坷。由于缺人、缺钱、缺门路，创业初期的管远航只能单打独斗，他先成立了工作室，一个人负责生产、经营和销售。后来学校伸出援手协调，两名工商管理专业的学生参与了项目管理，再加上几个室友的支持，早期创业团队就此形成。

“我观察到，那时二次元经济刚刚兴起，市场供小于求，订单不缺，缺的就是人才。”但当时多数人觉得Cosplay是“不务正业”，管远航很难招到懂制作、会手工的设计师。2018年，管远航招来8名学徒，经过半年的学习，只剩下一个人，有的人甚至于一两个月就离开了。

缺少宣传渠道和客户来源，管远航就在电商平台上销售。网店开业不久，接到的第一笔订单是批量制作某知名网游中的一把宝剑，“我们租赁广告公司的雕刻机，再手工打磨、上色，这一单整整耗时一个月才交付”。管远航清楚地记得，除去租赁、人工、运输等费用后，他亏了近千元。

现实的财务数据给此前还梦想着扩大规模的管远航浇了一盆凉水。“最开始只能赚些加工费，有时候加工费都挣不回来。”由于缺少科学管理且规模尚小，管远航常常遇到结款不顺利的情况，这就导致时常亏损。从那时开始，管远航认识到，光有创业的热情和美好的展望并不够，要想生存下去，成本管控、运营管理、发展规划等问题都需深入细致地考虑。

在这些实际问题的解决上，学校给予了管远航支持。彼时，学校提供了创业场地、设施设备和管理服务，还提供了众创空间、创业广场等场所设施和创业一站式指导服务。正是在学校的帮助下，管远航的项目频频在各项创业赛事上大放异彩，在吸引了一些客户的同时，也找到一些志同道合的合作伙伴，一定程度上缓解了人才紧缺的情况。项目也就此开始盈利，逐步走上正轨。生产方式和销售渠道等条件逐步稳定后，管远航于2017年成立一家文化传媒有限公司，主营动漫游戏道具服装的设计制作。为了满足不同客户群体的需求，管远航采用了客户定制生产的经营模式。

“从收到客户意向金，到选配服装道具的主副材料，再到打样板制成品，整个流程需要一到两个月的时间。”平日里，即便出现订单超时、超预算现象，管远航对待每一次选材也都保证宁缺毋滥，对客户的每一个要求都尽可能满足。这也是他从业以来一直坚持的理念。

远航：如何在行业中走得稳

如何管理经营公司？如何有效节约资源减少成本？如何进一步明确自己的定位与未来发展？“摇身一变”成老板的管远航开始将公司重心从销售转向管理规划。“最初接单是‘一人吃饱，全家不饿’，现在考虑更多的是怎么才能养活公司专兼职的30多位员工。”

在调整了经营策略之后，管远航收缩回单纯制作道具和服装的状态，不再生产销售定制化产品，转向通用化和批量化生产。区别于传统的Cosplay服装道具设计行业，管远航制定了小规模、批量化的生产模式，与主营服装制造的企业合作，在批量生产的同时坚持原创设计。这使得管远航的销路快速扩张，逐渐在行业内站稳脚跟。

每天工作11个小时，白天分配订单，联系裁缝和打样工人以及快递员，晚上还要抽时间自己打样参与原创设计，这是管远航近段时间每天的工作状态。“即便现在订单量稳定，但创新产品产出较慢，我们需要更多有创意、懂管理的青年人才加入，这也是整个行业的痛点。”管远航说。

“动漫成为一种文化甚至是生活方式，我们也就有了更多机遇，吸引更多年轻人消费。”管远航说，“大学生创业并不是容易的事情，我很幸运能够走到今天，把兴趣爱好作为事业坚持下来了，下一步除了继续发展公司以外，还希望能够反哺母校，为创业后辈贡献一份力量。”

资料来源 王海涵，王磊．手作“道具”十年创业路：从痴迷动漫到实现梦想［N］．2023-05-30（11）．

训练1 开发你的创业人际关系

【训练目标】

结合课上所学知识掌握开拓人际关系的方法，初步了解寻找创业团队成员的方法。

【训练步骤】

1. 参考图5-1，绘制你的人际关系地图。

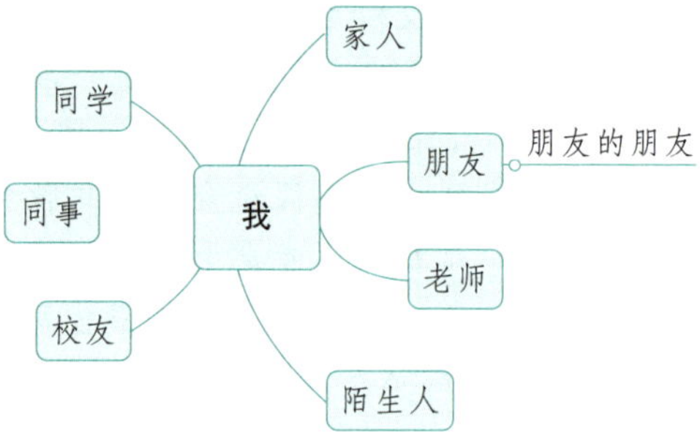

图5-1 人际关系地图

2. 标记重要的人。

观察这个图，认真且反复思考以下问题，得出答案后，在图中的对应名字旁边做个标记，如▲●★：

谁是你最信任的人？

谁是你最崇拜的人？

谁是你成功时最想一起分享喜悦的人？

谁是你失败时最先想到的避风港？

谁是和你最志同道合的人？

谁是你创业路上必不可少的支持力量？

谁有可能为你的创业带来帮助？

谁有可能成为你的创业伙伴？

谁有可能为你的项目投资？

谁有可能为你提供创业的关键资源？

谁有可能为你提供创业的技术支持？

谁有可能为你提供创业的管理支持？

谁是市场营销或公关的高手？

谁善于化解危机，处理问题？

谁善于创新研发，能给你带来很多新点子？

谁善于沟通交际，能帮你认识很多新朋友？

谁有可能成为你未来的合作者？

谁是你的潜在客户？

还可以就其他你认为重要的问题进行思考和标记。

注意：陌生人也是不可忽略的重要人力资源！

3. 与你创业路上的重要人际关系分享。

观察标记后的人际关系图，哪些人被标记了很多次？

立刻去找到他们，和他们分享你的创业想法，争取得到他们的支持。

4. 反思。

你认识的人会越来越多，所以你可以经常做这个练习，尽量不要漏掉“重要的人”，找到他们，并及时与他们交流，得到必要的和可能的帮助。

你还可以按你创业所需要的资源设计更多的问题。

你会发现，其实你拥有很丰富的人力资源，他们都可能帮助你走近创业的梦想，不要小看你的人际关系图，不要低估他们对你创业的影响，更不要忘记：你自己也是非常宝贵的创业人力资源。

任务2　组建创业团队

一、寻找创业团队成员

在线课堂5-3

寻找创业团队成员

（一）寻找创业团队成员的渠道

很多时候，创业者的创业伙伴都是自己身边的人。例如，在俞敏洪的创业团队中，徐小平是俞敏洪在北大时候的音乐老师，王强是他的同班同学。不过也有很多创业团队成员是通过偶然的机会与创业者认识的。对于大学生创业者来说，创业团队成员可以从以下几个渠道寻找：

1. 学校的社团组织

大学里有很多社团组织，那里有很多思想活跃的、有理想、有抱负、有特长、有技能的大学生，在那里可以找到志同道合的朋友，也可以找到兴趣爱好相同的伙伴。社团组织中的大学生往往内心充满理想和追求，并且愿意付出努力来达成自己的目标。

2. 公共的社交场所

公共的社交场所对于大学生来说有很多，例如学校的图书馆、食堂、教室等。当然，大学生创业者还可以通过参加创业大赛及其他类型的比赛、文艺汇演、学术会议，或其他一些校内外的公共活动认识一些志趣相投的同学与朋友，进而发展成创业伙伴。在寻找创业伙伴时，大学生创业者不要局限于本校的学生，而是应该开阔视野，广泛寻找潜在的合作伙伴，包括来自其他高校的学生、专业人士及具有相关经验的人。来自其他高校的学生可能具有与本校学生不同的专业背景和技能，能为大学生创业者提供不同的思路和灵感。

3. 众创空间

目前，各大高校都纷纷建立了众创空间，在一个城市也会有不同规模的众创空间。众创空间旨在为创业者们提供一个共享、协作、创新的工作环境，促进双方在思想、技术和资源等方面的交流和合作。

在众创空间里寻找到创业伙伴的概率是较大的，因为来到这里的人大多是怀揣着创业梦想或者具有技术能力、创新思维的。同时，众创空间通常提供各种培训、讲座、创业竞赛等，让大学生创业者们能够了解市场、行业动态，掌握创业技能和知识，从而提高与潜在创业伙伴的交流和合作质量。

4.他人推荐

创业伙伴很多时候来自他人的推荐，这种推荐方式已经对创业伙伴进行了初步的筛选，既节省了时间和精力，又节省了一定的资金成本，具有可靠性高、精准度高的特点。

大学生创业者首先要确认自己需要什么样的人才，包括技能、专业背景、性格等。然后将寻找创业伙伴的信息发布到自己的人脉圈中，比如朋友、同学、老师和亲戚等，告诉他们自己的需求，并留下联系方式。如果有符合要求的人才，他们就可以第一时间推荐给你。在得到推荐后，与推荐人进行详细的沟通，了解被推荐人的情况，初步筛选是否符合自己的要求。如果初步筛选通过，可以约见潜在的创业伙伴并与其进行深入的沟通，以确定是否具有合作的可能性。

5.公开招聘

大学生创业者可以通过互联网平台、线下招聘会或学校就业创业中心等渠道公开招聘创业伙伴。在招聘之前，制订一份招聘计划，包括招聘条件、招聘岗位、福利待遇等。收到简历后，大学生创业者要对简历进行筛选，挑选出合适的人，进行面对面沟通，最后选择出符合需求的创业伙伴。

以上几种途径各有利弊，无论哪种途径，都需要大学生创业者对创业伙伴的人才特征和要求有清晰的认识，以采用合适的方式去寻找创业伙伴。

（二）寻找创业团队成员的原则

1.同价值观原则

共同的价值观是组建团队的基本准则。只有在价值认同上一致，团队才有共同的目标和努力方向，才有统一的思路和理念。价值观决定着创业的性质和宗旨，决定着创业的目标和行为准则，也指导着团队成员如何工作和如何取得成功。这其实是对企业文化的认同。当团队成员的个人追求与企业追求一致时，也就表明他对企业文化的认可，这样个人就会融入团队中，增强团队的凝聚力。如果团队成员缺乏共同理念，就很容易导致个人主义盛行，最终导致企业的失败。

2.互补性原则

创业者之所以寻求团队合作，其目的就在于弥补创业目标与自身能力间的差距，尽可能地实现角色齐全。只有团队成员相互间在能力、性格或技术等方面实现了互补，才有利于充分发挥个人的资源优势，拓宽团队的资源渠道，并通过相互协作发挥出“1＋1＞2”的协同效应。

要使创业团队能够发挥最大的能量，在创建创业团队的时候，不仅要考虑成员之间的关系，更重要的是要考虑成员之间的能力或技术上的互补性，包括个人专长、管理风格、决策风格、思维方式、经验、性格等特点的互补，以此来达到团队的平衡。

相对来说，一个优秀的创业团队必须包括以下几种人：一个创新意识非常强的人，这个人可以决定创业项目未来的发展方向，相当于战略决策者；一个策划能力极强的人，这个人能够全面、周到地分析整个项目面临的机遇与风险，考虑成本、投资、收益的来源及预期收益，甚至能担当企业管理规范章程、长远规划等的设计工作；一个执行能力较强的人，这个人负责具体事务的执行问题，包括联系客户、接触终端消费者、拓展市场等。此外，如果是一个技术类的创业团队，还应该有一个专家型的核心人物，负责技术研发，打造核心竞争力。同时，这个创业团队还需要有人掌握必要的财务、法律、审计等方面的专业知识。当然，在团队形成之初，并不需要以上各方面的成员全部具备，在必要时，可以是一个或多个成员去学习团队所缺乏的某种或某几种技能，从而使团队充分发挥其潜能。

3. 相似性原则

俗话说：物以类聚，人以群分。当其他人在许多方面与自己具有相似性时，人们会感到放松，而且也趋向于喜欢那些人，社交心理学将这一普遍现象解释为“相似效应”。毫无疑问，创业者也会遵循这一规律，喜欢和自己相似的人一起工作。事实上，多数创业者确实会倾向于选择那些在背景、教育、经验上与自己相似的人组成团队。志同道合的人更容易“抱成团”。创业要面对很多不确定性因素，创业团队成员之间是否具有共同的价值观、是否具有共同的梦想，对于提升和保持团队凝聚力是非常重要的。但同时要注意，过于相似的成员可能会导致在知识、技能、社会关系网络等方面形成重叠，这不利于初创企业对资源的广泛需求与利用。因此，一般只主张成员间在个人特征和动机方面具备相似性。

另外，合作伙伴的道德品质也是必须考虑的因素。新东方创始人俞敏洪曾说：“合伙人，合的不是钱，而是人品与规则。”创业团队有别于一般团队，其对团队成员的人品与价值观要求不仅要相似相融，而且要求更高。创业团队各成员的道德品质（敬业、诚信、正直等）和价值观念如果存在混乱和相悖的情况，将导致团队的利益冲突无法调和，影响团队的沟通协调、稳定性和工作绩效，会给创业活动带来巨大的风险。

二、组建优秀创业团队的要点

在线课堂5-4

组建优秀创业团队的要点

由于组建创业团队的基石在于创业远景与共同信念，因此，创业者需要提出一套能够凝聚人心的远景与经营理念，从而形成共同的目标与企业文化。一般而言，要组建一个优秀的创业团队，应特别注意以下几点：

（一）相互了解

创业团队的所有成员都应该相互非常熟悉，知根知底。在创业团队中，团队成员都应该非常清醒地认识到自身的优劣势，同时对其他成员的长处和短处也应一清二楚，这样可以很好地避免团队成员之间因为相互不熟悉而造成的各种矛盾、纠纷，从而强化团队的向心力和凝聚力。

(二) 相互信任

信任是解决分歧、达成一致的唯一途径。创业团队成员不仅要志同道合、彼此了解，更需彼此信任。最初创业时，要把基本的权利和责任义务讲清楚，尤其是股权和利益分配，包括增资、扩股、融资、撤资、人事安排及解散等事宜。这样在企业发展壮大后，才不会出现因利益、股权等的分配分歧而产生矛盾，最终导致创业团队解体的局面。

(三) 理念一致

所有团队成员都必须认同大家共同确定的创业目标、分配制度、管理制度、企业发展战略、经营理念、企业文化等，保持对企业长期经营的信心。所有团队成员都应认识到团队是一体的，所有成败都是整体的而非个人的。团队成员应同甘共苦，将团队利益置于个人利益之上，愿意牺牲短期利益来换取长期的成功果实。

(四) 取长补短

建立优势互补的创业团队是保持创业团队稳定的关键。创业团队组建时，要充分考虑成员专业能力的多样性，成员之间的能力、经验、专长要有互补性，以此达到团队的平衡。

三、团队管理技巧和策略

新创企业的管理实际上包含公司组织、生产服务、市场营销等几个方面，新创企业的管理重点一般会落在生产管理、市场、服务等环节上，而忽视团队的建设与管理的做法是不科学的。管理好创业团队要掌握好以下几点：

(一) 保持沟通流畅，营造相互信任的团队氛围

沟通是管理团队的有效方式，顺畅的沟通是企业不断前进的命脉，没有沟通，团队就无法运转。其一，沟通使信息保持畅通，实现信息共享，避免因为信息缺失而出现错误的决策与行为。其二，沟通可以化解矛盾，增强团队成员彼此之间的信任。在长期合作共事的过程中，创业团队成员之间难免会有矛盾，缺少沟通可能导致相互猜疑、相互抱怨，矛盾会随着时间的推移越来越大，最后可能导致团队的分裂。情感上的相互信任是一个团队最坚实的合作基础。团队的成功与否，根本原因在于人与人之间的“兼容性”，相互信任就是兼容过程中的“润滑剂”。其三，沟通可以有效地解决认知性冲突，提高团队决策的质量，促进决策方案的执行。在企业经营管理过程中，团队成员对有关问题会形成不一致的意见、观点和看法，这种论事不论人的分歧称为认知性冲突。优秀的团队并不回避不同的意见，而是进行充分的沟通和交流，鼓励创造性思维。这也有助于推动团队成员对决策方案的理解和执行，提高团队决策的质量，提高组织绩效。

(二) 让合适的人做合适的事

从人力资源管理中“人岗匹配”的原则来说，让合适的人做合适的事，是科学的用人原则。这样做的结果对个人来说，可以使团队每一名成员都得到发展，充分调动团队成员的潜能，激发其工作热情，使其将个人的优势发挥得淋漓尽致；对团队来说，扬长避短无疑是提高效率的最佳配置方式。

（三）制定严格的规章制度

“没有规矩，不成方圆”，一个初创团队，如果没有严格的规章制度（如绩效考核制度、财务管理制度、行政管理制度等）作为运转保障，就会成为一盘散沙。因此，最初创业时就应该制定严格的规章制度，把最基本的责、权、利确定明白、透彻，不要碍于情面含含糊糊。规章制度具有明确性的特点，有助于规范团队内部各成员的行为，使每个人都能恪尽职守、各司其职，避免新创企业中经常出现的团队成员责、权、利混淆的情况，避免因责、权、利等出现分歧而导致创业团队的解散。

（四）建立良好的激励机制

激励是团队管理中极为重要的内容，直接关系到初创企业的生死存亡。如何对创业团队进行有效的激励，现在还没有固定的模式可以套用，但可以通过授权、股权激励、薪酬机制等诸多手段来实现。薪酬是实现有效激励最主要的手段，毕竟收益是创业成功的重要表征。在设计薪酬制度时，应考虑到差异原则、绩效原则、灵活原则，最终目的是通过合理的报酬让团队成员产生公平感，激发和促进创业团队成员的积极性，实现对创业团队的有效激励。

在初创企业中，股权激励通常的做法是将公司的股份预留出10%～20%，作为吸引新的团队成员的股份。

（五）建立合理的决策机制

要成为一个有凝聚力的团队，团队核心人物（决策者）必须学会在没有完善的信息、团队成员没有统一的意见时做出决策，并能承担决策的后果。正因为完善的信息和绝对的一致是罕见的，决策能力就成为一个团队能否成功的重要因素。如果一个团队没有鼓励、建设性的意见和毫无戒备的冲突，决策者就不可能学会决策。这是因为只有当团队成员彼此之间热烈地、不设防地争论，直率地说出自己的想法时，团队核心人物才可能有信心做出充分集中集体智慧的决策。决策的主要内容是公司发展的长期目标与一定阶段的计划，还有一些是与公司发展相关的重大决策。

（六）马上执行，对结果负责

有了决策，还需要严格地执行，执行力也是一种显著的生产力。《把信送给加西亚》中的上尉罗文在接过美国总统的信时，虽然不知道加西亚在哪里，但清楚自己唯一要做的事是进入一个危机四伏的国家并找到这个人。他二话没说，没提任何要求，只是接过信，立即行动。他奋不顾身，排除一切干扰，想尽一切办法，用最快的速度达成了目标。

在团队里，并不需要每个团队成员都异常聪明，因为过度的聪明往往会导致自我意识膨胀，好大喜功；却需要每个人都具有强烈的责任心和事业心，对于公司制订的业务计划和目标能够在理解、把握、吃透的基础上，细化、量化自己的工作，坚定不移地贯彻执行下去，对于过程中的每一个运作细节和每一个项目流程都要落到实处，对结果负责。

其实，决策者的角色也不是一成不变的，决策者应先成为执行者，只有当自己也能完成方案时，才能将类似的方案交给其他执行者去执行。

（七）注重团队凝聚力

团队的凝聚力是指群体成员之间为实现共同目标而团结协作的程度，凝聚力表现在成员的个体动机行为对群体目标任务所具有的信赖性、依从性乃至服从性上。在创业过程中，团队所有成员都认同整个团队是一股密切联系而又缺一不可的力量。团队的利益高于团队中每一位成员的利益，如果团队成员能够为团队的利益而舍弃自己的小利，团队的凝聚力就会增强。

“没有完美的个人，只有完美的团队。”虽然在创业团队中，每一位成员都可以独当一面，但是合作仍然是团队成员首先要学会的东西。成功的创业公司中，团队的成功远远高于个人的成功。创业团队的核心成员只有相互配合，共同激励，树立同舟共济的意识，才能成就梦想。

创业案例　　**李想的创业故事**

2020年7月11日凌晨，理想汽车向美国证券交易委员会提交了招股说明书，申请登陆纳斯达克。如果顺利，这意味着继蔚来（智能电动汽车品牌）之后又一家中国造车新势力在美国上市，也意味着李想带出了又一家在美上市公司。

理想汽车创始人李想此前创办了泡泡网和汽车之家。汽车之家2013年12月在纽交所上市，目前市值超过百亿美金。2015年，李想卸任汽车之家总裁，创立车和家，后更名为理想汽车。理想汽车的主要产品是价格32.8万元的智能电动SUV理想ONE。这一车型2019年12月开始批量交付，据称交付已超过1万台。根据招股书，理想汽车在2018年和2019年净亏损分别为15.32亿元和24.38亿元，两年合计净亏损39.7亿元。

李想在理想汽车持股25.1%，拥有70.3%投票权，将公司牢牢掌握在自己手中。在一众造车新势力当中杀出血路，非常不容易。2020年3月，李想在微博感叹：“上百个新造车企业中，坚持到今天，从不拖欠员工的工资，从不拖欠供应商的货款，这两个最基本最本分的能做到的估计已经不超过五个了。”

李想没参加过高考。他1981年10月出生于河北石家庄。按照他自己的描述，18岁之前，学习成绩中下等，老师和亲戚们都觉得他以后没什么出息。高三开始，李想不想这么被人看不起，就用自己学习的计算机知识创办了个人网站，开始创业。“虽然还是个体，或者是有很多人的作坊，但是我有了目标，在无数的问题中寻找机会，每天的工作排列重点，只做影响90%结果中前三件的重要事情，剩下的问题选择性忽略，而不是被问题牵着走。把大的问题看作机会，不断地达成阶段性的目标。”

2019年春节，李想总结了创业20年经历的“五个楼层”。从一个普通的人，到成为一个优秀的人、一个优秀的管理者、一个优秀的领导者、一个顶尖的领袖。

他说自己从2018年才认知到“成为一个顶尖的领袖”，而且才刚刚开始，还没有任何实际的结果。但是，在智能电动车的红海里，这是他唯一能够胜出的机会所在。

“一个顶尖的领袖必须能够给团队清晰的使命愿景和价值观，做好组织的建设，找到关键的领导者，让团队中每个人的价值充分发挥，不断成长，认知自我，认知协作，认知管理。一个顶尖的领袖必须能够带领团队制定精准的战略，保证业务、人力、财务三位一体去作战，让每一个人洞察商业、产品、技术的奥秘。我还在从四层痛苦地走向五层的路上……没有退路。给我几年时间，我再来给大家拿实实在在的结果分享。”

资料来源　天下网商．18岁放弃高考，创立百亿美金上市公司，如今他又有一家公司上市[EB/OL]．[2020-07-12]．https：//www.163.com/dy/article/FHADSNAD05118FFD.html.

训练2　模拟组建创业团队

【训练目标】

1.了解创业团队组建的方式。

2.掌握创业团队组建效能发挥的要点。

3.熟悉提升创业团队效能的方式。

【训练步骤】

为了做出正确的选择，同学们需要获得以下三个方面的基本信息：

1.清晰的自我评价（在列表中描述技术、能力、知识等相关方面）。

2.清楚地描述出自己想要从合作伙伴那里获得什么。

3.准确地评估他人的能力，以便知道他们是否具备自己所需要的能力。

可以通过以下练习来获得这三个方面的信息：

1.自我评价。需对自己在以下每一个维度做出等级评价，要求尽可能地诚实和准确。对于每一个维度，请选择数字1～5（1=很低，2=低，3=中等，4=高，5=很高，并填写在相应题目后）。

①新创企业相关的经验（　　）

②新创企业相关的技术知识（　　）

③人际技能（与人相处、劝说他人等方面有用的技能）（　　）

④成就的动机（　　）

⑤对新创企业的承诺（　　）

⑥适合做一位创业者的个人属性（　　）

⑦不适合成为一位创业者的个人属性（　　）

2.你对合作伙伴的要求是什么。考虑到第一部分中的等级评价，列出你想从合作伙伴那里获得什么。例如，如果你在技术知识方面不足，你就需要一名擅长技术的合伙人；如果你不擅长人际交往，你就需要一名擅长人际交往的合伙人等。

①____

③____

④____

3.你准确评价他人的能力如何。为了回答这一问题，请指出下列每一项陈述是正确的还是错误的程度，选择数字1～5（1=根本不正确，2=不正确，3=既不正确也不错误，4=正确，5=十分正确），并填写在相应的题目后。

①我能够很容易地发现其他人什么时候在说谎。

②我能够推测其他人的真实感受。

③我能够识别出他人的弱点。

④我是其他人的好裁判。

⑤我能够通过观察其他人的行为，准确地识别出其他人的特点。

⑥我能够辨别出人们为什么会以多数情况下的方式来做事。

把你的答案的分值相加。如果你的得分为20分或者更高，你就可以把自己确认为擅长评价他人。为了判断这一结论是否准确，可以对你很熟悉的人、对同样的项目做出评价。

课后拓学

育德启智

延伸阅读5-1

西天取经团队

增强团结意识

习近平总书记在党的二十大报告中指出："团结就是力量，团结才能胜利。全面建设社会主义现代化国家，必须充分发挥亿万人民的创造伟力。"

团结精神也就是大局意识、核心意识，是大学生创新创业所必需的重要素质之一，也是现代社会对大学生最基本的要求。团结精神和大局意识都是强调个体与集体的关系，是人们意识形态和行为方式的集中表现。

团队精神对于创业团队的发展非常重要，创新与创业通常是一个长期、复杂的过程，需要创业团队的协作和合作，每个成员都需要扮演不同的角色，发挥自己的专业知识和技能。这时，如果团队成员之间缺乏团结精神，就很难达成共识和协调工作。相反，如果每个人都进行了思考，在团结的状态下共同追求目标，将会有更高的效率和更好的结果。

大局意识对于大学生创业者也非常重要。创新创业需要大学生具备全局的视野，从整体出发思考问题，关注创业项目的生态环境、未来市场的发展趋势等重要因素。如果缺乏大局意识，可能会出现狭隘的利益纠葛、片面的考虑等问题，使创业项目难以取得成功。

学有所悟：

团结是战胜一切困难的强大力量，是凝聚人心、成就伟业的重要保证。习近平总书记在看望参加全国政协十四届一次会议的民建、工商联界委员并参加联组会时强调："力量源于团结。"当前，世界百年未有之大变局加速演进，世界进入新的动荡变革期，我国发展进入战略机遇和风险挑战并存、不确定难预料因素增多的时期，我们更加需要依靠团结战胜前进道路上的一切风险挑战，奋力完成全面建设社会主义现代化国家各项目标任务。

应用自测

阅读以下案例并回答问题：

李波和黄小双在大学毕业后合伙创办了一家园林绿化公司。李波在大学所学的专业是园林绿化，公司成立后，他就负责园林景观设计工作。黄小双则负责日常管理，虽然他并没有相关的行政管理专业背景，但他在大学的社团活动中表现出来的管理能力让李波很钦佩。就这样，两个人分工合作，开始为这家公司的发展共同奋斗。

经过两年的努力，李波带领设计团队为房地产开发公司、园林设计院等多家单位成功设计了不同风格和样式的景观，得到了商家的认可。黄小双也在实践中不断学习，逐渐提升了自己的管理能力，把公司管理得井井有条。经过两人的团结协作，现在他们的公司年营业额已经超过50万元。但他们并未就此停止前进，年营业额突破200万元成了他们的新目标。

应用自测5-1

答案提示

问题：

（1）假如你想创业，你会选择什么样的成员来组成创业团队？

（2）成功组建创业团队需要具备哪些条件？

课后实践

根据【学前实践】形成的成果，结合本项目所学内容，重新分析调查问卷中所访问的创业者，思考一个成功优秀的创业团队一定要具备的条件，并尝试总结出一个不够优秀的创业团队需要提升的内容。

再做一个问卷调查，这次尝试访问一个有着创业失败经历的创业团队，结合本项目所学内容，总结其失败的原因及启示。

注意：完成工作任务的实际操作，记录过程并展示成果。

学习评价

在线测评5-1

项目五

本项目学习评价见表5-1。

表5-1 学习评价表

评价内容	自我评价	生生互评	教师评价	平均分数
理论知识掌握扎实				
实践训练按要求完成				
团队协作能力强				
创新创造能力强				
沟通洽谈能力强				
具有积极性				
目标意识强				
具有自我启发性				
努力达成目标				
具有计划性				
总 分				

填表说明：按评价指标给该生的本次课堂表现进行综合赋分，满分100分，共计10个指标，每个指标按1～10分进行打分。其中，自我评价和生生互评各占30%，教师评价占40%。

总结反思

6

项目六

寻求充足的创业资源

》》》》》》创业箴言

人生在勤，不索何获？

——《后汉书·张衡列传》

这句话的意思是，人生能否成功在于是否勤奋，不探索怎么会有收获？一个人只有勤奋努力、不懈探索，才能获得成功和收获美满的人生。在当今社会，大学生想要创业成功，就需要不断地致力于获取资源和实践机会。资源包括人脉、资金、知识等多个方面。例如，可以通过不断拓展自己的人脉圈，结交各行各业的专业人士，寻找合作伙伴；可以积极参加各种创业比赛、培训班、创业营等实践活动，关注当下热点领域，增长自身的专业知识和市场洞察力；可以通过互联网和各种平台寻找资金和老师支持，为自己的创业之路提供坚实的基础。

》》》》》》学习目标

知识目标

1.了解创业资源的内涵和分类。
2.了解创业资源的获取途径。
3.了解创业资源整合的特点与原则。
4.了解创业融资的渠道与方法。

能力目标

1.具备创业所需的资源整合能力。
2.能够将创业资源获取的途径与方法应用到将来的创业过程中。

素养目标

1.引导学生理性分析自身特长在创业资源整合中发挥的作用。
2.引导学生增强对政府创业政策的认同感。

课前自学

学前思考

1.请你尝试给创业资源下个定义。

2.查找资料，找到一个关于成功融资的创业案例，并结合案例理解资金对于创业成功意味着什么。

3.创业时，除了借款筹资以外，还有哪些筹资渠道与方式？

学前实践

和小组的其他成员设计一份简单的调查问卷。该调查问卷将用于访问一个创业者，这些问题需要集中在：

创业者在创业初期寻找和获取资源最重要的策略是什么？在资金方面，除了银行贷款和投资外，有哪些好的融资途径？

创业者为什么会产生创办企业的想法？创业者如何判断自身优势与不足？创业者是如何找到伙伴共同创业的？创业过程中的分工和磨合是什么样的？如何利用外部资源帮助创业公司渡过难关？

调查问卷应该不超过两页。测试调查问卷（在班级其他成员中测试，征求他们的意见），确定问卷的问题是否清楚。在访问创业者之后，分析他们的回答，提交一个简短的报告并向全班汇报。小组成员必须协商和安排整个活动过程。课上老师在必要时可以给予指导和帮助。享受这个练习，这是非常有趣的事情！

注意：完成工作任务的实际操作，记录过程并展示成果。

课中创学

任务1 何谓创业资源

做任何事都离不开天时、地利、人和，可见资源积累和整合的重要性，否则将陷于困境没有进展。创业是一件复杂多变，又充满不确定性和高风险性的活动，创业者需要通过积累和整合一定的创业资源才能为创业实践提供必要的保障。检验创业者是否能够真正把控创业机会，把创业机会转化成切实的项目的一个重要指标就是初创者是否掌握了创业资源，掌握了哪些创业资源。

一、创业资源的内涵

在线课堂6-1

创业资源的内涵

俗话说：“巧妇难为无米之炊。”同样，创业者如果没有必要的创业资源，也只能望机（创业机会）兴叹，无法启动创业项目。创业过程本身就是一个资源整合与开发利用的过程。

创业资源是指创业者在创业过程中（包括企业创立及发展过程中），为保证创业活动的开展所需的各种生产要素与支撑条件。创业资源通常包括有形资产与无形资产，主要表现为人才、资本、生产或服务设施与技术等方面。对创业活动来说，创业者是其独特的资源，也是无法用钱买到的资源。

例如，某大学生想要创业，计划成立一家提供新型智能照明系统的公司。为了顺利启动和运营这个创业项目，这个大学生创业团队需要启动资金，需要具备相关的研发技术和知识储备的技术资源，需要一个安静、宽敞、设备齐全的办公场所来办公，需要招聘具备相关技能和经验的员工等人力资源，还需要合作伙伴与供应商等。这些项目启动和运行所必需的要素与条件就是创业资源。

二、创业资源的分类

在线课堂6-2

创业资源的分类

关于创业资源的分类方法莫衷一是，并没有统一，划分的依据不同，划分的类型自然也不同，为了便于学生较为清晰地了解和掌握创业资源的分类方法，本书编写团队采用了按照资源对创业活动起到的不同作用来分类的方法，这一分类方法将创业资源分为要素资源和环境资源。

（一）要素资源

创业的要素资源主要是指直接参与到企业创建和日常生产经营活动的全部资源，既包括有形资产，又包括无形资产，具体包括生产设备、厂房、土地、员工、资金、技术、声誉、组织管理和经验等。

1.财务资源

财务资源即以货币形式存在的资源，如资金，易于变现的国债、股票等也可以视同现金资产。初创企业涉及的财务资源问题主要有：是否有充足的启动资金？现有资金能支持创业多长时间？货币资金可以是创业者所拥有并投入的，也可以是亲友、商务伙伴或其他投资人投入的。

2.人才和管理资源

人才资源包括创业者及其团队，如管理团队、董事会、律师、会计师和顾问等，他们的知识、能力和经验，以及他们的使命、愿景、决策乃至人际关系网络共同构成了人才资源。管理资源则突出表现在企业诊断、市场营销策划、制度化和正规化企业管理咨询等方面。高素质人才的获取和培养成了现代企业持续高速发展的内部驱动力，尤其是对高新科技型公司而言，人才资源更为重要。

3.物质资源

物质资源即创办企业和维持企业运营的有形资产，包括厂房、土地、机器、办公设备和库存等，一些自然资源如矿山和森林等也属于物质资源的范畴。例如，为科技人员提供舒适的研究开发场地和高速的网络通信系统，为工人提供生产车间和厂房，为办公室人员提供便捷的商务中心和配套设施的办公场地，都将有助于初创企业更快、更好地成长。

4.技术资源

技术资源即指由工艺、系统或实物转化方法组成的制造流程、专用生产设备和作业系统，如关键技术、发明专利、科研成果等。从广义上讲，还包括掌握关键技术的人，比如注册会计师、律师、高级美工师、工程师、医生和心理咨询师等。

除了上述创业资源，信用资源、商业经验以及家族资源等也会对创业产生重要作用。创业者具有良好的个人信用、诚信资源是推动创业机会实现的关键因素之一。创业者的家族资源可以提供商业经验、学习机会、人际关系，甚至是客户资源。

（二）环境资源

环境资源是指未直接参与企业生产，但其存在可以极大地影响企业运营效率的资源，包括政策、文化和品牌资源等。政策的调整和资源成本的变化会影响创业资源的获取。

为了激发人民群众的创新创造潜能，我国政府提出了“大众创业、万众创新”的口号，作为新时代的中国青年，大学生更是创新创业的主力军。一是在外部政策方面，2022年国务院办公厅发布了《关于进一步做好高校毕业生等青年就业创业工作的通知》（国办发〔2022〕13号），对于大学生创业提供了很多利好政策，鼓励有创业梦想的年轻人参与到创新创业的洪流中来。对于社会人员开展创业活动的，人力资源和社会保障部也提供了鼓励政策、扶持政策或者其他优惠等，包括社会上很多孵化器都为创业者提供了场地等办公条件的支持。二是在信息资源方面，一些展览会和推介会能够为大学生创业者提供丰富的中介合作、良好的采购和销售渠道信息。三是在我国的文化资源方面，相互合作与互相追赶的文化氛围非常有利于初创企业的快速成长。例如，在美国的硅谷和被誉为“中国的硅谷”中关村等文化环境中创业，大学生创业者势必会被感染和引领。四是在品牌资源方面，大学生创业者可以借助科技园或者孵化器的品牌效应，借助大学或者优秀校企合作企业的品牌效应，以及借助社会上有影响力的创业人士对企业的认可等。

在线课堂6-3

创业资源的获取

三、创业资源的获取

创业者初期占有或者可支配的资源都是非常有限的，鉴于创业资源具有将创业机会变为现实的重要作用，创业者们都会挖空心思尝试如何能获取创业所需要的资源。尤其是大学生创业，他们拥有高学历和专业的知识储备，精力旺盛且头脑灵活，可是在资金、技术、经验方面却处于劣势，因此大学生在创业时普遍需要外界的帮助，来获取更多的资源和支持。

（一）依靠政府、孵化器或者高校支持获取资源

政府、孵化器或者高校都对创业者，尤其是对大学生创业者提供了政策支持与奖励政策，如提供低息或免息贷款、免房租或水电费等，通过一系列的利好政策为创业者们营造了一个鼓励创新创业、宽容失败、较为宽松的创业环境。创业者们可以到当地的人社部门咨询具体的鼓励创业的优惠政策，助力实现自己的创业梦想。大学生创业者可以到高校的创新创业部门咨询本校的创业项目扶持政策，每所高校都会有职能部门为在校生和一定毕业期限内的大学生提供场地等一系列的扶持政策。

（二）通过人际关系获取资源

家庭成员、亲朋好友是创业者最容易接触到的资金来源之一。在创业早期，很多创业者都会通过向亲友募集资金来启动他们的业务。亲朋好友可以帮助创业者传达创业理念和创业项目，并向创业者介绍其他潜在的投资者和合作伙伴。需要强调的是，在从亲朋好友那里获取资源时，创业者要保持专业精神，并明确约定资金用途和回报方式。同时，要注意管理好与亲友的关系，以免因创业失败而引起不必要的负面影响。

除了亲朋好友，创业者还可以通过参加创业比赛、研讨会、展会等创业活动建立人际关系，结识业内专家、创投机构负责人或其他创业者，不断扩大自己的人际圈子，也可以通过创新工场、互联网+等专业社区，与其他创业者进行交流，间接获取创业资源。

（三）通过市场途径获取资源

通过市场购入的方式获取创业资源，前提是具备比较充足的创业资金，比如购买厂房、机器设备和原材料等物质资源，购买专利技术，聘请有经验的专业技术人员等，还可以通过外部融资以获取资金支持。另外，可以通过和其他组织的联盟，实现双方资源和能力互补且有共同的利益，对难以自行开发的资源实行共同开发。

四、获取创业资源的关键因素

大部分创业者所追求的是用最少的资源投入换取最大的价值回报，资源的内容和种类也不尽相同，在获取创业资源时需要注意以下两点：

（一）技术资源是关键资源

在创业初期，掌握核心技术才能解决以下问题：我提供的是怎样的产品或者服务？它解决的是人们的哪些需求？哪些人需要这种产品或者服务？

在创业初期，技术资源是最关键的创业资源之一。其原因有三个方面：①技术是决定产品市场竞争力和获利能力的根本因素；②技术壁垒往往决定了所需创业资本的

大小；③初创企业规模较小，对管理及人才的需求不像成熟企业那样高。初创企业是否掌握创业需要的核心技术，是否拥有技术的所有权，决定着创业的成本，以及初创企业能否在市场中取得成功，对依托高科技技术的创业而言更是如此。

一些看起来很有前景的商机，如果没有拥有或者控制核心技术就贸然进入，必然很快会遭受重创。例如，近些年我国大力发展新能源汽车产业，很多初创企业响应国家的号召在该领域创业。然而，新能源汽车领域涉及的专业知识和技术细节非常复杂，由于缺乏核心技术和资源，很多初创公司都倒下了。

（二）人力资源是核心资源

人力资源不仅指创业者及其创业团队的特长和知识，还包括创业者及其创业团队拥有的能力、经验、技术、激情、社会关系、市场渠道等。

初创企业的真正优势最终体现在其拥有的人力资源上。技术是人掌握的，是靠人力资源来研究和开发出来的；产品是靠人力资源来组织生产的；市场资源是靠人力资源来开拓和维护的。从本质上说，初创企业的所有经营活动都依赖人力资源的利用而实现，经营的绩效都是通过发挥人力资源的积极性与创造性才能获得的。

创业案例　**因地制宜、因村施策**

赤峰—通辽“双子星座”创业大赛一等奖获得者、旺业甸实验林场副场长马成功向我们展示了他的美林镇大营子村林药种植基地。基地内500多名农户正抢抓时机，在茂密的松林里种植中药材天麻。

“我们利用当地丰富的林业资源条件、气候特点和区位优势，通过反复试验、示范发展，确立了以种植天麻、防风等药材为主的林药产业，以赤松茸、榛蘑种植等为主的林菌产业和以升麻、山白菜种植等为主的林菜产业，通过多种经营，带动当地群众增收致富。”一说起林下种植项目，马成功兴奋地说。

每年的5月份是林药种植的好时节。为不断扩大产业规模，美林镇在2022年种植规模的基础上，2023年预计新发展林菌种植5 000亩以上，发展林药种植1万亩以上，带动当地群众3 000余人家门口就业，每人预计增加收入2万元以上。如今，依托强有力的产业带动，“生态产业化、产业生态化”发展模式正在喀喇沁旗落地生根、开花结果。

乡村旅游　风生水起

“雷营子生态乡村文旅产业现在发展势头良好，‘五一’黄金周期间累计接待了3.5万余人，旅游收入比较可观。我们对未来发展信心十足。我们将以乡村旅游标准化建设为目标，以游客满意度为服务出发点，努力打造知名乡村休闲度假旅游目的地。”赤峰市好客雷营子文化旅游发展有限公司董事长张平高兴地说。

一花独放不是春，姹紫嫣红春满园。喀喇沁旗在着力推动林业经济发展的同时，着力发展乡村旅游产业，让喀喇沁旗的绿水青山成为乡村旅游产业的核心支柱和坚硬脊梁，以“全国乡村旅游重点村”西桥镇雷营子村为代表的乡村旅游村纷纷涌现，成为赤峰市及周边市民近郊乡村旅游的最佳打卡地之一。“雷营子生态乡村文旅产业”项目获得赤峰—通辽“双子星座”创业大赛主体赛创新创业组三等奖，也成为雷营子村乡村旅游产业快速发展的一个缩影。

资料来源 马文基，张晓亮. 赤峰市喀喇沁旗：创业之星 星光闪耀［EB/OL］.［2023-05-23］. https：//nm.cnr.cn/gstjnmg/20230523/t20230523_526261427.shtml.

训练1 创业资源排序

【训练目标】

完成本项训练后，你应该能够：

1. 了解创业资源的重要性。
2. 掌握创业资源选择和排序的方法。

【训练步骤】

如果你要成立一家培训公司，现有以下12种资源可供选择（见表6-1），请选出4种进行排序，并说出你的理由。

表6-1 创业资源排序

资源名称	排序序号
1.投资50万元，需占50%股份	
2.资深运营总监	
3.与教育主管部门合作的机会	
4.获得一个完善的网络培训平台	
5.与知名师范大学合作的机会	
6.较偏远、租金低、面积大的场地	
7.获得一套专业的培训课程	
8.资深培训专家	
9.银行有息（7%）贷款10万元	
10.资深培训顾问	
11.与某知名培训集团合作的机会	
12.市中心租金高、面积小的场地	

任务2 如何整合创业资源

对创业者而言，一方面，要借助自身的创造性，用有限的资源创造尽可能大的价值；另一方面，要设法获取和整合各类资源。创业资源在未整合前大多数是零散的，未经配置和优化的创业资源是不会产生“1+1＞2”的效果的。有效的创业资源整合应尽量多地发现有利的创业资源，以效率最高的方式配置、开发和利用这些创业资源。

一、创业资源整合的特点

创业资源的整合呈现出以下两个特点：

（一）循序渐进性

创业者对于创业资源的需求是不断变化的，资源的出现也是有时间差的，有利的创业资源往往都是难以完全发掘、配置和利用的。因此，创业者和团队成员要做好循序渐进的准备。根据对资源的需求程度以及资源开发和利用的成本、收益和不确定性的综合考虑，对资源需求进行排序，逐步找寻和获取所需要的创业资源。也就是说，对于每一种创业资源，都应当选择一个适当的整合时机，以降低资源的维护成本。

（二）重复利用性

创业资源包括品牌资源、制造资源、技术资源、营销渠道资源、管理资源等，很多资源是可以重复利用的。提高资源的重复利用率，有助于提高资源的整合利用效率，充分发挥资源的价值。

1. 技术资源的重复利用

技术资源的重复利用就是特定技能或技术伴随着使用的频率越高，资源的利用效率就越高，也意味着资源杠杆运用越充分。例如，夏普将开发成功的液晶显像技术陆续应用于计算机、电子记事簿、迷你电视、大荧幕投射电视及手机。

2. 品牌资源的重复利用

品牌可以再生利用，利用高知名度的企业品牌涉足并推出其他类型的新产品，品牌效应可以使得顾客比较容易对新产品产生信任度，例如可以把顾客对华为手机的信赖感重复利用到华为手表上。和其他默默无闻的同期新产品比起来，高知名度已经占有一定的竞争优势了。

3. 制造资源的重复利用

保持制造资源的转产能力，即能够迅速做出反应，将生产线调整为生产另一种产品的能力，就是制造资源的重复利用。尤其是在电商领域，制造企业可以通过把高度分散的制造能力整合起来，形成必要的制造资源，从而以协作的方式应对市场机遇。同样的，当市场机遇消失时，这些资源将迅速地解散，以保持企业的灵活性和可持续性。例如，618购物节是电商平台销售高峰期，很多电商平台会利用预先储备的临时仓库和物流资源来保证订单的完成，但是一旦购物节过去，这些资源可能会被释放或者调整至其他用途。

4. 管理资源的重复利用

管理资源的重复利用，主要是指管理信息系统、管理工具、管理制度、管理战略和策略、管理经验和管理模式等的重复利用。实现管理资源的重复利用，主要通过集成、移植和共享等方式。集成是指创业者在构建、管理和运用管理资源时，尽量把各部门、各职能和各岗位的管理资源整合集成到一个系统或平台上，减少管理资源的功能重叠，实现管理职能和信息的最大化重复利用。移植是指创业者在企业管理过程中，尽量将管理资源标准化、系统化，通过将优质管理资源由一个领域移植、复制到另一个领域，实现管理资源价值的最大化发挥。

在线课堂6-4

创业资源整合的原则

二、创业资源整合的原则

创业者在整合资源时，遵循以下原则，有利于提高创业资源整合的效率、效果：

（一）利益共赢原则

利益共赢是创业资源整合的第一原则。创业资源整合不仅要考虑给自己带来的利益和价值，还要站在资源提供方的立场深入分析其利益需求，只有双方都认可合作的价值，才可能整合成功。该原则提醒创业者，在整合创业资源时，要准确分析和把握资源提供者关注、看重的利益点，为其考虑风险规避措施，打消其顾虑，只有利益对等和价值公平，才能有效推进资源整合的进程。另外，创业者在进行资源整合时，要构建、创设多方共赢的利益机制，保证各方能获得期望的回报，才能保证资源合作成功而长久。

（二）成本风险原则

俗话说，天下没有免费的午餐。在资源整合时，创业者必须付出相应的代价、承担相应的风险，才能换取相应的资源。创业者在进行资源整合时，要仔细核算资源整合要付出的成本、代价与未来预期的收益相比是否合理，深入研究由此可能带来的风险及损失是否可接受和承担，结合自身创业实际，做出合理决策。

（三）信用契约原则

企业整合资源就是与各个利益独立体打交道，企业和创业者的信誉和口碑是否良好尤为重要。试想没有谁愿意在创业资源这个影响企业发展的关键因素上，与一个信誉不良的企业打交道，即便短期可能会达成利益共同体，但是口碑差的企业很难与其他企业建立起值得信赖的长期合作关系。

三、创业资源整合过程

在线课堂6-5

创业资源整合的路径

在掌握整合创业资源的方法之前，要明白整合过程是怎样的。创业资源整合过程会经历资源识别与选择、资源获取、资源激活与重塑三个阶段。第一个阶段受创业者及其团队的知识与信息、资源警觉度的影响比较大。第二阶段受创业者及其团队的专业背景、社会网络的影响较大。社会创业者具备与行业相关的知识和信息，有助于识别社会创业资源，这种知识与信息的积累与创业者个人背景、先前的工作经验相关。第三个阶段则与组织学习、创新相关。

（一）创业资源识别

首先，创业者一般比较容易识别出附近的、容易获取的创业资源，甚至有的资源很不起眼，或者在其他人眼里都可能不能称为资源。通过组织学习和创新，激发边缘资源的活力，从而建立企业核心能力。其次，创业者具备与行业相关的知识和信息，包括个人背景、先前相关的工作经验，使社会创业者积累相关行业知识和信息，对资源的识别过程有促进、帮助作用。最后，创业者的资源警觉性有助于社会创业资源识别。挖掘资源的过程犹如发现创业机会的过程，需要创业者具有极强的资源警觉性，这样才能发现并且创造新企业、新模式。因此，资源警觉性是社会创业资源识别的关键因素。

（二）创业资源获取

创业资源获取有多种方式，企业会根据自身的使命、背景、条件等采用多种方式，积极主动地获取资源。

首先，创业者应不拘泥于固有资源的限制，只有突破现有的资源限制，才能积极向外寻求新的合作关系，利用社会网络获取资源，引进资源。与认同自身经营理念和社会使命的组织发展合作伙伴关系，使双方关系建立在信任、合作的基础上，有助于关系的深化和发展。资源获取与创业者的社会网络密切相关，发挥创业者的主观能动性至关重要。

其次，设置合理利益共享机制。创业者在整合资源时要建立利益共享机制，在找到尽可能多的利益相关者之后，分析清楚这些组织和个人对自己创业存在哪些利益关联，越强、越直接，整合到资源的可能性就越大，根据建立的利益共享机制，把利益关联者整合起来，实现共赢。要想实现共赢，关键是找到并发现大家的利益共同点，才能使得大家的合作关系更紧密，从而获取到创业资源。

最后，发挥资源杠杆效应。资源杠杆效应就是以尽可能少的付出获取尽可能多的收获。创业者利用关键资源的杠杆效应，利用他人或者其他企业的资源来达成自己创业的目的。用一种资源补足另一种资源，产生更高的复合价值，或者利用一种资源撬动和获得其他资源。对创业者来说，容易产生杠杆效应的资源主要包括人力资本和社会资本等非物质资源。美国著名的投资银行家罗伯特·库恩说过：一个创业者要具有发现价值和创造价值的能力，要具有在沙子里找到钻石的功夫，要能识别一种没有被完全利用的资源。资源杠杆效应主要表现在：可以延长使用资源的时间；利用别人没有发掘的资源；实现资源互补，用一种资源去撬动另一种资源，形成复合价值的资源。

（三）创业资源激活与重塑

资源的激活与重塑是指企业在取得了一定发展之后，通过系统的学习与创新，将多种资源激活，以适应瞬息万变的市场变化，形成新的竞争力。学习和创新是激活企业组织资源的重要方法。把创新式思维注入其中，找到资源的创新点，以此来带动企业新的增长点。企业实现创新的方式包括商业模式创新、产品创新、市场创新、制度创新。事实上，创业过程中的创新形式呈现出多维度的特点，除了商业模式外，企业创新方式还包括产品创新等多维度的创新，让企业资源整合有了更多的可能。通过创业资源整合，已经形成了新的资源，新资源具有价值性、稀缺性、难以模仿性、组织性以及社会性等特点，从而支持组织在创造社会价值的同时，可持续经营与发展。

创业案例　　**大学生创业，有多少“门槛”需要过？**

“如果重新选择，我不会再轻易创业，大学毕业那会儿，虽有一腔热血和诚意，但缺乏经验、人脉、资金的现实，让作为创业者的我们注定要走许多弯路。”回想三年前创业失败的马赞这样说。

马赞是个“非典型”的大学生创业者，毕业后与几个志同道合的同学在师兄的带领下选择开辟餐饮这条创业路径。马赞团队起初看中了传统餐饮业潜力大、需求旺盛以及风险较小的优势，集合启动资金200万元，信心十足地一头扎进“餐饮连锁经济”。

在第一家分店成功运营之后，快速扩张导致的资金链紧张犹如一根导火线，引发了一系列的资金、股权、担保危机，马赞的餐饮店最终不得不面临持续性亏损、结业倒闭的局面。

大学生创业“钱途”堪忧

“创业之初，我们的启动资金基本都是自己拿出的真金白银，学长们有工作积蓄，而刚毕业的合伙人都是靠父母出钱支持。”马赞团队最初寄希望于拿到相关政策资金扶持，但实际路演时发现，传统餐饮业几乎没有“吸金能力”。

“无论是项目基金，还是投融资、企业孵化，类似的大学生创业资金支持都偏向‘概念型’项目，也就是创意型创业。”马赞对此颇为无奈，没有外围融资，意味着后续现金流和借贷风险的加大，而餐饮业又属于资金密集型行业，一旦门店扩张速度过快，维持运营的成本将呈几何倍数上涨。

马赞说：“在北京核心商圈，一家300平方米的餐饮店，装修费和租金一年就是两三百万元，创业半年，我们的钱基本就烧光了。”餐厅的运营比较成功，但现金流支撑是创业中最大的难题。“找钱”是整个创业过程中，马赞团队自始至终的焦虑。

“没办法，最后我们不得不去做信用贷，一是我们没有抵押物，银行借款困难；二是现在的融资成本都很高，且周期长，没有更好的选择。”有的信用贷利率高达10%，并且在大股东利用信用贷个人增资之后，马赞等小股东的股权被稀释，即使不是直接债务承担人也变相产生了连带风险。“如果大家筹集资金增资，会安全很多，但每个人出资能力有限，只得靠大股东借贷兜底。”马赞说。

资金困难不是创业失败的根本原因

马赞坦言：“想法天真，决策不够周全，在没有任何调研和经验的情况下选择餐饮行业，一开始就是错误的。”

全国大学生创业服务网曾研究建议，初次创业者一定要选择新型中小投资项目，如代购、电信与手机行业、都市情感行业、医药行业等。研究认为：这些项目都是在时代变化过程中兴起的，具有非常宽广的创业前景，且所需的投资成本并不高，非常适合工薪阶层的普通大众人士投资创业。

近年来，随着区域经济的平衡战略定位，创业形态愈加“接地气”，如返乡创业、地摊经济、直播经济等。政府和企业在创业政策落实、贷款支持和建立信息服务平台、加强相关培训等方面也持续发力，各地创业补贴资金纷纷提至10万元以上级别，有些大学生甚至可达到“零成本”创业。

创业资金较为青睐概念型项目

社会各界一直对大学生创业给予了多方支持，为什么“马赞们”却在孤军奋战，得不到外援？丁雪峰解释：“创业资金较为青睐概念型项目，一是因为传统行业的门槛较高，成长性有限；二是因为大学生创业的风险本身就高于一般创业，创业资金本意并不是看中多高的投资回报，更多的是一种支持和帮助成长；三是大学生创业普遍经验缺乏，投资者更加关注个案的示范效应，以及对其他大学生创业者的激励和引领价值。”

很多大学生创业的初衷是为了摆脱“螺丝钉”“格子间”的工作状态，直到真正投身其中才参透创业所需要的必备品质、专业素养和知识应用能力。“现在心态完全不一样了，即使不再创业，日常工作中也潜意识带有管理者视角，更善于从大局出发，考虑整个项目的运营把控，而不只是单纯地做好本职工作。”马赞说。

“即使创业失败，也有正面作用。一些小的项目或投资，不仅可以提高大学生的经营管理能力，还能丰富社会阅历。”丁雪峰建议，不要一味地把创业当作未来职业的发展，由于大学生缺乏相对的管理能力，创业风险是巨大的，很难走稳走远，发展为大企业。“如果创业效果不好，还是从基层做起，尽快找到合适的工作单位，在工作中积累人脉和管理技能，等条件成熟以后，再去创业。”

资料来源　徐阳晨．有热情、有闯劲，缺经验、缺资金……大学生创业，有多少“门槛”需要过？[N]．中国妇女报，2020-09-28（4）．

训练2　白手起家

【训练目标】

1.通过限制资金，让学生在有限的资源下，探索更为有效、创新的创业方式。

2.掌握创业资源的整合路径与方法。

【训练步骤】

1.假设你所在的创业团队目前只有50元，看能创造多少利润？

2.和自己的团队讨论并设计出行动方案。注意：这50元是创业团队拥有的唯一种子资金，此资金不能从事非法活动（包括赌博），不能参与抽奖活动（包括买彩票）；在活动期间，不能筹集资金。团队的计划要尽可能详细、具体，并估算出可能赚取的利润额。

3.展示团队的计划，并描述自己的团队是如何产生“创意”的？50元发挥了什么作用？

4.行动起来，实施自己团队的计划！一周后，再来看一看哪个团队赚得了最多的利润。

5.反思：在这次活动中最令自己感到意外的是什么？是否顺利实施了计划？成功或失败的因素有哪些？

【说明】

“白手起家”活动需要注意以下几点：寻找切入点，选择适合自己的领域且具有市场需求的产品或服务；节约成本，尽可能利用免费的资源，包括网络资源、社会资源等；全面规划，考虑周全，在市场调研、资金安排、人员筛选、宣传推广等方面都要有全面的规划和准备。同时要保持创新精神，不断寻找和尝试新的商业模式和运营方式。

任务3　创业融资与创业资金

如今的创业被称作“用别人的钱来赚钱”或者“用大家的钱为大家赚钱”。这是因为，在现代创业中，创业者需要借助外部资源来建立企业、扩大规模，最大化效益。创业者可以向投资人、股东、机构融资等获得创业资金，与其共同分担风险。这为创业者提供了更多的灵活性和弹性，以及一定的安全保障。

一、创业融资的渠道与方法

在线课堂6-6

创业融资的渠道与方法

创业融资是指创业者为了实现创业目标，通过不同渠道、采用不同方式筹集资金，以推动创业活动顺利开展的过程。根据创业融资的来源不同，可以把创业资金分成个人资本融资、机构融资、风险投资、天使投资和其他政策性扶持基金。

（一）个人资本融资

一方面，创业者个人出资，创业者将个人的积蓄用来投资自己的企业是最初也是最基本的创业投资。绝大部分的创业者们都会把个人资金投到自己新创办的企业中，包括可抵押的有价证券、房屋和车辆等资产。创业者个人资金是一种无约束条件的资金，相对的，创业风险也主要由个人承担。

另一方面，创业者由于自身的资金的有限性，他们势必会寻找周边比如亲朋好友的资金支持，因此向亲友融资也是筹措创业资金的一个重要渠道，这也是比较传统的筹措资金方式，但是存在着一定的风险，并且是有还款期限的。

（二）机构融资

1.向银行机构借款

向银行抵押或者质押贷款，门槛较高、手续烦琐、利率低于民间借贷。目前，银行贷款有以下几种形式：①抵押贷款，是借款者以一定的抵押品作为物品保证向银行取得贷款的形式。②信用贷款，指银行以借款人的信用额为担保发放贷款的形式，借款人无须提供抵押物。③担保贷款，指由借款人或第三方提供担保而发放的贷款。④贴现贷款，指借款人在急需资金时，以未到期的票据向银行申请贴现而融通资金的贷款方式。

申请贷款的程序比较复杂，因为申请贷款并非与银行一家打交道，而是需经过市场监督管理、税务、中介机构等一系列审核，故任何一个环节都不能出错。

2.向非银行金融机构借款

非银行金融机构是指以发行股票和债券、接受信用委托、提供保险等形式筹集资金，并将所筹资金用于长期性投资的金融机构。根据法律规定，非银行金融机构包括信托公司、境外非银行金融机构驻华代表处、农村和城市信用合作社、保险公司、小额贷款公司等。

3.融资租赁

融资租赁是指出租人根据承租人的要求，出资向第三方购买承租人指定的物件，租给承租人使用，并向承租人收取一定的租金，在租赁期内租赁物件的所有权属于出租人所有，承租人拥有租赁物件的使用权。租期届满，租金支付完毕并且承租人根据融资租赁合同的规定履行完全部义务后，租赁物件所有权即转归承租人所有。

（三）风险投资

风险投资又称创业投资，是由专业机构提供的、向初创企业提供资金支持并取得该企业股份的一种融资方式。风险投资的投资对象多为处于创业期的中小企业，而且多为高新技术企业或现代服务业；投资期限通常为3～5年；投资方式为股权投资，一般会要求企业一定的股权，而不要求控股权，也不需要任何担保或抵押，但可能对被投资企业以后各阶段的融资提出一定的权利。

风险投资人一般会积极参与被投资企业的经营管理，提供增值服务。由于风险投资的目的是追求超额回报，当被投资企业增值后，风险投资人会通过上市、收购兼并或其他股权转让方式撤出资本，实现增值后的回收。

风险投资源于美国，是20世纪六七十年代后，一些愿意以高风险换取高回报的投资人发明的，这种投资的方式与抵押贷款有本质的区别。风险投资不需要抵押和偿还，是一高风险、高回报的投资。风险投资家以参股的形式向创业项目投资，实现增值后便会退出。对创业者来说，风险投资最大的优势在于即使失败，也不会背上债务。相对的，风险投资家也会十分谨慎地选择投资项目，而且一旦投资，创业者获得的不仅仅是资金上的援助，还有很多增值性服务。一般而言，风险投资比较倾向于高科技创业企业。

（四）天使投资

天使投资指的是有富余资金的个人或任何愿意投资的自由投资人或非专业的风投机构，直接对具有专门技术或独特构思的原创项目或小型初创企业所进行的一次性前期投资，这是一种权益资本投资，能让天使投资人在体验创业乐趣的同时获得投资增值。

天使投资的特点有：①高风险、高回报。天使投资往往是早期投资，在公司尚未盈利、不确定性较大的阶段进行投资，因此风险较高。但是，如果企业成功上市或者被收购，投资者将获得高额回报。②偏爱初创企业。天使投资者往往偏爱初创企业，因为这些企业拥有更大的成长空间。③侧重发掘人才。天使投资者往往关注创始人的素质和能力，对于创始人具有强烈的个人魅力或者行业经验等优势的企业更加青睐。④投资周期较短。相对于其他投资形式，天使投资的周期一般比较短，通常为2～5年。这是因为初创企业的发展速度较快，需要在较短时间内实现商业化、规模化。⑤主动支持企业。与其他投资形式不同，天使投资往往以资本和资源为基础，同时也会主动支持企业的发展，如提供战略咨询、行业资源、市场推广等帮助。

（五）其他政策性扶持基金

伴随着国家“大众创业、万众创新”理念的深入人心，全国掀起“大众创业，草根创业”的新浪潮，形成“万众创新”“人人创新”的新势态，国家也相继出台了一系列政策扶持和鼓励年轻人和高新技术企业的创办和发展。大学生创业者是青年人中智力因素和创新意识比较强的一个群体。用于支持大学生创业的公益资金包括政府公益资金，即各级政府通过财政拨付款项，设立的专项创业扶持资金，专款专用。大学生还可以参加各级各类创业竞赛，通过参加创业大赛获得奖励资金等。

二、创业资金估算

在线课堂6-7

创业资金估算

创业资金并非越多越好，而是应该与创业项目的实际需求相匹配，且必须在理性的前提下进行控制，以避免资源浪费以及创业者过度依赖资金。同时，过多的资金还会导致创业者心理负担加重，因为创业者需要面对更高的回报压力，同时还要承担更高的管理风险。因此，创业者在创业初期需要估算所需资金。

一般来说，创业所需资金，主要分为两大部分：开业前的筹备及企业开办所需的投资资金和开业后企业所需的营运资金。投资资金主要包括：①投入的流动资金，指创业企业在筹建期间购买原材料、库存商品等所需资金；②购置固定资产，指购建或租赁办公与经营场地、机器、设备和生产工具等所需资金；③置办无形资产，指购买或研发专利技术、商标、版权等所需资金；④企业开办的相关费用，指在筹建期间发生的人员工资、办公费、培训费、差旅费、印刷费、注册登记费、营业执照费、市场调查费、咨询费和技术资料费等所需资金。

营运资金是指从企业开业后一直到资金的收支可以实现平衡的营运前期，企业运营过程中必需的流动资金（也称营业周转资金，主要包括工资、原材料、存货、预付款和应收账款等）和各种日常支出所需要的资金。通常来说，不同企业的营运前期的时间跨度不同，比如贸易类企业可能是一个月，而制造企业则可能需要半年以上。一般而言，营运资金的需求要远远大于投资资金的需求。

大学生创业者通常会选择规模较小的创业项目，创业资金估算见表6-2。

表6-2 创业资金估算表

序号	项目	数量	金额	序号	项目	数量	金额
1	房屋、建筑物			10	广告费		
2	设备			11	水电费		
3	办公家具			12	电话费		
4	办公用品			13	保险费		
5	员工工资			14	设备维护费		
6	创业者工资			15	各种税费		
7	业务开拓费			16	开办费		
8	房屋租金			17	……		
9	存货的购置支出				合计		

三、筹措创业资金的策略

任何一个企业的创立都不能一蹴而就，需要经历创立、发展、成熟的生命周期。这个周期一般可以分为种子期、启动期、成长期、扩展期。企业在不同阶段对资金的需求量和对风险的承受程度是不同的。为此，创业者须从战略的高度对企业各阶段的融资拟定整体性规划，并根据自身所处的阶段有针对性地开展融资活动。

（一）种子期

种子期基本上处于技术和产品的研究开发测试阶段。这个时期，创业者的一些想法还不太成熟，甚至有的只是一个创意、一个新奇的想法或还处于研究阶段的科研项目，创办企业对创业者来说也许还只是一个梦想。这个时期对资金的需求不多，一般主要来源于创业者自己的积蓄或亲戚朋友的支持。但是如果这个创意或科研项目很吸引人，就有可能吸引个人风险投资者的目光并获得天使投资。

（二）启动期

这个时期公司已有产品产出，有的产品已经进行了有限和局部的市场检验，产品价值的不确定性得以降低，可以根据产品价值对公司有一个基本的收入和利润预测。这一阶段为了使产品顺利投入市场，打开销路，减少积压，需要有大量的现金流出，而现金的流入较少，很容易造成资金流动困难，这是企业在这一阶段面临的最大问题。

因此，启动期的资金需求量比种子期的资金需求量要大。这阶段资金主要用于市场推广，但投资回报也相对高。因此，为避免陷入资金周转困难的境地，企业需要非常认真细致地安排每天的现金收支计划，同时还需要未雨绸缪，多方筹集资金以免出现资金短缺。此时，融资组合显得非常重要，启动期企业仍处于高度不确定性阶段，创业投资人很少在此时介入，从商业银行获得贷款支持的难度更大，主要是依靠自我融资或亲戚朋友的支持，以及从外部获取天使投资、众筹或政府扶持基金等。自我融资或亲戚朋友的支持是建立在血缘和信任关系基础上的个人资金，是该阶段融资的主要渠道。

（三）成长期

进入这个阶段后，企业发展潜力逐渐显现，资金需求量也比以前增大，个人资金已无法满足企业的需要。此时，处于成长期的企业也具备了进行机构融资的条件。创业者应该充分发挥各方面的能力，积极寻求各方面的信息，尝试多种多样的融资方式。例如，风险投资、银行贷款、政府支持计划等都可成为企业的资金来源。

（四）扩展期

扩展期属于收获阶段，表明企业已经开始盈利。在这个阶段，企业需要的资金主要用于进一步开发和加强行销能力，资金需求趋于平稳，资金来源相对丰富，如债券、股票等资本市场可以为企业提供大量的资金。与此同时，企业拥有较为稳定的顾客和供应商及比较好的信用记录，取得银行贷款或利用信用融资相对来说比较容易。如果创业者选择不再继续经营企业，则可以选择公开上市、管理层收购或其他股权转让方式退出企业，此时是风险投资选择退出的好时机。

总之，企业在融资时要注意几点：一是预先确定合理的资金需要量，使融资量与需要量之间相互平衡。二是降低融资成本，提高融资效益。综合考虑不同融资渠道的难易程度，选择最合理的融资渠道。三是使企业的权益资本与借入资金保持合理的结构关系，防止负债过多而增加财务风险。四是依法融资，严格按照国家有关法律法规及政策的要求，履行约定的责任，维护投资者权益。

创业案例　陇南大山里的“斜杠青年”

职业技能培训学校校长、公益机构负责人、村支书，来自甘肃省陇南市徽县银杏树镇关坡村的汪保平是一名标签众多的“斜杠青年”；和他一样，家住徽县伏家镇伏镇村的单凯凯也有多重身份，既是一家食品有限公司的经营者，也是拥有30多万粉丝的网红达人。

在陇南大山里，这些“身兼数职”的年轻人扎根乡土、不懈奋斗，在服务群众、振兴乡村的不同赛道上走出多彩人生路，也温暖和带动了周围的人。

技校校长热心公益服务乡邻

2023年是“85后”汪保平返乡创业的第10年。他说，跟着时代大潮往前走，做着自己想做的事，做着社会需要的事，感觉很幸福。

2011年，从兰州一所高校毕业后，汪保平在江苏无锡工作了两年，后因母亲年迈，无人照顾，他回到家乡。

彼时，西北小城的就业机会远没有大城市多。汪保平第一次创业选择了中小学学科培训。不温不火经营了3年时间，汪保平觉得，这不是自己想做的事。一方面，他入局晚，市场已趋于饱和；另一方面，国家层面多次发文，要求学生“减负”。

一次偶然的机会，他听同村村民说想找学校学门技术，汪保平捕捉到“商机”。他和徽县人力资源和社会保障局进行对接，在了解了面向成人的职业技能培训办学准入条件后，拿出25万元积蓄，创办徽县菁优职业技术培训学校。

创业初期，资金有限，他只能租借实训场地，实在租不到，就自己建实训工位、购买设备；招不到合适老师，他去别的学校“挖墙脚”，争取老师们先来兼职，“师带徒”培养人才。其间，汪保平联系了兰州的几所学校考察学习，自己考了健康管理师、电子商务师、创业培训指导师、心理健康指导师等实用证书，“专升本”就读会计专业，成为教师队伍中的骨干；新学校知名度不高，他花4个月时间，做免费培训。咬着牙，赔着钱，打开了市场。

相关部门看到这个年轻人创业的决心，委托其承担一些政府补贴的职业培训项目，汪保平趁热打铁建起一所市级培训学校。截至目前，培训5 000余人考取餐饮服务、家政、园林、建筑工程等相关工种的技能证书。

在市、县民政部门的帮助下，2021年8月，他注册成立陇南市康桥社会工作服务中心（以下简称“康桥社工”）。通过承接政府部门、企业、基金会等的社会购买服务项目，近3年时间里，康桥社工为15个乡镇200多个村庄的1 000余名弱势群体提供专业社工服务，并与政府合作，建设、运营起5家乡镇社工站。

12名学员先培训、后上岗，入职康桥社工，在收获“助人自助”的快乐的同时，月收入达到3 000元以上，还有5人考取助理社会工作师资格证。

汪保平常和社工伙伴去基层服务，遇到恶劣天气，车子开不进去，他们就蹚水、走山路；有服务对象需要代购生活用品，他们垫钱买好，肩挑手提送到家；有人身体不适，他们随叫随到，送医就诊。康桥社工人性化的服务得到了受助对象的交口称赞，吸引了50多位城乡居民报名成为志愿者。

汪保平在不断付出中得到了社会各界的认可。2022年，他被推选为关坡村村支书。

近年来，关坡村主要发展辣椒、烤烟等特色产业，但种植规模相对较小，标准化意识不强，宣传力度不够。因此，刚上任，汪保平就牵头成立关坡村股份经济合作社，加快优良品种的引进、培育、开发，打造经营管理闭环链条、关坡品牌，引领农户走“订单农业”之路。此外，他推动村里的辣椒初级加工厂投产运营，将经过粗加工的辣椒卖到了四川等地。

“乡村天地广阔，大有可为”是汪保平创业以来最深的感触。现今，他卸任了一些企业职务，更多关注家乡发展，希望带领更多乡亲致富。

电商达人直播带货推广家乡

家乡的山，家乡的水，家乡的人，同样是90后徽县小伙单凯凯最眷恋的记忆。

2015年，在天津一家企业担任部门经理的他回乡结婚。与亲人朝夕相处，让单凯凯倍感温暖。于是，他没回天津，在镇上开了一家婚庆公司。

单凯凯的父母经营着一家名为“陇顺斋”的点心工坊，颇受乡邻欢迎，但没有宣传渠道，知晓度仅限于本镇，收入不高。一次偶然机会，单凯凯发现有的点心在网上十分畅销，他就决定在网上推广自家做的点心。

在父亲“手把手”的传授下，单凯凯录了一条手工制作点心的视频，在个人社交账号上推送。很快，他就接到了订单。

这增强了单凯凯接棒“陇顺斋”的信心。2019年5月，他成立了“徽县凯凯美食工作室”，在快手、抖音、今日头条、西瓜视频等平台注册了账号，开通了“淘宝店铺”“快手小店”。

徽县伏家镇地处长江上游、秦岭南麓，有山清水秀的美景，也为“家乡味道”提供了丰富的食材来源。单凯凯在父母指导下，制作各类老式糕点，用朴实话语、真诚态度进行推广，第一年，就吸引了20多万粉丝。

2020年11月，单凯凯成立甘肃陇顺斋食品有限公司，开发出点心、月饼、果子等20多种美食，并为其设计美观包装，将产品远销至北上广深，还在徽县、成县设立点心销售分店，生意火爆。

父母辈的小作坊承接不了太多订单，单凯凯建起基于短视频创作的场地和当地电商农产品展览销售于一体的食品加工基地，建成集农副产品制作、分拣、配货、送货、信息处理等为主的区域性网货供应链，吸纳21名留守妇女就业。

当地政府主动对接单凯凯的需求，推荐他参加市级短视频大赛、电商扶贫讲师大赛、亮相中央电视台……更多展示机会，让单凯凯吸引到更多粉丝，也让他加速成长，当选徽县人大代表，获得“徽县青年岗位能手”称号，被共青团陇南市委员会、陇南市电子商务发展局评为“助力乡村振兴农产品直播公益大使”“陇南公益直播形象大使”。

单凯凯用更多行动回馈社会。他帮周边农户销售农特产品，在2021年举办的“青春扶贫 能量助农”甘肃共青团助力消费扶贫直播活动中，一次性销售陇南核桃仁30吨、土蜂蜜26吨。

单凯凯说，新时代为青年拓宽更多上升渠道，提供更多人生出彩、梦想成真的机会，他要发挥年轻人点子多、行动力强的优势，把希望的种子播撒在奋斗的土地上。

在徽县，这样的“斜杠青年”还有很多。当地政府也行动起来，全力为“归巢家燕”发展铺桥搭路。目前，徽县已建成优秀青年人才库，涵盖各行业高层次高素质人才114人；各行各业优秀青年被选为“徽州英才”，带动更多年轻人发展进步；县上还经常推荐优秀青年参加各级人才培养计划，借青年之家、团代表联络站打造青年会客厅，提供创业指导、就业咨询服务。

资料来源　王豪，马富春．陇南大山里的“斜杠青年”[N]．中国青年报，2023-06-09（5）．

训练3　测算自己的创业项目所需创业资金数目

【训练目标】

1. 理解创业过程中资金需求的重要性和挑战。
2. 掌握估算资金需求和制定预算的方法和技能。
3. 熟悉创业融资策略，掌握选择不同融资途径的依据和方法。

【训练步骤】

每个小组基于选择的创业项目和制订的创业计划，综合考虑各种因素，如项目开发、设备采购、团队招聘、租赁费用、营销推广和备用金等，结合实际情况测算所需创业资金数目，并给出详细的分项预算，以及针对不同投资阶段的融资方案。在将自己的创业计划和资金需求汇总后，向整个班级进行汇报。学生可以提出问题和建议，以期进一步完善项目资金需求方案。

讨论思考：创业资金不够，怎么办?

课后拓学

延伸阅读6-1

众筹融资

育德启智

发扬奋斗精神

奋斗是指付出艰辛努力，战胜各种困难，实现宏伟目标的过程。奋斗精神是自强不息、百折不挠的意志，是个人、组织、民族或国家维护权益和尊严，争取进步，实现目标的精神状态。奋斗精神的内涵包括：艰苦奋斗的拼搏精神，永不懈怠的进取精神，百折不挠的斗争精神，躬行不辍的务实精神。

伟大的奋斗精神是中华民族最宝贵的精神财富和丰沛的精神力量。习近平总书记指出："奋斗的道路不会一帆风顺，往往荆棘丛生、充满坎坷。"通过奋斗创造奇迹，必须发扬艰苦奋斗的精神，在风高浪急甚至惊涛骇浪的重大考验面前，在艰巨繁重的重大任务面前，都要脚踏实地、苦干实干，不放弃、不退缩、不止步，集中精力办好自己的事情，坚持把国家和民族发展放在自己力量的基点上，坚持把中国发展进步的命运牢牢掌握在自己手中，百折不挠为实现中华民族伟大复兴而艰苦奋斗。

在创新创业的过程中，我们也要始终发扬奋斗精神。创业对于创业者来说是开启崭新人生的起点，是一个巨大的挑战，成功或者失败都各占一半，甚至失败的风险远大于成功的概率。于创业者而言，整个创业过程都存在着失败的风险，无论是创业初期，或是创业期间，还是创业后的发展。而要想成为一个成功的创业者，就必须具有百折不挠的毅力。我们现在经常使用的淘宝，包括闻名海内外的阿里巴巴集团，它们的今天，也是因为其创造者马云具有百折不挠的毅力。即使是马云，也不是一次创业就成功的，他的第一次创业是投资建立的翻译社，连续亏损了三年才渐渐开始盈利。后来他开始了互联网创业，其间也是历经磨难后才有了如今的成就。可见，没有人可以随随便便就创业成功，只有那些具有百折不挠的毅力的创业者才有可能成为成功的创业者。

创新创业的过程中，面对技术瓶颈、资金不足、人员短缺、市场不明等困难，必须具备应对各种复杂局面、克服各种困难、攻克各种难题的素质。当代大学生只有继承革命先辈艰苦奋斗攻难关的奋斗精神，才能更好应对创业路上的艰难困苦，通过创业实现自己的人生价值和人生理想。

资料来源　李包庚. 大力弘扬奋斗精神［N］. 光明日报，2023-04-10（6）.

学有所悟：

党的二十大报告指出："从现在起，中国共产党的中心任务就是团结带领全国各族人民全面建成社会主义现代化强国、实现第二个百年奋斗目标，以中国式现代化全面推进中华民族伟大复兴。"新时代新征程，我们只有大力弘扬奋斗精神，增强忧患意识，坚持底线思维，居安思危、未雨绸缪，敢于斗争、善于斗争，才能通过顽强斗争打开创业发展的新天地。

应用自测

阅读以下案例并回答问题：

唐同学，毕业于某高职院校计算机应用技术专业，在校期间成绩普通，现为南京市一家电子经营部的经营者。该经营部主要销售各品牌手机及电脑周边产品，他的销售主要分四种模式：实体店铺销售、网络销售（淘宝、京东等）、代理销售（校园代理销售为主）、电话直销（面向南京城区）。

他的创业萌芽始于他大学生涯的第一年。因为大一上学的分校区地处南京偏僻的城郊，电子产品价格比市区高，所以家住珠江路（华东地区最大的电子电脑产品集散地）的他开始做起了校区的电子产品销售代理。但是由于年纪轻且经验不丰富，他在做代理期间，产品的质量成了他创业这条路上的第一个绊脚石。

为了找到良好的货源，他在朋友的帮助下来到了深圳被誉为“中国电子第一街”的华强。在这里他树立起创业的决心，并找到了合作的代理商。大学第二年，他回到了位于江苏句容市的主校区开始学习，并组建自己的销售团队。在班里找到了一部分有想法的学生，成立了团队，团队中有负责广告彩页与海报制作的，有负责宿舍推销送货上门的，有负责电脑维修免费服务的……他们一起成长。

在这期间，他学会了分析产品需求信息与科学备货，在降低风险的同时也使活动资金充足了。他们还在学校周边积极地开展相关义务维修活动，为他们赢得了更多的顾客。大学的最后一年，他在暑假申请了营业执照，在办理完提前实习的相关手续之后，和其他五位同学开始了创业之旅。在外实习的几个月时间里，由于创业初期的种种困难，一些同学退出了，找到了更适合的就业岗位。最后只剩下唐同学和另外一个同学，继续创业。唐同学帮助这个同学在四川开了一家相同性质的电子产品经营部，依旧从事着电子产品销售，他们的大学校园代理已经分布到南京的11所大学。

资料来源　赵陈萍．从两则创业案例分析来看高职生创业成功因素［J］．青年文学家，2013（20）．

应用自测6-1

答案提示

问题：

（1）唐同学所争取到的创业资源都有哪些？

（2）说说你对创业资源的理解。

（3）如果唐同学想要融资，他应该怎么做？

（4）作为一名大学生，你认为在大学期间应该如何积累创业资源？

课后实践

根据【学前实践】形成的成果，结合本项目所学内容，重新分析调查问卷中所访问的创业者，思考创业者在创业初期寻找和获取资源最重要的策略是什么？对于大学生创业者来说，有哪些好的融资途径？

再做一个问卷调查，这次尝试访问一个有着创业失败经历的创业者，结合本项目所学内容，总结他失败的原因及启示。

注意：完成工作任务的实际操作，记录过程并展示成果。

学习评价

在线测评6-1

项目六

本项目学习评价见表6-3。

表6-3　　学习评价表

评价内容	自我评价	生生互评	教师评价	平均分数
理论知识掌握扎实				
实践训练按要求完成				
团队协作能力强				
创新创造能力强				
沟通洽谈能力强				
具有积极性				
目标意识强				
具有自我启发性				
努力达成目标				
具有计划性				
总　分				

填表说明：按评价指标给该生的本次课堂表现进行综合赋分，满分100分，共计10个指标，每个指标按1～10分进行打分。其中，自我评价和生生互评各占30%，教师评价占40%。

总结反思

7

项目七

打造有潜力的创业项目

》》》》》》 创业箴言

全世界没一个质量差、光靠价格便宜的产品能够长久地存活下来。

——华硕总经理　徐世明

作为一名大学生创业者，在产品开发方面，首先需要注重产品质量。只有保证产品的质量和性能，才能更好地满足市场需求，提高用户的满意度和信任度。其次，需要关注产品的创新性和差异化。只有让自己的产品与众不同，才能在竞争激烈的市场中脱颖而出，获取更多的用户和市场份额。

》》》》》》 学习目标

知识目标

1. 了解商业模式和商业模式画布的概念。
2. 了解商业模式创新及其类型。
3. 了解产品的概念。
4. 了解品牌的概念和内涵。

能力目标

1. 能够设计并正确评估商业模式。
2. 具备打造企业品牌所需的全局思考能力。

素养目标

引导学生树立品牌意识，形成“目标顾客才是创业者的上帝”理念。

课前自学

学前思考

1. 请你尝试解释什么是商业模式。

2. 查找资料，找到一个关于产品服务开发与设计的案例，并结合案例理解产品与服务对于创业而言意味着什么？

3. 你想设计一款什么样的产品？你觉得它能否让你创业成功呢？

学前实践

和小组的其他成员完成一份简单的产品调研报告。各组在课堂展示该调研报告，并对所调研产品的差异做对比分析。

调研国内几大即时通信软件（如微信、QQ、钉钉等）近两年内版本更新所引起的改变，选取2～3款即可，进行总结归纳整理。

调研报告最终以PPT形式进行小组汇报展示，要求数据真实、图文并茂，有所比较更佳。小组成员必须协商和安排整个活动过程。课上老师在必要时可以给予指导和帮助。享受这个练习，这是非常有趣的事情！

注意：完成工作任务的实际操作，记录过程并展示成果。

课中创学

任务1 商业模式设计与创新

在全球化、新经济、互联网时代，靠土地、资本、劳动力等生产要素赖以生存的传统经济已经难以绽放昔日光彩，而以商业模式创新为代表的新经济业态却爆发出旺盛的生命力。由互联网、IT、通信等技术革命催生的新经济业态及新商业模式正在不断颠覆传统产业的商业准则，创造出新的盈利模式。

一、商业模式与商业模式画布

（一）什么是商业模式

有关商业模式的研究最早出现在20世纪50年代，但直到90年代才开始广泛使用和传播。我们现在所说的商业模式，是指一个企业为满足目标顾客需求，如何利用内外部资源和能力，提供产品和服务，获取持续利润的解决方案。在这个定义中，包含了三个关键要素：价值、能力和方式。其中，价值要素反映的是商业模式要创造什么样的价值来满足目标顾客的需求；能力要素主要是指企业需要具备哪些能力来创造价值；方式要素要表明企业如何实现这些价值，即企业如何配置资源以实现自身、顾客以及其他相关利益者的价值最大化。

简单来说，商业模式就是一个企业通过什么途径或方式来赚钱。例如，租赁公司通过提供租赁服务并收取租金来赚钱；餐饮连锁企业通过开设多家连锁店进行管理和营销来赚钱；电子商务平台通过收取在线交易手续费或佣金来赚钱；保险公司通过向客户提供保险服务并收取保费来赚钱。但需要注意的是，这个赚钱的方式其实包含了一套复杂的机制。以早餐店为例，如果一家早餐店专门做线上外卖，而另一家以堂食（店内消费）为主、外卖为辅，这就决定了它们的成本结构、销售渠道等各方面的不同，也就是说，它们赚钱的方式——商业模式是不同的。

（二）商业模式画布

在商业模式设计中，常用的方法就是商业模式画布。商业模式画布是由著名商业模式创新作家、商业顾问亚历山大·奥斯特瓦德（Alex Osternwalder）于2008年提出来的。它的创新点在于把一份复杂的商业计划浓缩到一页画布模板中以概述项目的商业模式。商业模式画布是一种能够帮助创业者激发创意、明确各种资源条件、确保按目标用户的需求合理解决问题的工具。商业模式画布不仅能够提供更多灵活多变的计划，而且将商业模式中的构成要素标准化，并强调重要元素间的相互作用。创业者通常需要按照一定的商业逻辑顺序解构它。

商业模式画布按照一定的顺序被分成九个方格，见表7-1。

1.客户细分（Customer Segments）

客户细分即公司想要接触和服务的消费者群体。这些群体具有某些共性，从而使公司能够针对这些共性来创造价值。通俗一点来说，客户细分要解决的问题是企业正在为谁创造价值，谁是企业最重要的客户。

表 7-1　　商业模式画布

<table>
<tr><td colspan="2" rowspan="2">重要合作（KP）</td><td colspan="2">关键业务（KA）</td><td colspan="2" rowspan="2">价值主张（VP）</td><td colspan="2">客户关系（CR）</td><td colspan="2" rowspan="2">客户细分（CS）</td></tr>
<tr><td colspan="2">核心资源（KR）</td><td colspan="2">渠道通路（CH）</td></tr>
<tr><td colspan="5">成本结构（CS）</td><td colspan="5">收入来源（RS）</td></tr>
</table>

客户是商业模式构建的核心，没有可为企业带来价值和收益的客户，企业就不能长久存活。商业模式可以定义一个或者多个或大或小的客户细分群体，企业必须做出合理的决策，到底该重点服务哪些客户细分群体，一旦做出选择，就可以凭借对特定客户群体需求的深入分析和把握，设计出相应的商业模式。

创业企业在进行商业模式设计时，可以先从一些典型的客户细分群体着手，在此基础上拓展出新的客户细分群体，常见的客户细分市场类型如下：

（1）大众市场客户。商业模式设计时聚焦于传统的大众客户，可以为企业带来最广泛的客户基础，便于企业最大限度地满足广大受众的普遍需求。这类商业模式的客户群体范围广阔，客户的需求和问题都具有普遍性，容易把握，企业一旦进入该类市场，便同时意味着大容量的客户群和激烈的同质化竞争。经营大众日用消费品的企业多使用这类商业模式的客户细分。

（2）利基市场客户。利基市场是指一个相对小众但具有特定需求的市场。通常，这些市场对于大多数企业来说规模太小、不够吸引人，但对于细分市场的企业来说，它们可能会发现在利基市场中提供独特的产品或服务是非常有价值的。这些企业通常专注于特定的产品、服务、领域或客户群体，并为他们提供满足其特定需求的解决方案。例如，假设有一家企业想要进入运动鞋市场，但其发现这是一个竞争非常激烈的市场，难以与知名品牌竞争。然而，该企业可能会发现，在篮球爱好者中存在一个利基市场，他们需要高质量的篮球鞋，可以提高他们在球场上的表现。通过从篮球鞋市场中开拓这一利基市场，企业可能会获得更好的市场地位和更高的盈利能力。

（3）市场区隔客户。市场区隔是将消费者依不同的需求、特征区分成若干个不同的群体，而形成各个不同的消费群。市场区隔不仅是静态的概念，也是动态的过程。它是了解某一群特定消费者的特定需求，通过新产品或新服务或新的沟通形式，使消费者从认知到使用产品或服务并回馈相关信息的过程。例如，一家做旅游业务的企业，可以将潜在旅游客户根据他们的需求和兴趣进行区分。年轻的求异者可能会想要去野外探险，而老年人可能更喜欢参加文化之旅。

企业要区别化地提供价值主张、渠道通路，建立不同的客户关系和盈利模式。市场区隔客户细分可按客户行业区隔、客户层级区隔、客户年龄性别区隔、客户心理区隔等进行。例如，海尔的商业模式就是运用副品牌策略对市场进行区隔，面向高端人群，海尔有卡萨帝品牌；面向中低端人群，有海尔；面向新一代的年轻人群，有统帅。

（4）平台市场客户。选择平台市场作为商业模式核心细分客户的企业，意在为平台提供服务，而不仅仅是为平台上的一两家客户服务。平台市场给予企业广泛的客户资源，通常都是平台解决方案提供商。例如，淘宝即是通过打造C2C（Consumer-to-Consumer，消费者对消费者）的平台来构建其商业模式。

（5）链条市场客户。链条市场客户指企业供应链上的客户。企业在商业模式要素设置过程中可对供应链上的企业进行需求分析，为链条上的细分客户提供产品或服务，可以保障企业的利润来源，同时也利于掌控核心资源，为构建商业模式打好基础。例如，家居零售商的商业模式多集中在此类细分市场客户。

2.价值主张（Value Propositions）

价值主张即企业通过其产品和服务能向消费者提供的价值。价值主张确认了企业对消费者的实用意义。每个价值主张都包含可选的系列产品或服务，以迎合特定客户细分群体的需求。有些价值主张可能是创新的，并表现为一个全新的提供物（产品或服务），而另一些可能与现存市场提供物（产品或服务）类似，只是增加了某些功能和特性。通俗一点来讲，价值主张要解决的问题是创业企业该向客户提供什么样的价值？正在帮助客户解决哪类难题？正在满足哪些客户需求？正在为客户细分群体提供哪些系列的产品和服务？

价值主张可以是定量的，如价格、服务等级等，也可以是定性的，如性能、客户体验等，每个客户的价值主张都有对应的产品或服务来实现。创业企业可从以下七类要素中提炼客户价值主张，但不仅限于此七类要素：

（1）创新。该类价值主张满足客户从未感受和体验过的全新需求。大多数消费者对创新的产品和创意都有需求，借助创新来打造企业的核心竞争力可以给此类客户群体创造持续的客户价值。例如，IT企业便是以不断的技术创新来实现客户价值的。

（2）性能。大多数企业都通过不断改进和提升产品或服务的性能来为客户创造价值，这也是广大消费者最普遍的价值主张。例如，手机制造商就是通过不断改进产品性能来为顾客创造使用价值。

（3）服务。特色化、定制化的服务成为现代消费者越来越关注和在意的价值主张，企业可在服务设计上为客户创造价值。例如，海底捞以其独具特色的服务来定义其在客户心中的位置。

（4）设计。设计感也可以为顾客创造价值，尤其是在追求时尚和品质的细分客户群体中，这样的价值主张是相当重要的要素。例如，珠宝生产商便是以设计来赢得消费者青睐的。

（5）品牌。在产品同质化竞争的时代，品牌价值是越来越多消费者关注的焦点。品牌是唤起消费者情感价值主张的载体，不容忽视。例如，奢侈品企业以其独有的品牌价值满足消费者不同的情感诉求。

（6）价格。通过更具竞争力的价格来提供同质化的价值是满足价格敏感客户细分群体需求的常用做法，如超级市场的低价策略、网络平台的免费模式等。

（7）体验。消费者有参与、体验的价值需求，企业提供可供目标客户群体体验的产品或服务也是为客户创造价值的手段。例如，农产品供应商采取体验采摘的方式来满足客户的体验价值。

3.渠道通路（Channels）

渠道通路即公司用来接触消费者的各种途径。这里阐述了公司如何沟通、接触其客户细分群体来传递其价值主张。它涉及公司的市场策略和分销策略。通俗一点来讲，渠道通路要解决的问题是：企业通过哪些渠道可以接触我们的客户细分群体？如何接触他们？渠道如何整合？哪些渠道最有效？哪些渠道成本效益最好？如何把渠道与客户进行整合？

企业可以选择通过自建渠道、合作伙伴渠道，或者两者混合来接触目标客户。在把价值主张推向市场期间，企业会发现接触客户的正确渠道组合是至关重要的。企业确立了自己的渠道类型之后，还要对这些渠道进行有效整合，渠道整合有利于降低成本，提高效益。因为在同一销售过程中，由不同渠道来承担销售过程中的不同职能，可使企业获得更多利润。例如，一个呼叫中心通常比一个区域销售代理耗费的成本低，而且能为企业带来更多客户，并可对这些客户的身份加以确认。企业可以将低成本的电话营销用于客户身份的确认，以达成那些易于成交的业务，把复杂的交易交由区域销售代理处理。采用这种方式，不但可以降低整个销售成本，而且使区域销售代理有更多时间寻求更多、更大的商业机会。

4.客户关系（Customer Relationships）

客户关系即公司同其客户群体之间所建立的联系。我们所说的客户关系管理（Customer Relationships Management）即与此相关。通俗一点来讲，客户关系要解决的问题是：企业的每个客户群体希望企业与之建立和保持何种关系？哪些关系已经建立了？这些关系成本如何？如何把这些关系与商业模式的其余部分进行整合？

企业常见的客户关系类型有如下四种，创业者在创业时可参考确定自己的客户关系类型：

（1）买卖关系。一些企业与其客户之间的关系维持在买卖关系水平，客户将企业作为一个普通的卖主，销售仅仅被认为是一次公平交易，交易目的简单。企业与客户之间只有低层次的人员接触，企业在客户中知名度低，双方较少进行交易以外的沟通，客户信息极为有限。客户只是购买企业按其自身标准所生产的产品，维护关系的成本与关系创造的价值均极低。无论是企业损失客户，还是客户丧失这一供货渠道，对双方业务并无太大影响。

（2）优先供应关系。企业与客户的关系可以发展成为优先供应关系。处于此种关系水平的企业，销售团队与客户企业中的许多关键人物都有良好的关系，企业可以获得许多优先的甚至独占的机会，与客户之间信息的共享得到扩大，在同等条件下，乃至竞争对手有一定优势的情况下，客户仍对企业有所偏爱。

在此关系水平上，企业需要投入较多的资源维护客户关系，主要包括给予重点客户销售优惠政策、优先考虑其交付需求、建立团队、加强双方人员交流等。此阶段关系价值的创造主要局限于双方接触障碍的消除、交易成本的下降等“降成本”方面，企业对客户信息的利用主要表现在战术层面，企业通过对客户让渡部分价值来达到交易长期化的目的，可以说是一种通过价值向客户倾斜以长期获取价值的模式，是一种“不平等”关系，客户由于优惠、关系友好而不愿意离开供应商，但其离开供应商并不影响其竞争能力，关系的核心是价值在供应商与客户之间的分配比例和分配方式。

（3）合作伙伴关系。当双方的关系存在于企业的最高管理者之间，企业与客户交易长期化，双方就产品与服务达成认知上的高度一致时，双方进入合作伙伴阶段。在这个阶段，企业深刻地了解了客户的需求并进行客户导向的投资，双方人员共同探讨行动计划，企业对竞争对手形成了很高的进入壁垒。客户将这一关系视为垂直整合的关系，客户企业里的成员承认两个企业间的特殊关系，他们认识到企业的产品和服务对他们的意义，有着很强的忠诚度。在此关系水平上，价值由双方共同创造、共同分享，企业对客户成功地区别于其竞争对手、赢得竞争优势发挥重要作用，双方对关系的背弃均要付出巨大代价。企业对客户信息的利用表现在战略层面，关系的核心由价值的分配转变为新价值的创造。

（4）战略联盟关系。战略联盟是指双方有着正式或非正式的联盟关系，双方的近期目标和愿景高度一致，双方可能有相互的股权关系或成立合资企业。两家企业通过共同安排争取更大的市场份额与利润，竞争对手进入这一领域存在极大的难度。现代企业的竞争不再是企业与企业之间的竞争，而是一个供应链体系与另一个供应链体系之间的竞争，供应商与客户之间的关系是“内部关系外部化”的体现。

这四类关系并无好坏优劣之分，并不是所有企业都需要与客户建立战略联盟。只有那些供应商与客户之间彼此具有重要意义且双方的谈判能力都不足以完全操控对方，并且互相需要，又具有较高转移成本的企业之间，建立合作伙伴以上的关系才是恰当的。对大部分企业与客户之间的关系来说，优先供应商级的关系就足够了。因为关系的建立需要资源，如果资源的付出比企业的所得还多，那么这种关系就是“奢侈的”。

5.收入来源（Revenue Streams）

收入来源即公司通过各种收入流来创造财富的途径。收入来源模块用来描绘公司从每个客户群体中获取的现金收入。通俗一点来讲，收入来源要解决的问题有：什么样的价值能让客户愿意付费？他们现在付费买什么？他们是如何支付费用的？他们更愿意如何支付费用？每个收入来源占总收入的比例是多少？

一个商业模式可以包含两种不同类型的收入来源：一是通过客户一次性支付获得的交易收入；二是客户为获得价值主张和售后服务而持续支付的费用。

一般而言，创业企业的收入来源可以有以下几种：

（1）产品销售。最为常见的收入来源方式是销售实体产品的所有权，大多数的企业将产品销售作为其主要的收入来源。例如，俏江南、真功夫、海底捞等餐饮型企业为客户提供食品，销售的是产品，解决消费者食用的需求，收入模式就是依靠产品差价来赚取利润。

（2）服务销售。依靠提供特定的服务来收费，客户使用的服务越多、越个性化，付费越多，包括使用服务收费、定制服务收费、租赁服务收费、授权服务收费等模式。例如，速8、如家、汉庭等经济型连锁酒店为客户提供的是住宿服务，解决的是消费者住宿的需求，收入模式是住宿费用，是服务销售获取收入的模式。

（3）其他收入。处于不同行业中的企业还有其他的收入来源，如广告收入、数据库销售收入、流量收入、会员收入等，这些收入来源往往具有行业特性。例如，媒体行业的收入模式主要依靠广告销售，不同类型的品牌商、企业主在各种类型媒体上做广告，销售自己的理念和产品，媒体则依靠广告获取收入维持运营；门户网站的收入来源之一是流量收入；阿里巴巴的主要收入来自于其会员数据库，其主要产品就是供应商这一会员产品，依靠万人以上的营销团队，向大量中小企业提供网络营销会员数据库服务。

6. 核心资源（Key Resources）

核心资源即公司执行其商业模式所必需的最重要的因素。每个商业模式都需要核心资源，这些资源使得企业组织能够创造和提供价值主张、接触市场、与客户细分群体建立关系并赚取收入。不同的商业模式所需要的核心资源也有所不同。通俗一点来讲，核心资源要解决的问题是企业的价值主张需要什么样的核心资源？渠道通路需要什么样的核心资源？客户关系和收入来源又需要什么样的核心资源？

企业核心资源可以是实体资产、知识资产、人力资源或金融资产。

（1）实体资产。实体资产包括生产设施、不动产、汽车、机器、系统、销售网点和分销网络等。例如，沃尔玛拥有的庞大的全球店面网络和与之配套的物流基础设施等。

（2）知识资产。知识资产包括品牌、专利、版权、合作关系和客户数据库等，这类资产日益成为商业模式中重要的组成部分。

（3）人力资源。在某些企业的商业模式中，人力资源是某一些类别的企业最为重要的核心资源。例如，知识密集型产业和创意产业中，人力资源便是至关重要的核心资源。

（4）金融资产。有些商业模式需要金融资源或者财务担保，如现金、信贷额度或用来雇用关键员工的股票期权池。

7. 关键业务（Key Activities）

关键业务即企业为确保商业模式可行而必须做的最重要的经营活动。任何商业模式都需要多种关键业务活动，这些业务是企业得以成功运营所必须实施的最重要的动作。关键业务也是创造和提供价值主张、接触市场、维系客户关系并获取收入的基础。通俗一点来讲，关键业务要解决的问题是：企业的价值主张需要哪些关键业务？渠道通路需要哪些关键业务？客户关系和收入来源又需要哪些关键业务？

不同的商业模式会衍生不同的关键业务，可以是制造产品，可以是提供解决方案，也可以运营平台或者网络：

（1）制造产品。这些业务活动涉及生产一定数量或达到一定质量的产品，与设计、制造及运输此产品有关。制造产品这类业务活动是大多数企业商业模式的核心。

（2）提供解决方案。这类业务指为特定客户的问题提供定制化的解决方案，如咨询公司、医院等机构的关键业务就是提供解决方案。

（3）运营平台或网络。以平台为核心资源的商业模式，其关键业务都是与平台或网络相关的。

8.重要伙伴（Key Partnerships）

重要伙伴即公司同其他公司之间为有效地提供价值并实现其商业化而形成的合作关系网络。这描述了让商业模式有效运作所需的供应商与合作伙伴的网络。企业基于多种原因打造合作关系，合作关系正日益成为许多商业模式的基石。很多公司通过创建联盟来优化其商业模式，降低风险或获取资源。通俗一点来讲，重要伙伴要解决的问题是：谁是企业的重要伙伴？谁是企业的重要供应商？从伙伴那里获取哪些核心资源？合作伙伴都执行哪些关键业务？

企业的合作关系可以有四种类型：

（1）在非竞争者之间的战略联盟关系；

（2）竞合，在竞争者之间的战略合作关系；

（3）为开发新业务而构建的合资关系；

（4）可靠的购买方-供应商关系。

9.成本结构（Cost Structure）

成本结构即运营一个商业模式所引发的所有成本。成本结构用来描绘特定的商业模式运作下所引发的最重要的成本构成。创建价值和提供价值、维系客户关系以及产生收入都会引发成本，这些成本在确定核心资源、关键业务与合作伙伴后可以相对较为容易地计算出来。通俗一点来讲，成本结构要解决的问题是：什么是商业模式中最重要的固有成本？哪些核心资源花费最多？哪些关键业务花费最多？

成本结构所代表的是在运转整个商业模式的过程中所消耗的成本。市场同质化竞争的本质是成本结构的竞争，优化成本结构，不仅降低了经营消耗和有效积累资本，关键是有了更强的抗风险能力。企业在设计商业模式时可以通过以下一些措施来实现成本结构的优化：

（1）削减客户次要需求，简化产品类型。关键是抓住客户的核心需求和突出性价比。例如，7天连锁酒店以优质睡眠为核心，为追求高性价比且具备年轻心态和较高文化层次的商务及休闲旅客，带来“绿色、健康、智能、共享、文化”的出行体验，让顾客无论是商旅还是休闲，都能灵活享受不受局限的自在探索。

（2）技术性创新。这不仅仅是产品的创新，还包括商业模式和管理模式的创新。例如，佳能用小型复印机打败了如日中天的施乐，网络零售的平均成本比实体零售低6%～8%。

（3）供应链整合。让客户、供应商、制造商和分销商组成的网络中的物流、信息流和资金流加快运转速度，使一体化带来的效率提高。例如，在沃尔玛和凯马特的美国第一零售商之争时，沃尔玛就赢在供应链技术革新，其当时在美国拥有超过70个高科技物流配送中心，能同时供应700多家店，单个配送中心作业量达120万箱，供应链优势让它的价格平均水平低于凯马特，再发动价格战一锤定音。

（4）规模经济效应。通过产能扩大，在组织成本、采购成本、经验成本和库存等方面取得成本优势，降低单位产品的边际成本，最大的优势是成功地拉高进入门槛。例如，格兰仕产能达到100万台时，出厂价定在产能80万台成本价以下，产能达到400万台时，出厂价定在产能200万台成本价以下，产能达到1 000万台时，出厂价定在产能500万台成本价以下，降价使将价格平衡点以下的企业被一次又一次大规模淘汰，行业集中度提高，格兰仕成为微波炉市场的领跑者。

（5）自动化。随着我国人口红利向人才红利的升级，制造业的人力成本逐渐不占优势，数字化和自动化成为未来大势所趋。例如，重庆一家专业从事汽车冲焊零部件研发与制造的民营企业——重庆至信，经过持续、先发的智能化改造，其设备自动化率已经达到98%。因此，即便是在春节假期，工厂留守工人较少的情况下，凭借众多机器人和智能设备“帮忙”，依然能够开工保障生产。

二、商业模式设计的方法

在线课堂7-1

商业模式设计的方法

对于创业企业而言，商业模式的设计需要结合企业自身资源实际，经过充分的市场调研和论证，结合商业模式九要素，设计出适合自身特色的商业模式。具体来说，可以使用参照法、相关分析法和关键因素法来设计商业模式。

（一）参照法

参照法是以国内外商业模式作为参照，根据本企业的具体情况，如资源环境、战略、技术、企业的发展阶段和规模等的不同特点进行相应的调整，从而确定企业商业模式设计的方向。每个创业者都想为自己的企业设计一个独特、全新的商业模式以求颠覆行业内现有企业，但想要设计一种全新的商业模式是一件很难的事情。其实许多企业的商业模式设计都是通过参照法进行的。采用参照法进行商业模式设计时需要注意，一定要根据企业自身的情况加以调整和改进，创新地摸索出符合本企业的商业模式。

一般来说，参照其他企业的商业模式可以归纳为全盘复制、借鉴提升两类。

1.全盘复制

全盘复制商业模式的方法比较简单，即对优秀企业的商业模式进行直接复制，直接借鉴盈利水平较高的商业模式，只需根据具体情况进行适当调整即可。全盘复制优秀企业的商业模式在实际运用过程中需要注意两点：一是需要快速捕捉到商业模式的信息，谁先复制，谁就可能具备先发优势；二是复制不等于生搬硬套，需要根据具体的环境进行细微的调整。

2.借鉴提升

通过借鉴提升设计商业模式主要有以下三种方式：

第一，引用创新点。通过学习和研究已有的优秀商业模式，对原有商业模式中的核心内容适当改进或提炼，然后适当创新提升。

第二，延伸扩展。通过对最新商业模式的了解，寻找使用这种商业模式的企业所在的行业及细分市场，通过深入分析，找到同一行业内尚未开发的其他细分市场，将该种商业模式的主体框架率先运用在同一行业的不同细分市场中，使商业模式的应用范围不断扩大，进而在具体应用中针对细分市场的特点对商业模式进行优化和调整。

在具体实施以这种方法设计的商业模式时有两个难点：一是对细分市场进行寻找和分析，需要思考如何才能找到未开发的细分市场；二是原则上进入同一市场内部不同细分市场的商业模式无须做较大的调整，但是如何依据细分市场特点对原有商业模式进行针对性调整和优化是关键。

第三，逆向思维。在研究了行业领导者所采用的商业模式或行业主流商业模式之后，模仿者有意反向设计商业模式，直接针对市场领导者或行业主流商业模式不满意的市场份额，并为它们打造相匹配的商业模式。例如，互联网行业领导者微软公司采用的主要是卖软件、产品以及许可证的传统商业模式，通过提供产品和技术挣钱。但它的竞争对手如谷歌等有实力的企业已经开始尝试在软件业实施开源软件，即消费者不再掏钱购买软件，企业为消费者免费提供软件，打造了另一种商业模式。

采取逆向思维方式设计商业模式时有三个关键点：一是找到行业领导者或行业主流商业模式的核心点，并据此制定逆向商业模式；二是企业在逆向制定商业模式时不能简单地追求反向，需确保这种设计能够为消费者提供更高的价值，并能够塑造新的商业模式；三是防范行业领导者的报复行动，需要评估创业者可能采取的反制举措，并制定相应的应对策略。

（二）相关分析法

相关分析法是在分析某个问题或因素时，将与该问题或因素相关的其他问题或因素也纳入分析的行列，通过对比，分析其相互关系或相关程度的一种分析方法。相关分析法需要根据影响企业商业模式的各种权变因素，运用有关商业模式设计的一般知识，使影响因素与商业模式一一对应，从而确定企业的商业模式。利用相关分析法，可以找出相关因素之间的规律性联系，通过研究如何降低成本，达到价值创造的目的。例如，网易严选在分析了传统电商行业的缺点后，以更高品质、更有品位的商品为核心，打造了以内容驱动、精品聚合的高品质电商平台。

（三）关键因素法

关键因素法是以关键因素为依据来确定商业模式的设计方法。商业模式中存在着多个变量，它们影响设计目标的实现，其中若干个因素是关键的和主要的（即成功变量）。通过对关键成功因素的识别，找出实现目标所需的关键因素集合，确定商业模式设计的优先次序。

关键因素法主要有五个步骤：

（1）确定商业模式设计的目标。

（2）识别所有的关键因素，分析影响商业模式的各种因素及其子因素。

（3）确定商业模式设计中不同阶段的关键因素。

（4）明确各关键因素的性能指标和评估标准。

（5）制订商业模式的实施计划。

三、商业模式创新

在线课堂7-2

商业模式创新

商业模式创新是企业获取持续竞争优势的源泉，在一定程度上，商业模式决定了企业的成败。当前，大家比较认可的商业模式创新是指企业在对顾客需求准确了解的基础上，发现区别于竞争对手已经满足的需求以及潜在的需求，据此优化组合企业的内外部资源能力，实现价值的过程。这个创新过程的关键点包括价值识别和价值实现。价值识别是企业通过对需求和能力的分析，选择创新切入点的过程。价值实现是根据创新切入点选择创新路径的过程。从这个角度来讲，商业模式的创新实际上是企业较高层次的创新，与产品创新、技术创新、观念创新、制度创新这些传统意义上的创新类型不同。商业模式创新是企业以顾客需求为中心，从内到外的一种高层次的资源、制度、模式等的整合创新，涉及企业的各个方面，而传统创新更注重从企业本身或者企业经营活动的某一方面来进行创新。

商业模式的设计和商业逻辑的分析是企业执行机制的一个组成部分，而在企业的业务活动及信息系统中实施商业模式则是运营机制的一部分。日益激烈的竞争和成功商业模式的快速复制迫使所有企业必须不断地进行商业模式创新以获得持续的竞争优势。仅仅选择一个现有市场证明在某个行业有利可图是不够的，创业者需要设计一个具有竞争力的商业模式。

总的来说，商业模式创新有以下几个明显特征：

（1）商业模式创新更加注重从顾客的需求出发，从根本上思考设计企业的一切经营活动，而且创新的视角更加外向和开放。商业模式创新的本质是创造更多的价值，其出发点就是如何从根本上为顾客创造更多的价值。

（2）商业模式创新更具有整体性和系统性，而不仅仅限于企业某一方面因素的变化。商业模式的创新常常同时涉及企业经营活动中多个环节的重大变化，需要企业组织相应地进行较大的战略调整，是一种综合集成创新。商业模式的创新往往伴随着产品、工艺或者组织的创新。

（3）商业模式的创新能使企业获得更加持续的竞争优势。商业模式作为联结核心能力和竞争优势的纽带，在三者关系中处于核心地位，只有基于商业模式的竞争才能帮助企业在不断变化的环境中获得持续竞争优势。

合理的商业模式不仅要能最大限度地发挥企业的核心能力，还要能进一步整合企业的核心能力资源，并且难以被竞争对手所模仿。这就需要把握企业与竞争对手关于目标顾客的需求差异，明确企业自身的关键能力资源，选取合适的运作方式，从而才能保证创新模式的成功。

四、商业模式创新的十种类型

德勤・摩立特旗下从事创新咨询的机构德布林（Doblin）公司在研究了近2 000个最佳创新案例后，发现成功的创新基本都是十种基本创新类型的某种组合。如图7-1所示，创新的类型共分为三大类：配置、产品和体验。框架的左边专注于内部且远离客户，当向右移动，这些创新类型的客户作用就愈发明显。

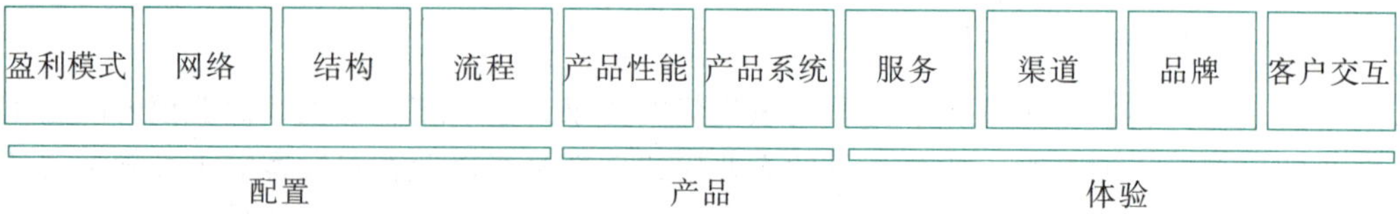

图 7-1　商业模式创新的十种类型

1.盈利模式创新

盈利模式创新指的是公司寻找全新的方式将产品和其他有价值的资源转变为资金。这种创新常常会挑战一个行业关于生产什么产品、确定怎样的价格、如何实现收入等问题的传统观念。溢价和竞拍是盈利模式创新的典型例子。

2.网络创新

在当今高度互联的世界里，没有哪家公司能够独自完成所有事情。网络创新让公司可以充分利用其他公司的流程、技术、产品、渠道和品牌，让企业在发挥自身优势的同时，借助其他企业的能力和资产。网络创新的模式多种多样，可以是与同盟者的联盟，也可以是与强大竞争对手的合作。

3.结构创新

结构创新是通过采用独特的方式组织公司的资产（包括硬件、人力或无形资产）来创造价值。它可能涉及从人才管理系统到重型固定设备配置等方方面面。结构创新的例子包括建立激励机制，鼓励员工朝某个特定目标努力，实现资产标准化，从而降低运营成本和复杂性，甚至创建企业大学以提供持续的高端培训。

4.流程创新

流程创新涉及公司主要产品或服务的各项生产活动和运营。这类创新需要彻底改变以往的业务经营方式，使得公司具备独特的能力，高效运转，迅速适应新环境，并获得领先市场的利润率。

5.产品性能创新

产品性能创新指的是公司在产品或服务的价值、特性和质量方面进行的创新。这类创新既涉及全新的产品，也包括能带来巨大增值的产品升级和产品线延伸。产品性能创新常常是竞争对手最容易效仿的一类。

6.产品系统创新

产品系统创新是将单个产品和服务联系或捆绑起来创造出一个可扩展的强大系统。产品系统创新可以帮助企业建立一个能够吸引并取悦顾客的生态环境，并且抵御竞争者的侵袭。

7.服务创新

服务创新能够确保并提升产品的效用、性能和表现价值。服务创新让产品的使用更加便捷。它展示出顾客可忽视的产品特点和功能，解决客户在使用过程中遇到的问题。卓越的服务创新能为平淡无奇的产品带来引人入胜的用户体验，从而带来更多的回头客。

8.渠道创新

渠道创新涉及企业将产品和服务提供给用户的所有方式。此类创新的目标是确保用户能够在任何期望的时间，以任何想要的方式买到自己的所需产品或服务，同时享受最大程度的便利、最低廉的成本和最大的愉悦。

9. 品牌创新

品牌创新有助于确保用户识别，记得并青睐你的产品和服务，而非竞争对手或替代产品。

10. 客户交互创新

客户交互创新在于如何了解客户深层次的需求，并利用这些深刻的见解发展客户与企业之间的关系。

创业案例　**进口食品电商开启新商业模式**

近些年，中国消费者对食品的需求发生了质的变化，从温饱需求升级为追求品质和健康层次。年轻一代消费者越来越倾向于购买进口食品，大部分消费者心甘情愿为高品质的进口食品买单。消费需求的改变，驱动着进口食品企业转换新的商业模式。

中国进口食品产业链中游：进口食品电商商业模式

目前，进口电商商业模式还是以保税备货为主，该模式大幅降低了进口环节的税收，集中采购能够大幅降低商品的采购成本和物流成本，能够为进口产品带来更高的利润和更具竞争力的价格。

进口食品行业竞争情报案例：天猫国际（海外直购）

2020年9月1日，天猫国际正式发布官方跨境直邮业务“海外直购”，推出无配货爱马仕、满299全球包邮、专机闪送全球7日达、海外专柜同步上新、官方直采海外原版五大消费者权益。目前，在天猫国际中可购买的进口食品52 000多件，其中销量最高的单品是保健品类，月成交3万多笔。

进口食品行业竞争情报案例：淘宝（发展模式）

淘宝网自2003年创立以来，已经成为中国较大的B2C和C2C电子商务交易平台，淘宝网在推动了电子商务发展的同时，成就了一大批淘宝网店，这些网店的发展模式分为以下三种：渠道模式、自主品牌模式和线上拓展模式。

渠道模式：网店店主将自己的网店作为一个品牌进行推广，自己不拥有产品品牌，主要依靠网店的知名度来吸引顾客。这些网店能留存下来的，往往已经颇具规模，流量巨大、客户对网店的黏度很高。

自主品牌模式：店主注册自己的产品品牌，通过生产或者专业代工一些专有的品牌经营，将自己的品牌运作成淘宝知名的品牌，一般定位于中端，卖点在于较低的售价或者独特的风格和个性，常以个性化的服务取胜。

线上拓展模式：许多传统的大品牌，不想放弃线上这块增长很快的市场，它们以各种形式进入淘宝这个市场。该类品牌已经具有较高的品牌忠诚度和品牌黏度，线上网店有助于品牌进一步占据市场。

跨境电商作为中国进口食品的新型模式，其作用正在不断放大。网购消费群体也在不断扩大，低税率、低成本及高效率的跨境电商是外国品牌打开及试水中国市场的首选。同时，淘宝的发展进一步促进电商行业的快速发展，有益于进口食品市场规模扩大。

资料来源 周东宇. 突破传统！进口食品电商试水中国市场，开启新商业模式［EB/OL］.［2023-05-31］. https：//www.iimedia.cn/c1020/93428.html.

训练1 开发设计商业模式

【训练目标】

1. 了解商业模式画布的基本知识并运用。
2. 了解商业模式的形成与发展。
3. 掌握商业模式设计的思路和方法。

【训练步骤】

与创业伙伴一起在一个月内组织召开四次创新实践会议。查询“学习通”中设立的虚拟市场的真实需求，找到感兴趣的题目并选定一个创业方向。

第一次：设定观察研究方向，到市场进行观察，并提交会议讨论。

第二次：头脑风暴，一起完成商业模式画布。

第三次：原型设计，完成价值网络模型。

第四次：实施筹备，完成服务蓝图设计。

下一步，在“学习通”平台“创意投票”中发布自己的商业模式画布，征求客户、同学、指导教师的建议与反馈。不断根据实际市场情况与竞争对手情况修改商业模式，确定后开始行动，让自己的商业模式接受用户与市场的检验。

任务2 开发设计创业产品与服务

尽管商业模式的创新比产品或服务的创新更为重要，但这不意味着创业者可以忽略产品或服务的设计。商业模式与产品和服务设计之间是相辅相成的，成功的商业模式需要优质的产品和服务来支撑。许多创业团队，尤其是在校大学生创业团队，在做产品设计时，往往只注重技术创新，而忽略了对市场需求的调查和了解。他们做出来的产品往往看上去功能完备、无懈可击，但是当面向市场时却发现自己的产品无人问津。这是因为他们在设计开发产品或服务时忽略了其能否满足用户的需要，缺乏市场化思维和用户体验的意识。因此，要想创造出真正符合市场需求的产品或服务，需要创业者关注用户需求，提供简单易用、贴近用户的功能和服务，并不断优化产品和商业模式，以满足不同用户的需求，从而实现商业目标。

一、什么是产品

在线课堂7-3

什么是产品

1.产品的概念

人们对产品的理解，传统上常常仅指实物产品或物质产品，其实这是一种狭义的理解。在创业领域，产品这一概念的外延要大得多，它是指向市场提供的能满足人们某种需要的一切东西，包括实物、服务、保证、意识等各种形式。产品具有两方面的特点：首先，并不是具有物质实体的才是产品，凡能满足人们某种需要的服务都是产品；其次，对企业而言，其产品不仅包括具有物质实体的实物本身，而且包括随同实物出售时所提供的服务。简而言之，工业产品=实体+服务。

2.产品的层次

1988年，科特勒首次提出了产品三层次结构理论。该理论认为，任何一种产品都可被分为三个层次：核心产品、有形产品和附加产品。1994年，科特勒在《营销管理：分析、计划、执行和控制》一书中，将产品概念的内涵由三层次结构扩展为五层次结构，即包括核心产品、形式产品、期望产品、附加产品和潜在产品，如图7-2所示。

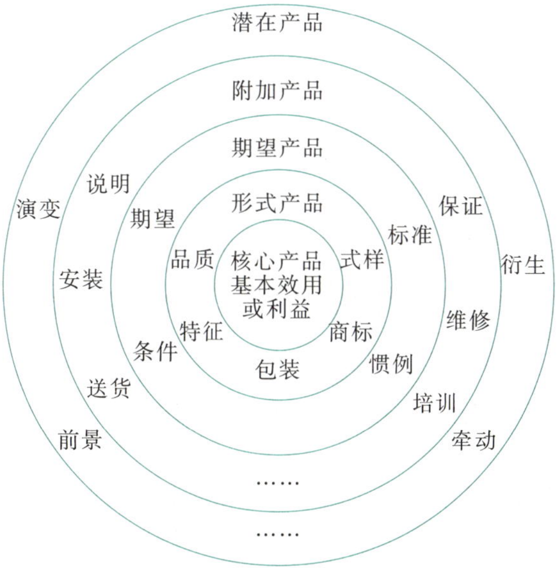

图7-2　产品的五层次结构

（1）核心产品——购买的核心驱动。核心产品是指产品能够给用户带来什么基本效用，如汽车可以代步，或者带来其他层面的利益，如电动汽车可以降低油费，容易摇号上牌、环保。核心产品是产品的灵魂，是消费者真正购买或使用该产品的动因。

（2）形式产品——购买的决定要素。形式产品是指产品的具体物质形态，是整个产品内涵的有形载体，是一种看得见、摸得着的产品层次，是消费者视角的产品。这一层次包含产品的五种典型特征：品质、特性、品牌、形式、包装。这些特征是最直观，也是最能吸引使用者的一个层次。这一层次是购买的决定要素。

（3）期望产品——购买的体验需求。期望产品是指消费者在购买和消费产品时期望得到的与产品密切相关的一整套属性和条件。也可以说，消费者在购买和体验过程中，通过个人认知、深入了解、交流互动以及使用体验，形成的对该产品属性和功能的认知和心理要求。

（4）附加产品——购买的影响要素。附加产品即附加服务或利益，是指卖方能为消费者提供在实体商品之外更多的服务与利益，如家电企业提供免费安装和检修服务、宾馆提供免费寄存服务等。这一层次能够给予消费者完整的满足感，是购买的影响要素，可以帮助提高消费者的满意度及再购率，以及带来传播效应。

（5）潜在产品——用户黏性的创造。潜在产品是指现有产品包括所有附加产品在内的、可能发展成为未来最终产品的潜在状态的产品。它指出了现有产品可能的演变趋势和前景。具体来说，现有产品可以为哪些新的细分用户增加利益？衍生/演进的产品可以为哪些用户增加利益？

产品的层次是一个“由内向外”逐步成熟的过程，是市场竞争的结果。同一产品，因时间、空间（地域）不同，其成熟度不同，而处于不同的竞争层次。因此，创业者应该明确，在经营范围半径内，你的创业产品目前属于哪个层次？该层次的市场现状如何？该层次竞争的焦点是什么？需要在该层次开展怎样的产品创新？无论是产品的功能、价值，还是产品的成本等都须从产品五层次这个整体概念来思考、调查和设计。

二、定位产品或服务

产品或服务的定位决定着创业企业要在哪块市场上争夺消费者。创业者的首要任务就是要找到用什么样的产品或服务最有效地满足消费者未被满足的需求，并且是有足够需求量的需求。要想在激烈的市场竞争中找到一款符合消费者需求趋势，又能优于竞争对手的产品或服务，必须对产品或服务的吸引力进行综合分析，从而对产品或服务进行准确定位。

创业企业在进行产品或服务的定位决策时，根据对目标消费者的需求分析，一般可考虑采用产品差异定位法、质量定位法、服务定位法、使用者定位法等。

1.产品差异定位法

产品差异定位法是指强调企业的产品或服务与竞争对手相比所具有的明显特征的定位方法。例如，成都手帕姐创立的企业，在传统手帕产品上绘上旅游地图、地方特色图案等，将手帕定位为环保的旅游礼品，赋予手帕新的功能。

2.质量定位法

质量定位法是指以可验证的优于竞争对手的质量为依据的定位方法。创业企业在进行产品或服务的选择时，可以高质量作为定位依据，做行业领先的产品，并获得资质认可，以便以高标准的姿态进入本行业，占领市场先机。

3.服务定位法

服务定位法是指以提供独特的服务来为自己的产品增加卖点的定位方法。市场上产品类别繁多，想要在众多的产品中脱颖而出，创造市场上还没有出现的产品，这对创业者而言是一件很难的事情，因此在现有产品基础上附加独具特色的服务成为创业的一条捷径。值得注意的是，要想在市场中获得长久的竞争力，选择的独特服务必须与产品相结合，且不易被复制。

4.使用者定位法

使用者定位法是指企业通过明确指出其产品或服务使用者，以吸引目标消费者而实现定位的方法。找出产品的正确使用者或购买者，会使定位在目标市场上显得更突出，在此目标组群中，为企业的地点、产品、服务等塑造独特的形象。例如，某服装企业专卖大码服装，目标使用者锁定在超胖人群，为这类使用者群体量身定做服装，实现错位竞争，凸显独特的产品价值。

三、产品研发一般流程

对于不同企业来说，产品尽管有不同的类型，但其研发流程有一定的共性和规律可循。通常来说，产品研发的一般流程有如下几个步骤：

1. 提出目标，收集构想

这个阶段主要是寻求产品构思，并不是每个企业都把这个阶段作为流程的正式阶段，但是，它却是产品创新过程的一个必经阶段。因为任何一个可产品化的构思都是从无数多个构思中筛选而来的，这个阶段的过程管理往往是非常开放的，它们可以来自于客户、合作伙伴、售后、市场、制造以及内部研发，这些来自各个渠道的信息就构成了产品的最原始概念。

2. 筛选和可行性分析

这个阶段的焦点应放在分析市场机会和战略可行性上，主要通过快速收集一些市场和技术信息，使用较低的成本和较短的时间对技术、市场、财务、制造、知识产权等方面的可行性进行分析，并且评估市场的规模、潜力及可能的市场接受度，并开始塑造产品概念。这个阶段一般只有少数几个人参与项目，通常包括一个项目发起人和其他几个助手。

3. 制订具体开发计划

这个阶段是产品开发工作的基础阶段，它的主要目的是新产品的定义，包括目标市场的定义、产品构思的定义、产品定位战略以及竞争优势的说明，需要明确产品的功能规格及产品价值的描述等方面内容，决定产品的开发可行性，对第二阶段的分析进行严格的调研，并完成后续阶段的计划制订，当然，这个阶段并不需要详细的产品设计，一旦这个阶段结束，需要对这一产品的资源、时间表和资金做出估算。这一阶段涉及的活动比前一阶段要多很多，并且要求多方面的资源和信息投入，这一阶段最好是由一个跨职能的团队来处理，也就是最终项目团队的核心成员。

4. 产品实体开发

这一阶段的重点是按照既定的方案来进行产品的实体开发，大部分具体的设计工作和开发活动都在这一阶段进行的，而不再分析产品的机会和可行性了。同时，这一阶段还需要着手测试、生产、市场营销以及支援体系方面的一些工作，包括生产工艺的开发、计划产品的发布以及客户服务体系的建设，另外，市场分析以及客户反馈工作也在同时进行中，还有就是需要持续更新财务分析报告，以及解决知识产权方面的问题。

5. 测试和验收

这一阶段的活动包括企业内部的产品测试以及用户测试，甚至包括产品的小批量试生产以及市场的试销等，当然，这个阶段仍旧需要更新财务分析报告，这一阶段的标志是成功通过产品测试，完成市场推广计划，以及建立可行的生产和支援体系。

6. 正式投产

这个阶段主要是实施营销启动计划以及生产计划，让产品形成量产，并需要有适当的资源进行产品的早期支持，在这一阶段结束后，项目小组的责任将会逐步转移给企业的各职能部门，由他们对产品进行持续的支持。

研究开发有竞争力的产品，是企业获取市场竞争力的重要因素。企业产品的研发一般可分为：自行研发；委托科研机构进行研发；技术引进，如购买专利等；仿制，即在法律许可的范围内或获得允许的前提下，模仿现有的产品。从产品的开发思路来讲，可以从多功能化、简化、小型化、节能化、现有产品的配套等角度来考虑研发产品。

创业案例

在行业留下闪光印记

灿烂的笑容，黝黑的脸庞。在东莞先知大数据有限公司（以下简称“先知大数据”）展厅内，公司创始人、董事长余旸的照片与记者眼前的本人有些反差。“那是我3年前的照片。”余旸笑道。

那黝黑的皮肤，是余旸回国创业初期在祖国大西南的崇山峻岭间当了8个月铁路探伤工后留下的。自2018年从美国回国至今，1 500多个日夜里，这位数据科学家带着他的团队一路奔跑，在烈日下的铁路钢轨上、在轰鸣的工厂车间里，采集数据、分析挖掘，转化为智能产品：钢轨探伤智能生态产品已运用于中国26%的铁路；电子工位系统为企业打开良率丢失的“黑匣子”，在东莞支柱产业大规模试用中备受欢迎……

追随兴趣找到方向

生于浙江杭州市的余旸，可谓是踩上时代节点的幸运儿。由于父亲从事信息化相关工作，余旸初中时便接触到编程，学习了数据库。从小充满好奇心的他，从此打开了技术的大门。

追随自己的兴趣爱好，余旸读大学时选择了北京航空航天大学信息管理专业。“当时，国内各类信息系统正如雨后春笋般涌现，各种数据都需要用信息系统管理起来。”余旸回忆，读博士期间，他参与了三峡右岸电站的土方、进度等数据管理，也暗自定下了自己的职业规划：走遍金沙江、澜沧江等大河大川，以信息化服务国家建设。

2007年，余旸赴美国先后攻读了两个博士学位。2018年，他与北航读书时期同宿舍的好友、精密仪器和人工智能科学家梁帆博士联合创立先知大数据。他们一致决定，一定要走到离用户最近的地方，找到行业痛点，让技术真正落地。考察对比多个城市后，他们选择了粤港澳大湾区，扎根工业土壤最为肥沃的“世界工厂”东莞，开启了用数据赋能产业的创业路。

“弄脏”双手摸清门道

2019年，工信部公布全国首批工业互联网平台优秀技术供应商，先知大数据与许多知名企业一起上榜，是入选的17家企业中最“年轻”的一家。

余旸回国后一边创业，一边在北京交通大学担任教授、博士生导师。2018年，中铁成都局一位领导回母校求助：“我管辖的西南几个省份铁路断轨特别多，怎么解决？”校领导建议用数据科学来支撑检修，并推荐了余旸。

如何判定一根钢轨里面有伤？这是一门大学问，需要从头学起。“但我真没有预计到，一周、一个月、半年……我们最终在沪昆线、川黔线、内六线等线路上待足了8个月。”

地质特殊的四川、贵州、重庆、云南昭通等地，只占全国铁路运营里程的一小部分，但断轨数量在2017年以前却很多。8个月里，无论烈日还是暴雨，余旸和同事们都背着仪器，像小学徒般跟探伤工们学习如何靠锤子敲敲打打去研判，把他们脑中一点一滴的宝贵经验量化、固化，形成算法，转移到智能化设备里。

又经历3年漫长的人工与机器对比实验和迭代，如今，一整套钢轨探伤智能生态产品——“扁鹊”探伤车、“仲景”分析仪、“华佗”大修决策平台已运用于全国约四分之一的钢轨。

“探伤工作变得简单高效了，过去1名探伤工5年才能出师，现在3个月就能快速上手。而且智能产品解决了精准化换轨难题。”余旸告诉记者，“中国高铁已运行超过10年，钢轨也将进入断轨频发的高风险期。到底如何安排换轨和大修计划？智能算法改变了过去一刀切的决策方式，把‘周期修’转变为‘状态修’。不仅能节省资金，还能大大降低风险。”

除了轨道交通，扎根东莞这几年，余旸还带领团队深耕智慧水务、食品安全等领域。“我们已做了超过20个项目，每一次探索、学习、研究的过程都是极其不易的。”他说。

“一个行业痛点长期解决不了，背后可能有技术、决策等各种原因，只有走到行业深处、‘弄脏’双手才能摸清楚。”余旸说。

在奔跑中调整姿态

前不久，东莞市东城制造业数字化转型赋能中心在先知大数据的新研发基地内启动，余旸手机通讯录里多了许多前来“问诊”的企业。

为制造业赋能是余旸回国之初就看准的方向，拥有18万家工业企业的东莞给了他施展才华的天地。创业4年，他一直在不停地奔跑。企业的团队规模、专利、营收、纳税等指标每年都以一倍以上的速度增长。同时，企业还进入新能源、智慧医疗等领域，与海康威视、华为、中国移动成为战略合作伙伴。

从数据科学家变为创业者，要做项目又要带学生，余旸每天平均工作十几个小时。他很适应这样的转变：“我觉得很幸运，这么多年来，我所喜爱的、所擅长的，我天天想的和做的都高度一致——用数据科学研发落地来解决行业问题。”但他还是感到了做企业的不易，“要学习的东西太多了，管理、财务、法务、金融……很多都在我的知识体系之外”。

“什么事都不可能那么完美，先跑起来再说。”他一直这样对学生和团队伙伴讲，“人工智能、数字经济发展如火如荼，很多工作说启动就启动了，根本来不及做太多准备。等准备好，机会也就失去了，只能在奔跑中调整方向和姿态”。

余旸说：“趁年富力强之时，在行业发展中留下闪光印记，应该就是理工科学子最大的成就感吧。”

资料来源　郑杨．东莞先知大数据董事长、数据科学家余旸——在行业留下闪光印记［N］．经济日报，2022-07-30（10）．

训练2 挖掘产品的灵魂

【训练目标】

1. 抓住市场痛点就能抓住用户的心。
2. 把产品做简单，将细节做到精致。
3. 理解产品都是有自己的灵魂的。

【训练步骤】

引导语：有些人就是更有所谓的灵气，好像从很小的时候开始这种差异就存在。有的人就是很好玩，天天不知道从哪儿冒出来那么多有趣的主意。有人给自己家里的每一样东西都取了名字。他们做出来的东西，就是招人喜欢，而且是毫不费力地招人喜欢——往那儿一放，就是有人喜欢。其实这种招人喜欢的能力也是可以习得的，那接下来我们就通过一个动手试验来模拟产品生产销售的过程，找出产品之间的“灵魂”差异。

步骤1：使用给定的原材料制作属于你的产品：木头人。

步骤2：做完之后，问自己：“我要给我的产品木头人注入灵魂，那我应该干什么?”

步骤3：做好后，请大家将你的产品名称和简介写下来，之后开启我们班内线上的交易市场。

步骤4：假定大家都有100元交易货币，我们看看谁的产品销售火爆，谁的产品交易暗淡，并找出这两类产品的“灵魂”差异。

注意：完成工作任务的实际操作，记录过程并展示成果。

任务3 打造卓越的品牌

品牌已经同人类与社会发展息息相关。在我国社会产品极其匮乏的时代里，从人们最开始对上海牌手表、凤凰牌自行车、钻石牌缝纫机等品牌产品的需求，到今天穿服装、买家用电器、喝饮料、用化妆品等的品牌选择，市场上琳琅满目各种各样的品牌及名牌产品走入千家万户，已被越来越多的平常百姓所接受和喜爱。在竞争激烈的市场经济中，品牌以其鲜明的个性和独特的魅力引领着大众消费。

一、品牌的概念和内涵

在线课堂7-4

品牌的概念和内涵

（一）品牌的概念

品牌是用来识别产品的制造商和销售商的名称、术语、标记、符号、图案或者是它们的组合。品牌的英文单词brand，源出古挪威语“brandr”，意思是“打上烙印”。顾客用这种方式来标记需要与其他人相区别的私有财产。20世纪50年代，美国的广告大师大卫·奥格威第一次提出品牌的概念：“品牌是一种错综复杂的象征，它是产品的属性、名称、包装、价格、历史、声誉、广告风格、销售方式的无形组合。”美国著名的市场营销专家菲利普·科特勒为品牌下的定义是：品牌就是一个名字、称谓、符号或设计，或是上述的总和，其目的是要使自己的产品有别于其他竞争者。

我国明朝嘉靖九年（1530年），京城酱菜铺的老板请时任国子监祭酒的严嵩为其品牌“六必居”题名，以此防止自家酱菜被他人假冒，自此“六必居”扬名天下，至今昌盛不衰。虽然此时的题名还不是严格意义上的具有法律效力的注册，但“六必居”题名无疑是一个有明显品牌保护意识的注册防伪行为。后来，还涌现出“全聚德（1864年）”等百年老字号。明清时期的商人对品牌非常重视，他们将招牌和字号视为传家之宝，视为自己商业生涯的象征，对招牌的形式与制作都非常讲究，他们珍惜品牌的信誉，重视品牌的延伸和发展，对品牌危机的处理也有着丰富的经验。

（二）品牌的内涵

广义上的品牌包括六个层面的内涵：

（1）属性。品牌首先使人想到某种属性，即性能、质量、技术、定价等方面的独特之处，不同品牌的产品表现为不同的属性。例如，雀巢意味着安全、放心、营养和健康；奔驰意味着昂贵、做工精湛、马力强大、高贵、转卖价值高、速度快等。

（2）利益。品牌利益是指品牌给用户带来的好处和顾客在使用产品过程中需求得到满足的感受。顾客购买的意图是获得真实的利益，而并非属性，属性需要转化成功能性或情感性的现实利益，如优良的品质或是感情的寄托、释放等。例如，奔驰车“昂贵”和气质高贵转化为受尊重的情感利益，做工精湛转化为满足安全需求的利益。

（3）价值。品牌价值是指品牌生产者所追求和评估的产品价值。例如，奔驰品牌代表着高性能、安全、声望等。

（4）文化。品牌文化是指品牌的精神层面。例如，可口可乐代表了乐观、勇敢、刺激、创新。

（5）个性。品牌个性是指品牌形象人格化后所具有的个性。“现代品牌营销之父”戴维·阿克（David A.Aaker）提出，人格化品牌的个性有五个维度：真诚、刺激、可靠、老练和强悍。

（6）使用者。品牌应该活在顾客心中，不同的品牌有不同的消费群体。

品牌是一项重要的无形资产，好的品牌具有较高的品牌价值，是企业的一笔巨大的财富。在企业实施品牌战略过程中，我们需要运用有效的对策来保证品牌发展的良性循环。

二、实施品牌战略的意义

在线课堂7-5

实施品牌战略的意义

品牌不仅是一个企业经济实力和市场信誉的重要标志，更关系到一个国家的经济实力。一个国家拥有品牌的多少，是其经济实力的象征，更是一个民族整体素质的体现。可以说，没有国际性的大品牌，就没有现代化的经济大国。从另一种意义上说，现代的全球市场竞争，就是品牌与品牌的较量，是一场声势浩大的品牌之战。正因为如此，推进品牌战略的实施已经为越来越多的企业和有关政府部门所重视。党中央、国务院对名牌战略高度重视。2023年2月，中共中央、国务院印发了《质量强国建设纲要》，强调“着力推动品牌建设”，提出到2025年“中国品牌影响力稳步提升”、到2035年“质量和品牌综合实力达到更高水平”的明确目标，为推动我国品牌建设取得更大进展提供了路线图。

习近平总书记指出：“加快推动中国制造向中国创造转变、中国速度向中国质量转变、中国产品向中国品牌转变。”近年来，全社会品牌发展理念与时俱进，品牌发展氛围日益浓厚，企业品牌、产业品牌、区域品牌竞相涌现，老字号品牌、非遗品牌、文旅品牌各展风采，我国品牌建设取得显著成效。也要清醒看到，我国国际知名品牌还不算多，品牌发展水平与经济社会高质量发展要求相比还有差距，从品牌大国迈向品牌强国还需要付出艰苦努力。

品牌是推动经济高质量发展、提升国际竞争力的核心要素之一。我们要抓住机遇、直面挑战，用好物质基础雄厚、人力资源丰富、市场空间广阔等优势和条件，加强中国品牌建设，为高质量供给创造更多市场需求，为高质量发展提供新的增长动力，为扩大国际合作增添竞争活力。

三、实施品牌战略的方法

1.创新企业的品牌发展理念

思想是行动的先导，创业项目想要实施品牌战略，首先必须革新自身的理念，创新自身的品牌发展观，要积极打破过去的“来料加工、贴牌生产”的品牌发展模式，推动经济结构战略性调整和产业转型升级，要加大品牌战略方面的人力、物力、财力投入，并保证相应的技术投入，逐步打造具有自主知识产权的产品品牌，提高自身的核心竞争力。需要注意的是，在创业项目打造自身品牌，推进品牌战略时，创业项目方面必须重视品牌文化建设，要妥善处理品牌文化和文化品牌的关系，要提高品牌定位的鲜明性和差异性，逐步打造品牌特色，强化核心竞争力。

品牌的市场生命力和竞争力在于持续不断的创新，创新也是一项系统工程，包括多方面的内容，应该做好以下几点：

（1）创新观念。企业要牢固树立“创新是企业灵魂”的观念，用创新思维指导企业实践，要研究市场经济的现状和发展趋势，研究技术与市场结合的思路，掌握最新的市场信息进行创新活动。

（2）技术创新。企业要运用创新知识和新技术、新工艺，采用新的生产方式和经营管理模式来提高产品的质量，开发生产新的产品，提供新的服务占据市场并实现市场价值。企业只有勇于突破，不断否认自己，不断超越自己，才能取得技术进步的领先地位，提升品牌竞争力。

（3）质量创新。企业要根据科学技术的进步和消费者的需求，不断提高产品的科技含量和市场需求，使质量创新为消费者所接受。

（4）管理创新。企业在加强基础管理的同时，要根据新的情况不断引进新的管理理念、管理制度和方法，要通过企业管理实践，创造出新的管理模式，推进企业管理水平的提高。

（5）服务创新。企业要在为消费者和用户服务的过程中，不断创新服务内容、服务项目、服务方法，提高服务水平和服务效果，使消费者体验到更好、更满意的服务。

2.完善品牌的决策体系

品牌是当前阶段企业竞争的重要载体，中小型企业想要提高自身的核心竞争力，必须重视逐步完善自身的品牌决策体系，如此才能够避免在品牌战略实施过程中出现较大失误。为了保证上述工作的落实质量，创业项目应该积极构建品牌战略管理组织机构，全权负责品牌战略管理的相关事宜，对自身进行正确定位，在自身核心品牌基础上拓展品牌，利用品牌延伸提高核心竞争力，为更好地实施品牌战略创造条件。

3.加大品牌的保护力度

创业项目品牌的形成比较困难，往往需要经历较长的时间，但是品牌的假冒和仿造往往比较简单，历时极短。正因为如此，创业项目应该有较强的品牌保护意识，要强化自身的法制意识，善用法律武器维护自身的合法权益。在具体落实此项工作时，创业项目应该加大法律方面的投入，积极聘用法律事务人才，在自身的商标、品牌遭遇不法侵犯时及时拿起法律武器维权。

4.合理整合资源

首先，创业项目需要合理整合自身资源，将创业资源用于实施品牌战略的关键之处，如提高产品质量、铺设销售渠道、构建企业联盟等。其次，中小企业需要充分考虑自身所处的市场环境，要充分考虑自身的实际情况并选择恰当的经营空间，稳步提高自身品牌的知名度。最后，创业项目应该重视品牌文化构建，提高品牌的社会影响力，并以此为契机吸纳社会资源，筹措充足的资金，以便为相关工作的展开提供资金后盾。

5.保持品牌的独立性

品牌是企业创业的无形资产，在市场上享有较高的知名度和美誉度的品牌能给企业带来巨大的经济效益，只有保持品牌的独立性，才能保持品牌形象，使品牌不断得以发展壮大。在创业发展过程中有时需要大量的资金和技术，能够吸引外资和技术是件好事，但是要提高警惕，不要盲目引资。

创业案例　连续22年市占率第一，33岁的九牧王如何抓住年轻人？

2022年的米兰男装周比往年更热闹一些。除了GUCCI、MOSCHINO、VERSACE等多年未单独举办男装秀的品牌纷纷回归之外，还出现了一个熟悉的名字——九牧王。6月20日，九牧王带着以《千里江山图》为灵感的2023春夏男裤系列亮相米兰男装周。当天同场走秀的，还有GUCCI、ARMANI、ZEGNA等为大众所熟知的奢侈品品牌。这是九牧王首次登上米兰时装周，也是2023年唯一在此举办线下秀的中国男装品牌。

九牧王一改往日“正装西裤”的形象，用飘逸的廓形长裤、明亮的色彩刷新了品牌印象。这些设计均出自九牧王创意总监，曾任奢华男装品牌ZEGNA设计师的Louis-Gabriel NOUCHI之手。

我们发现，九牧王这个已经33岁的品牌，正在努力让自己变得更年轻。

1989年，九牧王从一条西裤起家，进入中国男装市场。创业初期，九牧王专注“男士西裤”这一细分赛道，将大部分资金用于引进自动化设备，提高生产效率、研发面料专利，逐渐建立起竞争壁垒。2000—2021年，九牧王男裤连续22年位列同类产品市场综合占有率第一位。

但随着运动休闲风逐渐取代商务风成为主流，九牧王也不得不面临转型挑战。曾经凭借差异化竞争策略在男装市场占据一席之地的九牧王，需要重新拓宽护城河。只是，如今的市场环境和30年前已经大不相同。

越来越多品牌进入市场，男装赛道逐渐拥挤并高度分散。凯度咨询数据显示，2020年，市场占有率前三的男装品牌之和只有不到10%。曾经备受追捧的品牌们，也陆续因设计、品牌定位的老化而失去年轻消费者。

同时，线上渠道的快速发展让扎根线下的品牌感受到危机。摆在九牧王这类服装品牌面前的难题，不仅仅是如何变年轻，更是对品牌定位、渠道策略、营销方式重新进行梳理。

重新定位品牌：更聚焦、更年轻、更中国

九牧王成立33年，品牌经历了多次转变，最近的转折点发生在2020年。这一年，市场环境充满了不确定性。九牧王意识到，品牌应当由"价格战"转向"价值战"。于是，九牧王重新梳理了品牌战略。当时有两个选择，继续聚焦男裤，或者拓展品类，加大上装产品的占比。企业高层认为，在高度分散的市场环境下，品牌更需要聚焦。因此，企业决定集中力量研发男裤这一核心优势产品，以强化"男裤第一"的品牌印象。尼尔森的市场调研数据显示，新战略落地一年时间，九牧王男裤第一提及率从6%提升到22%，这说明企业的品牌知名度和忠诚度都在持续提升。

与九牧王同一赛道的其他品牌，例如安踏、海澜之家都在走多品类、多品牌的集团化路线，九牧王为什么专注于男裤这个细分市场？关于这点，九牧王公司董事、副总经理林泽桓表示："近年来，国内服装品牌在产品、渠道等方面正面临着'同质化'严重、品牌之间缺乏差异化等问题，而这也导致服装市场陷入'价格血战'的困境。在这样的市场环境下，我们认为'差异化'才是品牌竞争的核心优势。对当前的九牧王来说，将男裤做深、做透，比横向多品类发展更具有战略意义。当然，专注细分市场并不意味着产品单一。围绕男裤这一核心品类，我们在不断提升技术并创新产品设计，使产品更加多元化。"

目前，公司营业收入及增长主要依赖九牧王品牌。九牧王在巩固主品牌优势的同时，也在拓展品牌以弥补空白市场。除了九牧王品牌之外，集团还经营男士成衣品牌ZIOZIA和潮流品牌FUN。

集团将ZIOZIA重新定义为"经典商务""商务休闲""时尚休闲"三大系列风格，进驻高端购物中心，覆盖高端、时尚人群。FUN旗下包含Garfield by fun、Fun x Snoopy等多个联名系列，未来将从服饰延伸至潮玩，发展成潮流生活方式品牌。

"三十而立"的服装品牌中，高端化和潮流化是应对品牌老化问题的常用手段。观察九牧王的裤装产品，单价普遍在500元以上，时装周秀款的价格更是高达2 999元，可以看出其升级品牌、进军高端市场的野心。

面对线上渠道的冲击，九牧王也在尝试数字化转型。在加速线上渠道布局的同时，利用数字化工具提高供应链的反应速度、会员运营的效率和精准度。但无论消费者、渠道、营销方式如何变，品牌的最基本竞争力依旧是产品研发能力。九牧王也深知这一点。营销是一把双刃剑，能宣传优点，也会放大缺点。只有产品这个地基立住了，营销才有正向意义。

资料来源 晶敏．连续22年市占率第一，33岁的九牧王如何抓住年轻人？-品牌转型［EB/OL］．［2022-07-06］．https：//zhuanlan.zhihu.com/p/538180319.

训练3 调研分析成功的海底捞

【训练目标】

1.明确树立品牌意识的重要性。

2.学会分析品牌形象打造成功的关键因素有哪些。

【训练步骤】

资料：说到海底捞这个品牌相信大家都不会陌生，凡到过海底捞的人，恐怕都很难不对其细致入微的服务留下深刻的印象，有人夸张地称为“变态伺候”：顾客入座后，立马会送上绑头发用的皮筋及围裙、手机套，就餐期间会有服务员不时递上热毛巾。更深的感触是服务员个个精神饱满，快乐感染了每位顾客。在“大众点评网”上，很多顾客对这种贴心服务感到“受宠若惊”，感慨“终于找到了做上帝的感觉”。

你对海底捞的感受是怎样的？在品牌塑造方面，海底捞有什么我们值得学习的地方？

步骤1：学生分组，小组内分享并讨论自己对海底捞品牌成功的想法，可以结合网上对海底捞的报道以及学生自己的消费感受。

步骤2：教师引导学生思考品牌形象打造成功的关键因素，并从不同角度展开讨论，如产品质量、服务体验、市场定位等。

步骤3：分享其他成功品牌的案例，如胖东来商贸集团有限公司，让学生对比分析，进一步认识品牌成功的关键因素。鼓励学生从这些案例中寻找启示和借鉴，并用于自拟创业项目中。

课后拓学

育德启智

延伸阅读7-1

这里的年轻人站上了科技创新C位

新时代推进品牌建设

加快品牌建设，发挥品牌引领作用，是促进强大有韧性的国民经济循环体系、加快构建新发展格局的现实路径。畅通国内国际双循环，既离不开供给侧技术与产业的创新，也离不开需求侧的消费升级，品牌作为连接两端的“支点”，发挥了杠杆撬动作用。为高质量推进品牌建设工作，全面提升我国品牌发展总体水平，2022年，国家发展改革委会同工业和信息化部、农业农村部、商务部、国务院国资委、市场监管总局及国家知识产权局印发了《关于新时代推进品牌建设的指导意见》（以下简称《指导意见》）。

《指导意见》强调，要以习近平新时代中国特色社会主义思想为指导，深入贯彻习近平总书记关于品牌建设的重要指示精神，立足新发展阶段，完整、准确、全面贯彻新发展理念，构建新发展格局，以深化供给侧结构性改革为主线，以满足人民日益增长的美好生活需要为根本目的，坚持质量第一、创新引领，开展中国品牌创建行动。

党中央、国务院高度重视品牌发展工作。2014年5月，习近平总书记指示，要“加快推动中国制造向中国创造转变、中国速度向中国质量转变、中国产品向中国品牌转变”。2016年6月，国务院印发了《关于发挥品牌引领作用推动供需结构升级的意见》，提出设立“中国品牌日”，凝聚品牌发展社会共识，营造品牌发展良好氛围，搭建品牌发展交流平台，提高自主品牌影响力和认知度。2017年4月24日，国务院正式批复国家发展改革委《关于设立“中国品牌日”的请示》，同意自2017年起，将每年5月10日设定为“中国品牌日”。

习近平总书记多次对品牌建设做出重要指示，要求加快“三个转变”，特别是2020年以来在各地考察时又着重指出，要“实现技术自立自强，做强做大民族品牌”“坚持绿色发展方向，强化品牌意识”，为我国品牌发展指明了方向。

品牌建设是一项长久的系统工程，需要统筹谋划，久久为功，扎实推进。《指导意见》指出，到2025年，品牌建设初具成效，基本形成层次分明、优势互补、影响力创新力显著增强的品牌体系，中国品牌世界共享取得明显实效；到2035年，品牌建设成效显著，布局合理、竞争力强、充满活力的品牌体系全面形成，中国品牌综合实力进入品牌强国前列。

走好赶考路，做好答卷人。品牌是企业乃至国家竞争力的综合体现，有研究显示，品牌价值每增加1%，会给本国GDP带来0.13%的提升。优势品牌的集合，不仅有助于在国际上打响知名度，更是我国挖掘内需潜力、开拓国际贸易的新契机和新舞台。

资料来源 郭丁源. 适应新时代新要求，高质量推进品牌建设——《关于新时代推进品牌建设的指导意见》系列解读［EB/OL］.［2022-08-26］. https://www.ndrc.gov.cn/xxgk/jd/jd/202209/t20220902_1335020.html.

学有所悟：

成为品牌大国，我们蹄疾步稳；建设品牌强国，我们任重道远。我们要清醒地认识国内外环境深刻变化带来的新机遇新挑战，凝心聚力、持之以恒扎实做好品牌建设工作。新一轮科技革命和产业变革深入发展，品牌发展理念和实践深刻变革，品牌发展与全面建设现代化国家的要求相比仍有差距，我们要更好适应新时代新要求，进一步推进质量变革和质量提升，进一步营造品牌发展良好环境，推动中国制造向中国创造转变、中国速度向中国质量转变、中国产品向中国品牌转变，久久为功促进品牌建设高质量可持续发展。

应用自测

阅读以下案例并回答问题：

一颗水晶网销全球

“各位亲，今天的水晶饰品全部工厂价，点击右下角小黄车，看中哪款，直接下单。”4月26日晚，在江苏连云港中国东海水晶城2号馆，锦透珠宝有限公司总经理李春琪刚登录直播间推荐产品，来自福建莆田的顾客吴小慧便一口气买下十几串水晶手链。

直播间里，李春琪拿起一串串造型精致的水晶手链、项链等饰品，一边介绍特性，一边普及水晶鉴别常识。“我们在国内头部直播平台已积累了近30万粉丝，水晶饰品年销售额也突破了400万元，特别是跨境电商开通半年来，实现了月均18%的增长幅度。”2015年开始从事水晶产品销售的李春琪告诉记者，借着电商直播的东风，这两年，水晶产业迸发出澎湃活力，公司境内外水晶年销售额均实现高速增长。

东海县境内1 500平方公里的地域存储有丰富水晶，存储量约30万吨，占全国70%以上，硅含量高达99.99%，存储量和质量均居全国之首。在矿石资源保护性开发的生态红线约束下，近年来，越来越多的东海人走出国门，常年在世界各地购买水晶原石，运回东海集中加工和研发，在当地形成了涵盖原石采购、加工研发、市场销售、文化展示等多功能于一体的现代化水晶产业链。

“过去，大部分水晶工艺品销往海外的方式都是通过经销商或者展会线下销售。如今，互联网时代让东海打开了通往世界的那扇窗。”江苏东海水晶产业发展集团有限公司总经理宋正强说，从2019年开始，东海县抢抓“互联网+”机遇，大力发展跨境电子商务，让一件件璀璨的水晶产品搭乘一根网线分享给世界。

走进东海水晶跨境电商交易中心，这个2 000多平方米的水晶超市已经成为跨境电商主播们的共享直播间。夜幕降临，这里依然灯火通明，10多位主播用英语滔滔不绝地介绍着各色水晶产品的材质、形态、大小、重量和价格，并耐心解答网络直播评论区里海内外网友们提出的各种问题。

“中国水晶产品在国外非常受欢迎，公司运营水晶跨境电商直播不到一年时间，销售额就已突破200万元，今年有望突破500万元。”东海乐之语珠宝有限公司董事长孟凡浩说，隔着小小的手机屏幕，东海水晶漂洋过海、网销世界。

东海“跨境电商+直播”模式的快速崛起和热度持续攀升，也吸引着越来越多的年轻人加入创业热潮，其中不乏国外青年。2021年，来自孟加拉国的杜昕抱着好奇的心态来到东海了解水晶产业发展状况，没想到，令人叫绝的雕刻工艺和琳琅满目的水晶产品让他为之痴迷，并果断留了下来，开始从事水晶工艺品跨境电商直播销售工作。

“在中国做销售感觉真是太棒了，因为水晶产品制作得非常完美，很多国外顾客已经成为我的稳定客源，每个月销售额接近4万美元。”杜昕说，他会一直留在中国从事水晶工艺品跨境电商直播工作，为喜爱水晶的消费者们带来更多好产品，助力东海水晶产业做得更好。

宋正强介绍，2022年，东海县水晶产业交易额突破340亿元，电商网络零售额达到225亿元。2023年一季度，水晶产业交易额突破90亿元，仅跨境电商交易额就已超过15亿元，成为东海对外贸易的新业态。下一步，东海将重点打造水晶产业直播电商园和水晶产业集中加工园区，出台水晶电商产业发展扶持政策，大力培育规上企业，推动东海水晶产业高质量发展。

资料来源　蒋波．一颗水晶网销全球［N］．经济日报，2023-05-13（10）．

应用自测7-1

答案提示

问题：

（1）电商是如何促进产品销售以及品牌推广的？

（2）还有哪些方法能够促进品牌的传播度？

（3）如何打造品牌使品牌保持常青？

课后实践

根据【学前实践】形成的成果，结合本项目所学内容，分析一下你所调研的软件都解决了哪些市场痛点问题？这些软件在近两年的系统版本更迭过程中，怎样体现“做出高价值的产品，是把握商机的硬道理”？

再做一个对照组市场调研，这次尝试调研一款近两年已退出手机应用市场的即时通信类软件，结合本项目所学内容，总结其退市的原因及启示。

注意：完成工作任务的实际操作，记录过程并展示成果。

学习评价

在线测评7-1

项目七

本项目学习评价见表7-2。

表 7-2 学习评价表

评价内容	自我评价	生生互评	教师评价	平均分数
理论知识掌握扎实				
实践训练按要求完成				
团队协作能力强				
创新创造能力强				
沟通洽谈能力强				
具有积极性				
目标意识强				
具有自我启发性				
努力达成目标				
具有计划性				
总 分				

填表说明：按评价指标给该生的本次课堂表现进行综合赋分，满分100分，共计10个指标，每个指标按1～10分进行打分。其中，自我评价和生生互评各占30%，教师评价占40%。

总结反思

8

项目八

撰写创业计划书与创业项目路演

创业箴言

制定正确的战略固然重要，但更重要的是战略的执行。

——联想集团总裁兼CEO杨元庆

作为一名大学生创业者，创业计划书的撰写和项目路演是非常重要的环节。在这个过程中，不仅需要制订具体、可行的创业计划，还需要注重计划的执行能力和实施细节。在撰写创业计划书时，需要注意以下几点：确定明确的目标和策略，制订详细的实施计划，识别并解决可能面临的挑战，进行风险评估和管理。在项目路演时，需要注意以下几点：清晰地阐述项目的核心价值和市场机会，提供具有说服力的数据和信息，展示自己的实际操作能力和团队合作精神，解答投资人的潜在疑虑，展示项目的可持续性和社会责任感。

学习目标

知识目标

1. 了解创业计划书的概念。
2. 掌握创业计划书应包含的内容和基本结构。
3. 了解路演的概念和作用。
4. 了解路演的内容和技巧。

能力目标

1. 能够撰写合格的创业计划书。
2. 具备路演设计和展示的能力。

素养目标

1. 培养学生的语言表达能力。
2. 提高学生的核心竞争力。

课前自学

学前思考

1. 请你尝试说明创业计划书是什么。

2. 查找资料，找到一个体现创业计划书重要性的案例，并结合案例理解编撰创业计划书对于创业而言意味着什么。

3. 你编撰过创业计划书吗？你觉得它能否作为你路演时参照的材料呢？

学前实践

和小组的其他成员设计一份简单的调查问卷。该调查问卷将用于访问一个创业者，这些问题需要集中在：

创业者认为一个好的创业计划书应该包括哪些关键内容？在编写创业计划书时，如何更好地评估市场和竞争情况，并将其体现在计划书中？创业者认为在路演中如何更好地吸引投资者的注意力？投资者最看重的是哪些方面？创业者如何在路演中更好地突出这些方面？

调查问卷应该不超过两页。测试调查问卷（在班级其他成员中测试，征求他们的意见），确定问卷的问题是否清楚。在访问创业者之后，分析他们的回答，提交一个简短的报告并向全班汇报。小组成员必须协商和安排整个活动过程。课上老师在必要时可以给予指导和帮助。享受这个练习，这是非常有趣的事情！

注意：完成工作任务的实际操作，记录过程并展示成果。

课中创学

任务1 编写创业计划书

创业计划书是将有关创业的想法借由白纸黑字最后落实的载体。创业计划书质量的高低，往往会直接影响到创业发起人能否找到合作伙伴、获得资金及其他政策的支持。

那么，如何写创业计划书呢？要依据计划书的对象不同而有所不同，譬如是要写给投资者看还是要拿去银行申请贷款，以不同的目的来写，创业计划书的重点也会有所不同。

一、创业计划书的概念

在线课堂8-1 创业计划书的概念

创业计划书又称为商业计划书，是一份全面说明企业商业构想以及如何实现商业构想的文件，是创业者就某一项具有市场前景的新产品或新服务向潜在投资者、风险投资公司、合作伙伴展示和游说，以取得合作支持和风险投资的可行性商业报告。创业计划书可从广义和狭义两个角度来理解。广义上的创业计划书是对企业活动进行详尽的全方位的筹划，深入分析企业内部的人员、制度、管理等方面。狭义上的创业计划书专指如何进行创业，它是创业者为了实现未来增长战略所制订的详细计划，主要用于向投资方说明公司未来发展战略与实施计划，展示自己实现战略和为投资者带来回报的能力，从而获得投资方的支持。本节重点介绍的是狭义上的创业计划书。

创业计划书具有两大功能：对公司外部，可以向潜在投资者和利益相关者介绍值得追寻的商业机会，以及如何去寻找这种机会，创业计划书成为企业推销自己、获得资金和生意机会的工具；对公司内部，可以帮助企业设计一份“蓝图”，供执行战略和计划方案时使用，它为企业指明了方向，为经营管理提供了依据，是企业筹措资本或贷款的必要文件。

二、创业计划书的作用

在线课堂8-2 创业计划书的作用

创业计划书可以迫使创业者系统地思考初创企业的各个要素，创业者在这一过程中需要全身心投入甚至牺牲休息时间，通常要花上数日或者数个星期才能完成一份精心设计的创业计划书。

创业计划书的主要作用包括以下几点：

1.梳理作用

一个新产品的创意或者是一个正在酝酿中的项目，初期往往是非常模糊的。撰写计划书的整个过程需要从比较客观和务实的角度，就自身优势、成因、行业优势、市场动态等方面全面梳理经营的思路，从而使创业者能够保持清醒的认识，把握清晰的经营脉络。

2.导向作用

编写创业计划书的过程是一个调研与思考的过程，可以使创业者综合考虑创业的各个因素，并在这个过程中清楚地看到哪些才是符合企业创建的要素，使创业者进一步明确自己的创业思路和经营理念。当创业计划书成为一项比较完善的计划被确认实施时，就会成为未来企业经营管理的工作指南或者行动大纲并加以落实，从而保证企业按照预定的目标发展，保证企业基本方向的正确性。

3.沟通作用

创业计划书对企业运营和发展的描绘使诸多利益相关者能够更加了解企业的经营方向和目标，并激励合作者、员工、供应商等为实现目标而努力奋斗，同时，有利于吸引优秀人才加入，为企业的长远持续发展打下基础。

4.评价和说明作用

创业计划书是创业者精心撰写出来的，是今后实施相关行动的依据，更是对创业团队能力和远见的评价依据。而且，书面形式的创业计划书有利于保存和查阅，不需要在不同的场合和时机中重复说明，这大大节省了创业团队的时间。

5.反思和检验作用

创业计划书和商业模式是一脉相承的，创业计划书描述的市场产品、团队、运营等方面的内容，都源于创业者对商业模式的深刻思考和分析。创业计划书的撰写有着标准的计划过程，实际上是对商业模式进行了一次全面的检验。通过撰写创业计划书，创业者可以对商业模式进行反思，寻找其不足之处并加以完善。

最重要的是，一份详细的创业计划书可以帮助创业者获得合伙人的信任，增加合伙人的信心；可以帮助创业者获得投资人的青睐，实现融资；可以帮助创业者争取政府的支持，如资金扶持、场地提供、税收减免等。

三、创业计划书的撰写原则和步骤

（一）创业计划书的撰写原则

在线课堂8-3

创业计划书的撰写原则

（1）目标性。创业计划书要目标明确、优势突出。创业的目的不仅是追求企业的发展，还要突出对经济效益的追求。

（2）完整一致性。创业计划书应要素齐全、内容充实、通俗易懂、结构严谨、风格统一，前后基本假设或预估相互呼应、逻辑合理。

（3）突出竞争优势。创业计划书要将企业的各种竞争优势（如资源、经验、产品、市场及经营管理能力）一一呈现，做到详略得当。

（4）团队协作性。创业计划书要能展现组建团队的思路、团队人员的作用，尽可能突出专家的作用、高管人员的优势、专业人才队伍的水平，明确团队领军人物。

（5）市场导向性。创业计划书要能明确指出企业的市场机会与竞争威胁，能把握并充分显示出创业者对市场现状的掌握情况与对未来发展的预测能力。

（6）客观实际性。创业计划书要有理有据、循序渐进。创业计划书中的一切数字要尽量客观、实际，以具体资料为证，切勿凭主观意愿高估市场潜力或报酬，低估经营成本。创业计划书中对工作的安排要循序渐进、有条不紊、可操作性强。

在线课堂8-4

编撰创业计划书的步骤

（二）撰写创业计划书的步骤

1.确定创业计划书撰写的目的

一般而言，根据创业计划书的功能定位，撰写创业计划书主要有两种目的：一种是被广泛应用于融资，达到吸引投资者并成功获取资金资源的目的；一种是用于公司内部的项目建议书，主要目的是便于组织内部沟通并认同项目的价值，明确项目的战略规划与行动方案，便于项目的实施管理。

2.确定创业计划书的读者对象

创业计划书的读者有可能是投资人和合作伙伴、供应商、顾客、政策机构等。不同的读者对象所关注的创业计划书的内容侧重点会有较大的差别。

3.搜集所需要的信息资料

充足的信息资料将有助于创业者完成一份分析透彻、论据充分、内容丰富的创业计划书。因为创业计划书涵盖面很广，创业者需要就各个构成要素准备所需信息资料，如项目的商业环境分析、竞争性分析、目标市场定位以及项目的可行性等关键性内容都需要充分的数据、信息来予以支撑。因此，信息资料的搜集与准备也是创业计划书撰写过程中的关键环节。

4.设计创业计划书框架

这里所指的创业计划书框架，并非通用的创业计划书的内容结构框架，而是一个充分体现创业者的创业项目特色、各部分子标题更加细分明确的创业计划书框架。具体设计原则有如下三个方面：

（1）“五个依据”，分别是依据撰写的目的、依据读者对象、依据一般的创业计划书主要构成要素、依据创业项目的性质与特征、依据搜集的信息资料。

（2）“两个便于”，一是便于撰写者自己后期的撰写，这就要求各部分的子标题越细分越好，当然，整体逻辑要非常清晰，让人读起来有连贯性；二是便于读者找到自己关注的重点内容（一般通过小标题来体现）。

（3）“一大特色”，要充分体现创业项目的特色：在总体框架设计中，一方面是整体的思路与逻辑体现出创业项目的优势；另一方面是一些小标题能够体现出创业项目的亮点。

5.开始撰写创业计划书

本部分内容是创业计划书成文的关键步骤，撰写的基本要求如下：

（1）把握创业计划书的各个要素且内容完整；

（2）创业项目的特色得以充分体现；

（3）整体逻辑清晰，阅读起来流畅；

（4）分析透彻，论据充分、客观；

（5）针对性强，根据不同的读者对象能够突出自己要表达的重点信息，而一些相对不重要的内容不必用过多的笔墨；

（6）令人信服与鼓舞，无论是你的论证，还是你的团队能力与具体行动方案，都要让人觉得值得信服，令人鼓舞。

在线课堂8-5

创业计划书的编撰

四、创业计划书的撰写

（一）创业计划书提纲

第一章　执行摘要（此章节是后续各章节的总结和提炼）

1.1　项目或企业背景

1.2 项目或企业规划
1.3 市场分析
1.4 行业竞争分析
1.5 组织与人事分析
1.6 财务分析
1.7 风险分析
第二章 项目或公司简介
2.1 项目或公司概述（包括公司 Logo 的介绍以及公司的经营理念等）
2.2 项目或公司服务及业务简介
2.3 发展规划
第三章 产品与研发
3.1 产品/服务介绍
3.1.1 产品的用途、功能
3.1.2 行业领域
3.1.3 市场定位
3.1.4 客户价值
3.2 产品/服务特色与优势（新颖性、先进性和独特性，竞争优势）
3.2.1 新颖性、先进性、独特性
3.2.2 竞争优势
3.3 技术研发水平
3.3.1 项目研究内容，已有技术成果（或实施背景、基础）及指标
3.3.2 项目实施的技术方案（包括技术路线、工艺的合理性及成熟性）
3.3.3 项目的关键技术、创新点
3.4 知识产权情况
第四章 产业化程度（已注册企业填写）
4.1 目前产业化进展（阶段性成果描述）
4.2 已具备的产业化条件（设备、技术、场地、人才、合作等）
4.3 未来产业化进程（分年度目标及前景分析）
第五章 商业模式
第六章 市场与竞争分析
6.1 市场分析（行业背景、现有市场规模及增长趋势等）
6.2 市场定位（地域、产业链、市场占有率等分析）
6.3 目标市场
6.4 市场营销策略阐述
6.5 竞争分析
6.6 盈利方式
第七章 运营分析
7.1 生产组织

7.2 质量控制
7.3 组织管理
7.4 人事管理
第八章 财务分析
8.1 投融资分析
8.2 财务预算
8.3 财务分析
8.4 融资说明（已获融资的注册企业填写此条）
8.4.1 项目总投入（目前项目已有的总投资，项目未来一年的融资计划及进展预测）
8.4.2 资金用途（资金分阶段使用计划及用途）
8.4.3 资产估值（有形资产估值、无形资产估值及估值计算方法）
第九章 风险分析（分析资金、技术、市场、环境、管理等存在的风险和规避方案）
9.1 风险识别
9.2 风险防范及措施
9.3 风险资本退出
第十章 团队介绍
10.1 团队核心成员介绍
10.2 公司组织结构及人力资源配置
10.2.1 公司组织结构及职责
10.2.2 人力资源配置
第十一章 引领教育
第十二章 项目其他附件相关证明材料
（组织机构代码扫描件、专利证书、著作、政府批文、鉴定材料、营业执照复印件、其他）

（二）提炼创业计划书的执行摘要

执行摘要也叫执行概览或摘要，是创业计划书第一页的内容，是整个创业计划书的概述。

执行摘要是为了吸引战略合伙人与风险投资人的注意而将创业计划书的核心提炼出来制作而成的，它是整个创业计划书的精华和亮点，涵盖了计划书的要点。清晰、简洁的执行摘要是依序介绍创业计划书的各个部分，其中的章节顺序应与计划书中的顺序一致，每部分的标题以粗体字显示。一般要在后面所有内容编制完毕后，再把结论性内容摘录于此，以求一目了然，在短时间内给读者留下深刻的印象，引起读者的共鸣和认可。

大部分专家建议，如果撰写创业计划书的目的是筹集资金，则最好在执行摘要中明确拟筹集的资金数额以及性质；如果是股权投资，则可以明确投资者不同投资额下所占的企业股权比例，这样会更吸引投资者的关注，也更容易获得资金。

在执行摘要中，通常包含以下内容：

（1）用一两句具有诱惑力的话概括公司的经营内容，也就是投资亮点。

（2）用一两句话来介绍公司的产品或服务，以及其解决了用户什么问题。

（3）用一两句话来清晰描述公司的商业模式——盈利模型。

（4）用一两句话来描述公司行业及细分领域、巨大的市场规模及美好的发展前景。

（5）用一两句话来描述公司相对于竞争对手的核心竞争优势。

（6）用一两句话来陈述公司本轮期望的融资金额及主要用途。

（7）用几句话来展示创业者和核心管理团队的背景及曾经取得的相关成就。

（8）用一个表格来展示公司的财务状况和未来财务预测。

（三）撰写创业计划书的正文内容

如图 8-1 所示，正文是创业计划书的主体部分，一般包括企业描述、产品或服务、竞争分析、创意开发、创业团队、财务分析、风险分析和退出策略等内容。

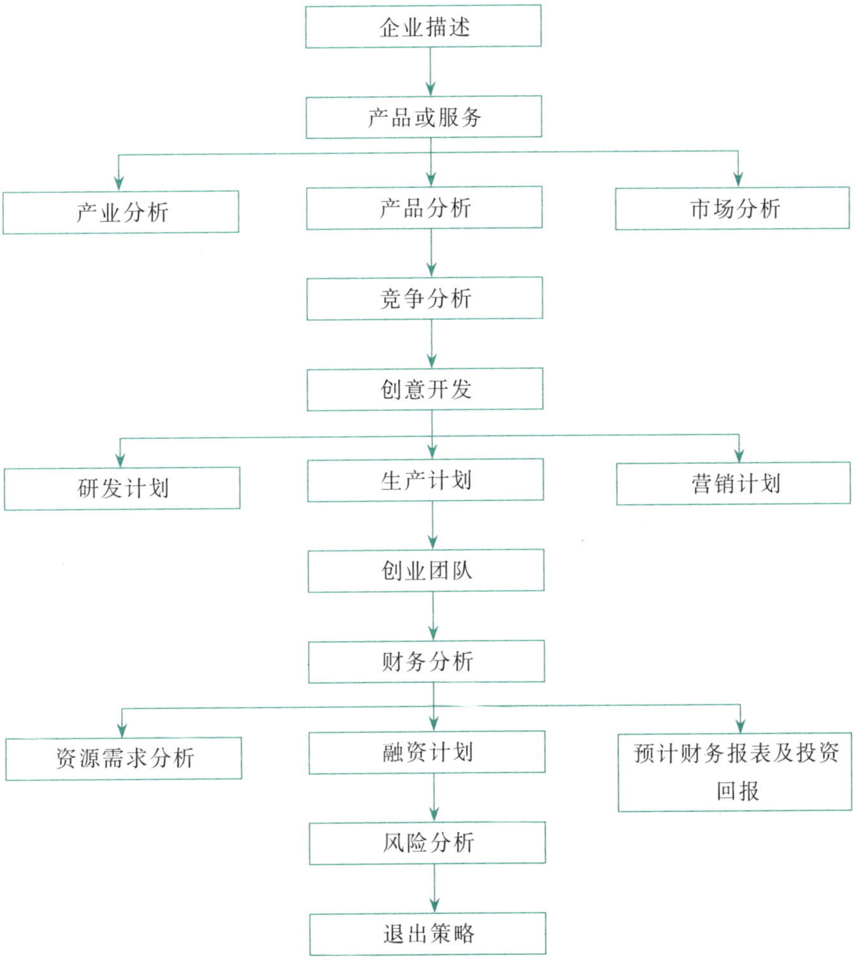

图 8-1　创业计划书的主体部分

1.企业描述

创业计划书的主体部分从企业描述开始。该部分能体现创业者是否善于把抽象的创意转换成具体的企业描述。企业描述应包括企业简介、企业历史、产品和服务、现状、启动资金、法律地位和所有权、选址等内容。

2.产品或服务

用简洁的方式描述企业的产品或服务，主要介绍技术或产品的功能、应用领域、市场前景等，说明产品如何向消费者提供价值或所提供的服务方式有哪些，产品填补了哪些市场空白，还可以补充产品或服务的照片。

创业计划书中的产品或服务必须具有创新性，能清楚地解释产品或服务能完成的功能，从而使顾客能够认清它的功能价值。

产品或服务的描述可从产业分析、产品分析和市场分析三个角度展开。

（1）产业分析。产业由生产相似产品或服务的一群企业组成。产业分析是企业对特定行业的市场结构和市场行为进行调查与分析，为企业制定科学有效的战略规划提供依据的活动。在创业计划书中，创业者要对拟进入产业的市场全貌以及关键性的影响因素进行分析。

产业分析涉及该产业现状、产业发展趋势、产业特征、产业市场上的所有经济主体概况（竞争者、消费者、供应商、销售渠道）等。

（2）产品分析。本部分应该对企业的产品或服务做出详细描述，包括产品或服务的介绍、市场定位、可行性分析结果、市场壁垒等内容。

产品或服务的介绍包括产品或服务的名称、性质、市场竞争力，以及产品的研发过程、品牌、专利、市场前景等。如果产品已经生产出来了，最好附上介绍及图片；如果产品还在设计之中，就要提供相应的设计方案并证明自己的生产能力。

产品或服务的市场定位是指根据同类产品或服务的竞争状况，确定自己在市场中的位置。

创业构想研讨阶段进行的可行性分析的结果可以在这里进行汇总报告，对市场调查分析的内容、消费者购买意愿的分析等进行陈述，让读者了解产品或服务的创意以及产品定位策略的形成过程。

如果产品、服务或商业创意有可能获得专利，则应该在这里展示出来，并提出专利申请，以获得临时的专利保护；如果没有可获专利之处，应该解释将要采取的构建进入壁垒的措施，以避免自己的创意被模仿、复制；如果短期内无法构建进入壁垒，也要在此处做出合理解释，坦言企业可能面临的风险及应对措施。

（3）市场分析。市场分析的重点在于描述企业的目标市场及其顾客和竞争者，以及如何展开竞争和挖掘潜在的市场份额等信息。市场分析有助于确定企业的业务性质，其对销售额的预测直接影响着企业的生产规模、营销计划、雇员状况及所需资金的数量，一个好的市场分析能够证明公司对目标市场的把握情况。市场分析包括目标市场选择、竞争对手分析、购买者行为分析和销售额预测等内容。

企业在进行市场细分之后，要选择其中的一个细分市场作为目标市场。如果企业没有事先规划目标市场，创业者一般会根据专业素质或个人爱好选择最为合适的市场，进入前对目标市场的规模、影响目标市场发展的趋势等进行评估。仅关注单个市场而不是好几个市场对创业者来说是明智的决策，这样能确保拟进入的目标市场有足够的规模和增长空间支持企业目标的实现。

竞争对手分析是对企业面临竞争的详细分析，有助于企业了解主要竞争对手所处的位置，把握在一个或多个领域获得竞争优势的机会。需要注意的是，不要轻信“市场空白”、“蓝海市场”或“行业培育期”等，一般情况下这样的概念可能意味着以下含义：对市场调查不够充分，对行业分类不够准确，或许这是他人已经尝试过而且放弃了的、无法实现的创意等。

企业对目标市场的消费者越了解，提供的产品或服务就越能满足消费者的需求；了解产品和服务是高参与购买还是低参与购买，有利于企业制定切合实际的营销策略。高参与购买是指购买者投入相当多的时间和精力搜集购买信息。对于高参与购买的产品和服务，体验营销或通过现场活动的方式进行销售都是不错的营销策划。

通过向行业协会寻找可比企业的实际数据或者向其咨询新企业预测销售额时的经验，可以帮助创业者预测未来的销售数据；直接寻找一家经营区域之外的可比企业，或者出售可比产品或服务的公司，试着和其经营者沟通，也可以得到有用的数据；通过网络调查，在报纸、杂志上搜索所在产业内企业的信息，根据企业自身的情况进行调整，也是一种不错的预测销售额的方法；估计产品用户总数、顾客支付的平均价格、可获得的市场份额，或者估计顾客数量和每位顾客的平均支付额等方法，也可以得到相应的预测数据。如果将上述方法结合起来进行运用，然后做出比较，得到的预测数据会更有说服力。其关键在于预测时应给出明确的说明，以使销售预测看起来实现的可能性较高。

3.竞争分析

要在对公司竞争对手进行确认的基础上，分析竞争对手的目标，如竞争对手在市场里找寻什么、竞争对手行为的驱动力是什么等，此外，还必须考虑竞争对手在利润目标以外的目标，以及竞争对手的目标组合，并注意竞争对手在不同市场细分区域的目标，确定竞争对手的战略，了解竞争对手的优势和弱势，以及其反应模式，最后确定公司的竞争战略。

4.创意开发

再好的创意，只有得到有效开发，才能够为顾客创造价值，为创业者带来收益。创意开发包括以下内容：

（1）研发计划。大多数产品遵循从产品理念、产品成型、初步生产向全面生产发展的逻辑路径，创业计划书中应解释推动产品从一个阶段过渡到另一个阶段需要遵循的过程。如果企业处于非常早期的阶段而且只有一个想法，则应当仔细解释产品的原型将如何制造；如果产品或服务已跨过了原型阶段，就需要对其可用性测试进行描述；如果产品已经存在，那么最好能够提供产品的照片；还要对企业目前距产品或服务批量生产和销售的时间予以说明。

（2）生产计划。对于制造企业来说，还需要编制生产计划。生产计划是关于企业生产运作系统总体方面的计划，是企业在计划期应达到的产品品种、质量、产量和产值等生产任务的计划和对产品生产进度的安排，一般根据营销计划中预计的销量安排，同时考虑期初和期末的存货状况。生产计划制订完成后，往往还需要根据生产计划来安排物料的采购计划，同时估算产品或服务的生产成本，以及生产和采购过程中可能发生的现金支出，为后期编制现金预算服务；企业还可以根据总体战略，以及对消费者需求的预测和技术发展状况，对未来的产品与服务规划做出安排。

（3）营销计划。营销计划的重点在于介绍有助于企业销售产品的典型营销职能。撰写这一部分内容的方法是清楚地说明总体的营销策略，然后通过定价策略、销售过程和促销组合、渠道策略说明如何支持总体营销策略的开展。

①总体的营销策略。营销策略是指为销售企业的产品或服务所采用的总体方法，它能为营销的相关活动奠定基础。每一个企业在制订营销计划、开展销售活动时都会受到资源的限制，所以，有一个总体的营销指导思想和操作方法，会使得企业在使用资源上更有目的性和连贯性。该部分要对企业的定位策略和差异化点予以说明，对比企业与竞争对手的处境，突出企业提供的产品或服务的特性；一般来说，列举两三个差异化点即可，关键是所列举的差异化点要突出、易记且易识别。

②定价策略。这里需要对企业产品或服务的定价方法及其原因进行解释。企业可以采用竞争定价法、心理定价法、差别定价法、成本加成定价法等不同的定价方法，它们分别适用于不同的产品或服务，以及不同的市场竞争状况。创业者可以查询相关资料了解不同定价方法的适用范围，然后进行合理选择。

③销售过程和促销组合。销售过程是企业识别潜在顾客和完成销售所经历的过程；促销组合是企业所采用的用来支持销售和提升总体品牌形象的具体策略。尽管企业的销售过程不尽相同，但一般来说会包含以下步骤：寻找销售机会、接触消费者、实现销售机会、进行销售演示、和顾客进行沟通、完成销售、客户关系管理。企业可以采用的促销方式有广告、公共关系和其他促销活动等。公共关系可以增加企业的信誉度，为很多初创企业所青睐。新闻发布、媒体报道、博客、微信等是常用的建立公共关系的方式和渠道。企业还可以通过提供免费样品、试用体验等促销方式来开展销售活动。

④渠道策略。渠道包括企业的产品或服务从产出地到达消费者手中所经历的所有活动。企业在创业计划书中必须清楚地展示由谁来负责销售以及采用的具体渠道，如采用直接销售方式，还是使用分销商、批发商；是通过同行联合，还是使用其他渠道等。如果企业计划采用自己的销售团队，还需说明如何训练销售团队、销售人员的工作安排以及薪金待遇等；对初始销售人员的数量，以及随企业发展销售人员数量的变化等进行说明，可以体现创业者对营销计划的全面考虑。一般来说，通过咨询行业专家、研究行业杂志和行业报告等可以帮助企业确定需要的销售人员数量。

5.创业团队

很多投资者及其他阅读者往往会在查看了执行概要后直接阅读创业团队部分来评

估企业创办者的实力，而且最终能在相互竞争的创业计划书中胜出且获得资金，往往也是依靠好的管理团队而不是好的创意或市场计划。因此，这部分的描述在创业计划书中具有举足轻重的地位，撰写者一定要认真对待。这部分内容包括管理团队和企业结构两部分。

（1）管理团队。新企业的管理团队一般由创业者或者创业者和几个关键的管理人员组成，计划书中最好能用一种让人容易形成具体形象的方式将其表现出来。这部分内容包括管理团队的人事安排、所有权结构及其分配等。

①人事安排。从企业的创始人开始，简要介绍管理团队每个成员的履历，包括姓名、岗位头衔、职务和责任、以前的工作和相关经历、以前的业绩、教育背景等。履历的描述应尽可能简洁，并说明人事安排的理由，以及其将为新企业做出的独特贡献。如果创业团队曾经在一起工作过，则更会受到投资者的青睐。

人事安排之后，还要对企业存在的岗位空缺进行辨识，通过“技能概貌和管理团队分析表”可以有效地发现岗位空缺，对空缺岗位的性质和填补空缺的计划也要进行分析，见表8-1。

表8-1　技能概貌和管理团队分析表

项目	行政领导	采购主管	运营主管	销售主管	人力资源主管	管理信息主管	会计主管	财务主管
姓名								
姓名								
姓名								
姓名								

②所有权结构及其分配。企业的所有权结构及其分配计划也是必要的内容之一，通过列表的方式进行展示会给人以清晰、简洁的印象。表8-2是一种常见的描述所有权结构及其分配的表格。

表8-2　所有权结构及其分配表

项目	岗位	投资额	所有权分配
姓名			
姓名			
股份			
合计			

需要注意的是，在设计所有权结构时，应考虑到企业未来发展对人才的需求，留出一定的股权比例给将要引进的关键人才。

（2）企业结构。企业结构部分应披露企业当前是如何组织的，以及企业不断发展时将会如何组织。企业结构是涉及企业内部相互作用和影响的细节问题，也是创业者必须认真对待以使企业平稳运行的关键问题。组织结构图是对企业内部权利、义务进行分配的常用工具，常见的有中央集权制、分权制、直线式以及矩阵式的组织结构，如图8-2所示。

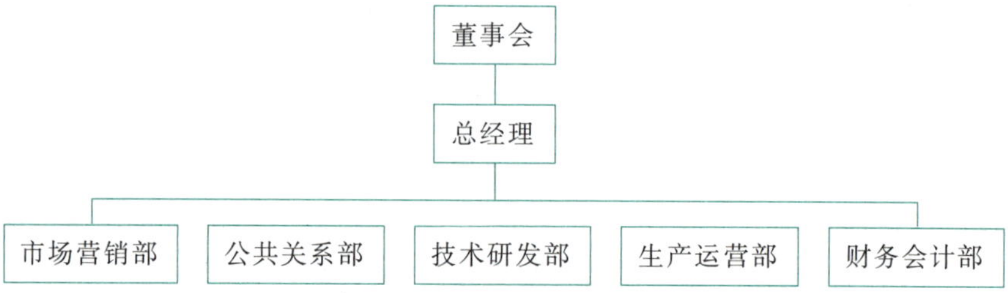

图8-2 某公司的组织结构图

建立一个顾问委员会，提供企业每个成员的简历，会使新企业脱颖而出；如果有适合企业的律师和会计师、投资者、业务顾问、银行家等其他有关人士加入，并提供其简短的个人经历，也可以给阅读者留下企业正在努力征求与业务有关建议的印象，使企业的管理团队更加完美。

6.财务分析

在线课堂8-6

财务分析

创业计划书中的财务分析包括资源需求分析、融资计划、预计财务报表及投资回报等内容。

（1）资源需求分析。创办企业需要人、财、物等方面的不同资源。人的资源在管理团队部分已经进行了较为详尽的阐述。财力资源在下面的融资计划部分进行说明。这里需要向读者讲述的是企业需要的物质资源。创业需要的物质资源一般表现为有形资产，按照流动性可以分为流动资产和非流动资产。流动资产是指可以在1年或者超过1年的一个营业周期内变现或耗用的资产，如原材料、库存商品等；流动资产以外的有形资产或无形资产均属于非流动资产，如机器设备、家具、商标权、专利权等。购置资产需要支付资金，从而会影响到企业的融资计划。通过编制主要设备表可以对固定资产支出进行预估，再结合对流动资产资金需求的判断，可以计算出物质资源需要的资金数量；如果企业需要购买专利或商标等无形资产，也要在这里估计出需要的资金支出。

（2）融资计划。根据上面资源需求的分析，结合管理团队的构成及分工，企业应计算出总的资金需求，这时还需要编制资金明细表，以对资金的来源和运用情况进行系统分析。资金明细表的格式见表8-3。

（3）预计财务报表及投资回报。一般来说，创业计划书中本部分的内容最受关注，因为无论什么项目，最终投资与否的决策和该项目能否实现盈利都有着直接的关系。对于商业创业来说，其目的是回收投资、赚取利润。预计财务报表包括预计利润表、预计资产负债表和预计现金流量表等，计算并提供有关的投资回报指标可以增强对投资者的吸引力，帮助企业更容易地获得资金。

表 8-3　　资金明细表

资金运用	资金来源
开办费用：	负债：
注册登记费	短期借款
工资	长期借款
办公用品	小计
培训费	所有者权益：
差旅费	管理团队投资
租金	风险投资
……	天使投资
小计	小计
流动资产：	合计
原材料	需要的融资额
库存商品	
……	
小计	
非流动资产：	
固定资产	
其中：机器设备	
房屋建筑物	
无形资产	
……	
小计	
合计	

注：表中的长、短期借款是指基本洽谈完成后可以取得的借款；资金运用合计减去资金来源合计的差额为“需要的融资额”，是尚需要创业团队继续争取的外部融资额。

①关键假设。因为编制的是预计财务报表，而非企业真实的财务状况，因此，需要在编制预计财务报表之前给出编制财务报表的基本假设，如对未来经济形势的判断，对销售变化趋势的分析，预计销售量、单价、销售成本的估算方法，假定的企业信用政策、利润分配方案，固定资产折旧计提和无形资产摊销的方法，存货发出计价方法等。

②预计利润表。利润表是反映企业一定时期经营成果的报表，其编制依据是“收入-费用＝利润”。预计利润表中的“收入”来源于营销策略中对销售收入的估计；“销售成本”来源于生产计划中对成本的估算，以及假设的存货发出计价方法；“财务费用”来源于融资计划中负债资金的筹集金额及其利率；“销售费用”来源于营销策划中对营销费用的估算；“管理费用”来源于费用预算。

在企业实现盈亏平衡之前的预计利润表都应该按月进行编制；实现盈亏平衡之后的利润表前两年可以按季度编制，后两年可以按年度编制。一般来说，制作创业计划书需要编制未来 3～5 年的预计利润表（见表 8-4）。

表 8-4　　未来3~5年的预计利润表

项目	基期	1年	2年	3年	4年	5年
营业收入（元）						
营业利润（元）						
营业利润率						
净利润（元）						
净利润率						

③预计资产负债表。资产负债表是反映企业一定日期财务状况的报表，其编制原理是“资产＝负债＋所有者权益”。资产负债表的数字基本来源于前面的分析和预测。

④预计现金流量表。现金流量表是反映企业一定期间现金及现金等价物增减变动情况的报表。企业不一定因为亏损而破产，却会因为现金断流而清算，因此，一定要加强对现金流的管理。编制预计现金流量表能够很好地控制现金流量。

预计现金流量表的编制要求和预计利润表相同。

⑤投资回报。一般来说，在本部分还要提供投资回报的资料，如企业的盈亏平衡点、投资回收期、投资报酬率、销售利润率、销售净利率、净现值等指标；作为对借出资金安全性的判断依据，债权人还希望看到企业资产负债状况的资料，所以，资产负债率等指标也可以一起提供。

7. 风险分析

创业计划书前面的章节写得再出色，没有风险分析的创业计划书也是不完美的。因为创业本身就带有一定的冒险性，创业过程中的风险也通常会让人始料不及。风险分析不仅能减轻投资者的疑虑，让他们对企业有全方位的了解，同时更能体现管理团队对市场的洞察力和解决问题的能力。

8. 退出策略

任何企业发展到一定阶段，都存在创业者与投资人的退出问题。这一部分需要描述创业者将如何被取代，以及投资者的退出战略，即他们如何收获资助新企业所带来的利益。例如，出售业务、与其他企业合并、首次公开募股（Initial Public Offering, IPO），或者其他重新募集资金等，使得其所有者和投资人有机会套现先前的投资。

需要强调的是，虽然形成了具体的创业计划书，但是，随着创业者掌握了更多关于他们所从事行业的情况，从潜在顾客处获得了更多反馈，或者外部环境条件发生了改变，创业计划书也要随之进行调整。一般来说，在企业的商业模式和目标市场完全明确之前，多数创业计划书会被多次反复修改。

创业案例　　**商业计划书是融资的“敲门金砖”**

很多人这样说：商业计划书是融资的“敲门金砖”，含金量低的创业计划书无法吸引投资人的眼球，我却不完全同意这样的说法。

商业计划书的专业性以及行业撰写要求，甚至是计划书的外包装，都对吸引投资人的眼球起着巨大的作用。因此，我一直提供商业计划书的撰写服务。但是，我们不妨问一句："仅仅靠商业计划书就能融资成功吗？"

虽然商业计划书是接触有效投资人的第一步，但是，我想说的是，我们需要的不仅仅是吸引投资人的"眼球"，我们需要的是吸引投资人的"真金白银"，而这个吸引的过程绝对不是几十页A4纸就可以决定的。

商业计划书，不是靠模板就能套用的。其实，撰写商业计划书的关键在于对资本市场以及投资人心理的把握，看你多大程度上用文字与投资人进行沟通并达成共识，多大程度上迎合他们的审阅喜好，甚至于多大程度上加大文字的渲染力才恰到好处……这些，就需要经验与相对的专业性了。

如果商业计划书已经写得很完美了，也吸引了投资人的眼球了，我们还应该做些什么呢？我告诉你，肯定不是等着钱进你的口袋。

商业计划书就是企业发展的指导性文件，它的内容其实就是企业发展的纲领和步骤，不要以为写份形式上完美的商业计划书就圆满了。其实，商业计划书的本质内容才最重要。

首先，你得告诉投资人你是做什么的。项目介绍需要描述：你的项目本身之外，一定要多考虑一下项目的"周围经济"。比如，你的项目在市场中占有什么地位，核心竞争力的"核心"到底在哪里，哪些竞争企业的产品或技术实力可以弥补你的缺憾。未来多少年内，你的项目或产品能够做大做强。没有远见的企业家，我们称为个体户，只为今日温饱，不求明日大计。因此，计划书背后，你要全面了解你的项目所处的环境及发展趋势。

其次，是管理计划。说到管理，大家都知道它的定义，就是对企业一切资源的有效利用，让其发挥最大值。资源中最大的资源，就是你的人、你的团队。那么，团队是什么？团队不是"人数"。1 000人的集团，也不一定可以称为团队；3个人，却一样可以得天下。

团队要的是集体的协作能力、思考能力、自主能力。有这些，你就可以自豪地说："我的团队……"否则，只能对别人说："我们这些人……"

另外，学历代表过去，学习才代表将来。如果你的团队成员不够优秀，起点都很低，那么的确会有一部分因素影响投资人对你的认可。但是，请相信大部分有眼光的投资人，他们比较欣赏"未来"型的创业者，不太喜欢听你讲过去的英雄事迹，他们会更多地关心你对未来的设计和思考。

可见，计划书背后，你要严谨地规划好你的管理思路，如你的团队如何建设、组织结构如何设计、激励政策及人力资源如何配置等。

最后，就是营销计划。俗话说："酒香不怕巷子深。"大家都知道，那是计划经济时的产物，而我们现在面对的是全球市场，这个"巷子"未免太"深"了些，所以再香的酒，也需要出去吆喝几声。一夜成名的企业和产品，在这个社会中并不少见。可是，你的计划里面除了"出名"之外，还有什么可持续提升产业经济链的东西吗？广告及营销，其实要做的就是"让消费者知道你的产品或服务"有哪些好处，而这些好处，你真的可以持续提供吗？如果是包装出来的，那么广告费花完的时候，也是企业末路之时。

因此，计划书背后，你要科学地给产品及企业未来定位，不要停留在自我陶醉和自我膨胀中，当然还有风险预测及控制、财务计划等。

无论计划书里面阐述了什么，你都要设身处地地想一想，你是真的在做企业发展规划，还是仅仅在畅想未来？你所阐述的思路，在后期的执行中，是否有足够的可执行性，是否有足够的能力去将想法变成现实？

资料来源 余勃. 网络创业与创业管理［M］. 西安：西北工业大学出版社，2021.

训练1 完善“拖延症患者”的创业计划书

【训练目标】

1. 掌握分析创业项目产品的特点以及优势的能力。

2. 学会进一步优化创业计划书。

【训练步骤】

步骤一：阅读以下材料：

某团队准备开发一款为“拖延症患者”打造的提升行动力与专注力的手机软件，并为此准备了一份创业计划书。以下为该计划书的部分节选。

目标人群分析：

人口统计：大部分为20～35岁的年轻群体。

目的性强度：使用产品的目的性强（40%是为了考试而督促自己，40%是为了学习新的技能或提升自身实力）。

其他特征：主要分布在大中城市，以白领和学生为主，好奇心强，不满足于现状，付费能力较强。

产品特点：

更新打卡界面：根据季节、节日、新闻、节气等调整打卡界面风格。

打造私密日记：提供最便携的方式记录成长心得。

建立分享社区：让使用者自由地分享、讨论，享受寻找同伴的乐趣。

步骤二：分析该“目标人群”的特点以及优势所在。

步骤三：该创业计划书最终没能够通过，原因是产品同质化严重。请分析其产品特点及部分内容中存在的问题，并进行改善，也可添加符合当前手机性能的新功能。

步骤四：运用本项目任务所学的知识，重新为上述手机软件项目制定一套完整的创业计划书。

任务2 创业项目路演

路演（Road Show），原指一切在马路上进行的演示活动。它是向他人推荐创意、想法、观点的一种主要表达形式。公司或创业者为获得融资经常使用路演这种表达方式向投资者进行推荐和与其沟通。

创业计划书完成之后，如何在短时间内让你的项目进入评委或投资方的法眼，路演是很重要的一环。项目路演是指项目创始人或创业代表在讲台上向评委、投资方讲解项目属性、发展计划和融资计划。路演打开了外界了解企业和项目的最重要和最直接的一扇窗户。

一、项目路演的作用

在线课堂8-7

项目路演的作用

创业项目通过路演来呈现，能够大大提升融资成功的概率，因为相比文字、静态BP（PPT）传递、表格交互，路演更为真实。项目路演的作用如下：

1.路演是一种信息披露方式

从展现形式上，路演包括文字、图片、视频、PPT演讲、互动问答；从展现内容上，路演包括项目市场分析、竞争分析、产品和技术介绍、商业模式、团队成员、财务指标、融资计划等；这种多角度、多媒体的完整信息披露方式，可以让投资者更充分地了解创业项目。

2.路演是一种增信手段

任何交易都建立在信用和信任的基础之上，资本市场更是如此。信息披露的本质就是建立信任，但文字沟通有距离感，因为文字可以包装，而路演使投融资双方能够面对面进行零距离接触，增强了彼此的信任感。这一点，在信用体系不够完善的投资市场显得更为重要。

3.路演是一种即时沟通

路演特别强调现场感，必须由项目主要创始人现场讲解，从这个角度看，事先录好并经过剪辑的视频，可以用作媒体宣传，但只能作为路演的侧面辅助参考。路演特别强调即时沟通，没有经过深思熟虑的斟酌而直面问题的解答，往往更能反映项目真实的情况。尤其是在问答环节，项目方和投资方通过互动交流，可以将对彼此的了解提升到新高度。

可以说，项目路演是国内外很多企业实现融资的“高速公路”。通过路演，可实现创业者与投资人的零距离对话、平等交流、专业切磋，加深创业者与投资人的相互了解，最终推动融资进程。

二、项目路演的内容和技巧

项目路演的内容最好用PPT来展示，因为路演时间有限，路演PPT可以将核心的内容展示出来，从而使投资人尽快对项目产生兴趣。

1.项目路演的内容

一般来说，项目路演包括以下内容：

在线课堂8-8

项目路演的内容

第一项：你做的是什么项目？（项目的行业、特点）

第二项：你为什么要做这个项目？（目前市场有什么不足，客户有什么不满，你能有什么机会）

第三项：你的项目解决了顾客的什么问题？是如何解决这个问题的？（解决的方式）

第四项：解决了上述问题你能得到什么？（你的商业模式是什么，如何形成商业闭环，如何吸引用户或客户，如何盈利）

第五项：项目的市场空间有多大？

第六项：介绍企业提供的产品、技术或服务。

第七项：竞争分析。用几句话告诉评委或投资人，有没有别人在做这件事，如果有，那么他们做得怎么样？你的竞争优势是什么？（凭什么能在市场中获胜）最好能做一个项目的优劣势分析（SWOT）。

第八项：为什么现在做这个项目？（创业时机、市场的环境是否成熟）

第九项：你的市场营销计划是什么？（你准备如何去做市场）

第十项：为什么你们能做这个项目？（介绍你和你团队的能力和背景，你们的股东结构，说明你的团队具备运作这个项目的能力）

第十一项：项目的进展怎样？（你们目前已经进行到什么程度了，投入的情况以及获得了哪些关键数据）

第十二项：你准备融资多少？计划怎么用这些资金？（为什么需要这么多的资金，详细介绍拿到资金后准备怎么用，愿意出让多少股份，这些资金能用多久，能达到怎样的效果）

2. 项目路演PPT的6-6-6法则

精心准备和经常演练是使项目路演变得精彩的基本方法。巧妙构思展示的内容、制作专业的展示PPT，可以提高路演者的信心，使路演获得满意的效果。

项目路演PPT的常用法则——6-6-6法则，即每行不超过6个词语，每页不超过6行，连续6页文字PPT之后需要一个视觉停顿（采用带有图表的PPT）。PPT的整体风格要求是：风格清晰；着色不能超过三种；字不如表，表不如图；一场5～8分钟的路演最好不超过12页PPT。

路演展示PPT往往从标题幻灯片开始。该页PPT要包括企业的名称和标志、创始人的姓名和联系方式。

第一张PPT：概述。对产品或服务、路演要点进行简要介绍，对该项商业活动带来的潜在收益（经济效益、社会效益）等进行简单说明。

第二张PPT：问题。说明亟待解决的问题（问题出在哪儿？为什么会出现该问题？如何解决该问题）；通过调查证实的问题（潜在顾客的需求是什么？专家有哪些建议？问题的严重性如何）。

第三张PPT：解决方案。说明企业的解决方案与其他解决方案相比的独特之处；展示本企业的解决方案在多大程度上可以改变顾客的生活，以及企业的解决方案有什么进入壁垒。

第四张PPT：机会和目标市场。要清楚定位企业具体的目标市场，对目标市场的广阔前景进行展望；通过图表的方式展示目标市场的规模、预期销售额和预期市场份额等信息，说明拟采取什么方法来实现销售计划。

第五张PPT：技术。介绍技术、产品或服务的独特之处，尽可能使对技术的描述通俗易懂，切忌使用专业术语进行陈述；展示产品的图片、相关描述或者样品，如果产品已经试生产结束，则最好展示样品；说明可能涉及的知识产权问题以及企业采取的保护措施。

第六张PPT：竞争。详细阐述直接、间接和未来的竞争者，展示创业计划书中的竞争者，说明和竞争对手相比企业具有的竞争优势。

第七张PPT：市场和销售。描述总体的市场计划、定价策略、销售过程以及销售渠道，说明消费者的购买动机、企业激起消费者欲望的方法，以及产品或服务如何到达最终消费者手中。

第八张PPT：管理团队。介绍现有管理团队（团队成员的背景和专长，以及其在企业中将要发挥的作用，如何进行团队合作等），说明管理团队存在的缺陷或不足，如果有顾问委员会最好加以介绍。

第九张PPT：财务规划。介绍未来3～5年企业总体的盈利状况、财务状况及现金流状况，尽量将规划的内容显示在一张PPT上，而且只显示总体数据，同时做好回答和数据相关问题的心理准备。

第十张PPT：现状。用数据突出已经取得的重大进展，介绍启动资金的来源、构成和使用情况，介绍现有的所有权结构，介绍企业采用的法律形式及原因。

第十一张PPT：财务要求。如果有融资计划，介绍想要的融资渠道及筹集资金的使用方式，同时介绍资金筹集后可能取得的重大进展。

第十二张PPT：总结。总结企业最大的优势、团队最大的优势，同时介绍企业的退出策略，并征求反馈意见。

3.项目路演的技巧

结合自身的投资偏好与投资同仁交流，分享在项目路演中添彩加分的必备技巧：

在线课堂8-9

项目路演的技巧

（1）选择合适的路演平台。创业者要明确项目路演的目的，是为了推广产品做品牌推广，还是参加创业大赛，或者是参加科技评审，还是针对投资人路演，不要不做区分和筛选地盲目参加，要结合项目发展的不同阶段来进行针对性的选择。如果创业者在一些平台上遇到了对项目感兴趣的投资机构或投资人，切记不要再频繁出现于其他类似的平台上，创始人如果频繁参加项目路演，会被打上“跑会不专注主业”的标签。

（2）在展示自己的创业计划书之前，首先需要搜集听众的相关信息，以便与听众建立各种联系。通过搜索风险投资网站，可以了解参加路演的风险投资家或者天使投资者的信息，分析自己的创业计划和这些听众之间是否存在某种联系，或者演讲者本人与这些听众之间是否有个人联系。如果创业计划能够和听众的某些活动联系起来，或者演讲者曾经和听众有过接触，则路演工作会达到事半功倍的效果。

（3）准备好路演BP。资料一般是准备PPT、PDF版的创业计划书和纸质的创业计划书（内附名片），这时团队（过往经历、合作分工、股权结构、期权池）、商业模式、业务进展、成本结构、融资规划、资金使用计划结合接下来的业务进展、未来三年经营预测、上市计划或退出计划等就要相对细化，坚决摒弃简版、大字、需要人充分联想展开的方式。这时可以使用一段客户应用场景的视频来展示整个商业模式，能缓解现场紧张、压抑的气氛。遇到业务和财务数据不清的时候，创业团队的其他成员应做出相应解释，但切忌粉饰成绩，一旦被打上非诚信的标签，不管多好的项目，都不会吸引来投资，原因很简单，投资机构锁定风险的方式和手段有很多，但企业的信用是第一位的。

（4）准备和路演场合相符的服装，按照合理分配的路演时间多进行练习，尽可能多地了解路演场地的信息。

（5）想方设法使路演生动有趣、充满激情。人与人之间的沟通不是简单的信息传递，而是通过信息载体，使沟通双方获得一致的信息和感受。信息在沟通传递的过程中，是不能完全为对方所理解和把握的，而是受信息接收方的主观因素影响而减少。沟通过程中的信息递减规律，称为“沟通漏斗”。因此，在路演进程中，通过向观众提问而有意停顿，或提高音量，或使用丰富的表情感染、鼓舞观众，吸引观众的注意力，多和观众沟通等都是使路演生动有趣、充满激情的表达技巧。

（6）做足功课，内部演练。请业内资深的财务顾问、投资人或孵化器给予指导，要突出框架和重点；在公司内部多多进行演练，毕竟在踏入资本市场后，路演就成了创业者的基本功。对于项目路演多与举办方进行沟通，了解参会投资人的背景和投向，识别真假投资人，选择靠谱的投资机构（投资逻辑清晰、专业；有投资或孵化案例；有退出案例；业内名声靠谱）。

（7）一把手工程。项目路演主讲人最好是企业创始人或联合创始人，如果参加创业大赛则可安排形象代言人，但现在大赛的评审创投机构比例增大，还是建议创始人参加，毕竟投资的是以创始人为核心的运营团队。

一份有图有表、重点突出的创业计划书是基本条件，一位声情并茂、互动有力的主讲人（最好是创始人）更是必要条件，如果把枯燥的数字生意经讲成“段子”那就更棒了。投资人考察项目，行业容量、竞争态势、业务数据、成本结构这些如果是描绘性语言就会苍白无力，若是图表数据则会更具有吸引力。

在项目路演前精心准备好预案，在路演过程中有图有表、有数据、声情并茂，这都是吸引投资人的关键，但互动不是目的，成交才是目的，有策略地、持续地跟进才能促成融资。

三、路演展示设计

1.设计开场部分

作为一个演讲者，要认清一个现实：听众刚坐下来听演讲时，他们心里可能正在想一些其他的事情，演讲者必须促使听众将注意力转移到创业项目上，让他们觉得花时间听演讲是非常值得的，并且应该集中注意力去听。巧妙开场能够引起听众的兴趣。

（1）“PIP”模式开场白。在路演开始时，可以通过“PIP”模式来进行开场：Purpose（目的）：为什么要进行这场商务演示？听众为什么要来听？当演示结束时，要达到什么目的？Importance（重要性）：为什么要达到这一目的？这场演示同我们将要解决的问题关系如何？紧迫性如何？Preview（预览）：当对演示的结构以及内容有全面的了解后，我们就可以把注意力集中在重要的内容上，而不是只去考虑演示的进程。演讲者可以用任何次序来表述PIP模式所包含的这三部分内容，这取决于创业者准备采取具有何种特色的演示方式。

（2）个性化开场白。在路演过程中，无时无刻不在考察着演讲人的言语理解与表达能力，一个富有个性化的开场白不仅能标新立异，还能给听众留下深刻的印象。

开场白小贴士：

——以“你们”开头，说出听众的心声。

——运用强大的有震撼力的数字。

——提出问题。如“你们当中有多少人花了人生近一半的时间开会?”“有没有人知道现在北极熊的数量?”

——令观众震撼。如“我们正面临一次前所未有的挑战……”

——坦白。如“我一直害怕公众演讲，所以我更加努力去学习……”

——运用“想象”这个词。如“想象一下未来10年各位的购物习惯……”

——讲述历史轶事。

——讲故事。如“今天早上我出门的时候，我儿子问我……”

2.设计结尾部分

演讲进入尾声，在演讲者说“……总之”这些话的时候，大部分观众会长舒一口气，脸上堆满微笑，不论这场演讲如何精彩。虽然这个事实对演讲者来说有些难以接受，但是，演讲者必须抓住这个机会，因为结尾就像开场一样，是听众注意力最为集中的时候。应该把演讲的结束当成一种期待，所有的人对未来同心协力地投入工作的期待，通过巧妙设计，促使听众采取行动。这里介绍几种结尾的方式：

（1）概括总结与提出建议。在路演结束时，总结演示过程中所提出的主要观点，包括结论、发展趋势、有争议的看法等，缓慢地、一字一顿地讲出自己的建议，演讲者要将之表达为演讲最重要的内容。

（2）推出行动计划。如果听众看到了演讲者的实施计划，他们必将更倾向于接受这一计划。创业计划书应该包括：展示一张显示实施建议的具体步骤或行动图标，并向听众介绍每一步的执行负责人；要显示每一步可能花费的时间，以及结果的预期是怎样的，什么时候可以最终实现；必要时，向听众展示每一步所需要的预算。

（3）要求听众同意并承诺实施建议。在演示中，听众点头示意并不意味着“我同意”，而是表示“我听懂了”，所以，演讲者要坚决、直接、具体地要求听众同意自己的建议并承诺实施。

3.设计主体部分

每个人都喜欢听好故事，即便是最看重数据的投资人也不例外。路演主体部分可通过讲述具有关联性的故事来展开。通过故事来传达产品的态度、情怀，要告诉投资人这个产品能用来做什么，它是如何融入生活的，这才是最强有力的故事。商务路演中，如何更好地讲故事呢?

（1）制造冲突。演讲者的故事要想“抓住别人的眼球”，可以一开始就制造冲突，听众对冲突是非常感兴趣的。进行商务路演，必须要洞察并制造冲突。有冲突意味着出现了问题，谁能解决问题、解决冲突，谁就能更好地抓住听众。

（2）转折点。在演讲者解决问题的过程中，有没有一个关键的人或事能够给予一些启发或帮助，这就是转折点。

（3）改变。在转折点后，演讲者可能会发生积极的改变，一定要详细描述改变的结果。

（4）观点或道理。演讲者讲完故事后，希望听众可以从中学到的一个道理是什么。这是故事的收尾，为画龙点睛之笔。比如，电影阿甘正传里的一句话：“生活就像一盒巧克力，你永远不知道下一颗会是什么味道。”这就是生活的道理，是每个人可以记住并体会的。

（5）提供证据。路演要有图有真相，提供事例和证据，让投资者知道这不是投石问路或可望而不可即，这已是尘埃落定的事实，而且自己的团队已经准备好了。

（6）增加奇闻轶事。这里的奇闻轶事是关于某个真实事件或者人物的有趣故事。斯坦福大学的一项研究显示，说服员工时，同时运用统计数据与奇闻轶事会提升员工的留任率，其中的差别是：仅仅使用统计数据，员工留任率是5%～10%；加上奇闻轶事，员工留任率是65%～70%。

4.用数据说话

用数据说话才能使商务路演具有说服力，但是大多数讲的是怎样提炼数据，怎样做图表，却没有说明应该怎样用数据说话。用数据说话可以从以下几个方面进行准备：

（1）专业术语及相关数据要心中有数。例如，某移动电商项目CEO只知道单量和收入，当提到“毛利和净利”“客单价和复购率”“活跃度和留存率”的时候，却是一副“听不懂”的表情。对于创业项目而言，项目市场计划书、执行运营情况和具体数据要做到如数家珍，不然只会让投资人怀疑这项目是别人的，从而使投资人产生一种很不专业且很不靠谱的感觉。

（2）小范围验证自己的想法。很多大学生的路演都存在一个问题，就是数字是拍脑袋想出来的，想象自己一天可以接多少单，拿下多少客户，怎么夸张怎么讲，数据不扎实，不会先小范围验证自己的想法，投资人很容易看出数据作假。对此，演讲者可以在周边找100个客户，做个小实验，前期验证一下。

路演视频8-1

《一卤领鲜天下——打造卤味新标准，传承创新东北味》

（3）将数据赋予实际意义。如果不给数据赋予意义，那么它永远就是纸上的枯燥数字而已。因此，要把数据带入到情景化的场景中，赋予数据以意义，这对听众来说更有说服力。

创业案例

乐米梦想家

“漫漫破冰路，今朝天下知，以节能为矢，唯技术争先——敌艾斯，为中国除冰行业踵事增华！”在第六届中国国际“互联网+”大学生创新创业大赛中，广西民族大学“乐米梦想家”团队研发的“敌艾斯——光热相变超疏水保温防冻抗结冰新材料”项目，在众多队伍中脱颖而出，勇夺国铜。

一念既定，立志登攀

“乐米梦想家”——在纳米领域快乐学习，怀揣梦想为国家做贡献。问起团队名字缘由，队长梁祥耀表示，队名承载了老师对学生的期许，同时也体现了团队成员们对科研的热爱。

2020年4月6日，广西民族大学化学化工学院黄在银教授动员梁祥耀、陈钧鑫、毛一丹和吴津梅四位化学专业创新班的优秀学生参加第六届中国国际“互联网+”大学生创新创业大赛，并提出了研发光热相变超疏水保温防冻抗结冰新材料致力于防冻抗结冰的设想。随后，项目组成员选取当今国内纳米科研薄弱领域进行研究，连夜赶制90页的计划书上交参赛，由此开启了潜心纳米科研的追梦征程。

如何将太阳光转换成热量？又该使用何种光热涂层材料？相变后的光热储存问题如何解决？面对诸多技术难题，梁祥耀坦言，尽管研发之路困难重重，荆棘载途，在老师的指导下，他们攻坚克难，逆流而上。

在梁祥耀的记忆中，2020年5月27日是“敌艾斯”的第一个重要节点。在院级选拔赛上，组员毛一丹和吴津梅不负众望，成功闯进校赛。首战告捷，“敌艾斯”团队也进入了项目研发的快车道。359次反复实验，20项知识产权，96篇论文支撑，皆是“乐米梦想家”攀峰路上矢志不渝、奋勇前进的有力见证。

不畏艰难，团结奋进

告别院赛后不久，校赛接踵而来。梁祥耀认为，这是“敌艾斯”迈出校门、走向更高水平舞台的关键一步。

院赛排名不高使团队成员们自信心下降，再加上大二下学期课程繁多，期末考试临近，所有事情都像洪水一般涌来。团队成员只好抓住一切零碎时间来进行准备。面对各种科研难题，他们主动搜集、翻阅各种文献资料，啃下多篇英语文献资料的硬骨头，并结合实验操作，根据问题实际情况讨论解决思路。思源湖校区扬帆楼516实验室经常灯火通宵，实验操作台前，他们专心致志；防护镜下，科研热情之火燃烧着。

路演是呈现项目成果的关键一步，路演是否顺利对比赛评分有着重要影响。时间越发紧迫，校赛前一天，组员毛一丹进行模拟路演，路演模拟经常卡壳。她紧张得手捏讲稿，声音发抖，多次重复讲述后，依旧未达预期效果。面临此状，多日处于“高压”状态下的毛一丹，急得掉下了眼泪。负责人梁祥耀了解到队友崩溃的情绪后，便立即前往扬帆楼，耐心安慰、开导队友，帮助队友设想校赛路演时可能遇到的难题，出谋划策，面对难题，一一击破。随后，毛一丹在队长和其他队友的帮助下，重拾信心，顺利完成校赛路演。最终，团队项目以全校总分第四名的优异成绩夺得校赛金奖，成功入围区赛。

队长梁祥耀感慨：“从起初还存在于计划书上的‘想象’，到闯入区赛，回头想想，这一路走来不容易，然而其过程却正是‘凝聚产生力量，团结诞生希望’的团队精神的深刻体现。”

心怀感恩，笃行致远

2020年7月20日，区赛备赛集训营正式开营。集训期间，“敌艾斯”项目组成员每天至少听两场备赛指导讲座，并与导师们交流探讨问题。在创新创业学院老师的指导下，项目组成员将之前的路演PPT内容拆开重组，重新制作。尽管工作量大，但是他们并不言弃，追求精益求精，在前往区赛现场的路上依旧对PPT进行修改完善。

经过大家的共同努力，区赛路演PPT焕然一新。最终在2020年8月6日区赛路演中，“敌艾斯”团队以总分第三名的优异成绩夺得区赛金奖，成功入围国赛；并于11月19日，荣获“第六届中国国际‘互联网+’大学生创新创业大赛”国家级铜奖。

“除冰”成功，他们满载而归。从开始的一无所有到现在的完美展示，离不开每一位成员日日夜夜的努力和付出。“这次大赛收获最大的，是我们队员之间的友情，伙伴之间的相互信任。”团队负责人梁祥耀说。成员陈钧鑫分享了比赛经验：“团队成员之间最重要的是积极配合和相互包容。在比赛过程中大家永不放弃、发挥所长，就已经成功一半了。”

峰高无坦途，攀登莫畏难。比赛在一片荣誉声中落下了帷幕，在谈及以后的学习、工作、生活时，梁祥耀与陈钧鑫均表示：“在这次比赛中，经历了许多大大小小的赛场，也遇到了许多优秀的人才。接下来，我们打算专心学习，备战考研，希望在科研的道路上走得更远。”展望未来，他们将带着新的希望、新的目标，满怀青春朝气，踏上新的征程。

资料来源 张焕兰，陈俊桦．访广西民族大学大学生创新创业团队——“乐米梦想家”[EB/OL]．[2021-04-27]．https：//dxs.moe.gov.cn/zx/a/xyh_xyh_gxmzdx/210427/1693267.shtml.

训练2 路演的开场白

【训练目标】

1.熟悉路演答辩的整个流程。

2.掌握路演答辩的必备技巧。

3.锻炼自己的语言、思维、逻辑能力，提升心理抗压能力。

【训练步骤】

实践并分析下面两个开场白，哪一个更吸引听众。

开场白一：

女士们、先生们：上午好！非常欢迎大家来到今天的会场，作为会议的主讲嘉宾，我非常荣幸。在过去的10年间，我在人力资源领域进行了大量研究，希望今天的演讲能给大家带来收获和帮助。我准备了30分钟的演讲，还有10分钟提问时间，其间如果您想去卫生间可以出门右转……

开场白二：

在座的各位都在人力资源领域工作了多年，我们都被一些共同的问题困扰了多年，也就是究竟怎样才能真正有效地激发我们的员工的积极性？除了涨工资之外，到底还有没有别的有效的激励方法？为什么很多优秀的公司能够做到让员工充满斗志？

分析：

很明显，第一个开场是失败的，但很不幸，这正是我们大家常用的开场方式：讲一大堆和听众无关的客套话，或者讲演讲的由来、自己的经历……要知道这些都和听众无关。第二个开场白里，有与听众关联性的分析，用问题做导入很容易抓住听众的注意力。开场白需要马上唤起听众的热情，使听众心甘情愿地留在现场并渴望听到以后的内容。

课后拓学

育德启智

延伸阅读8-1

中国国际“互联网+”大学生创新创业大赛

青年红色筑梦之旅

“青年红色筑梦之旅”活动是中国“互联网+”大学生创新创业大赛的重要活动，旨在鼓励广大青年学生扎根中国大地了解国情民情，接受革命传统教育，用创新创业成果服务乡村振兴战略、助力精准扶贫脱贫，走好新时代青年的新长征路。习近平总书记在2017年8月15日给第三届中国“互联网+”大学生创新创业大赛“青年红色筑梦之旅”的大学生的回信中曾说：“实现全面建成小康社会奋斗目标，实现社会主义现代化，实现中华民族伟大复兴，需要一批又一批德才兼备的有为人才为之奋斗。艰难困苦，玉汝于成。今天，我们比历史上任何时期都更接近实现中华民族伟大复兴的光辉目标。祖国的青年一代有理想、有追求、有担当，实现中华民族伟大复兴就有源源不断的青春力量。希望你们扎根中国大地了解国情民情，在创新创业中增长智慧才干，在艰苦奋斗中锤炼意志品质，在亿万人民为实现中国梦而进行的伟大奋斗中实现人生价值，用青春书写无愧于时代、无愧于历史的华彩篇章。”

习近平总书记给大赛“青年红色筑梦之旅”大学生的重要回信充分肯定了大学生服务革命老区、助力乡村脱贫致富奔小康和奋发有为的精神风貌，体现了以习近平同志为核心的党中央对青年一代的关心厚爱和殷切期望。

我们认真贯彻落实习近平总书记重要回信精神，连续办好中国国际“互联网+”大学生创新创业大赛，深入开展“青年红色筑梦之旅”活动，将红色筑梦的旗帜插遍祖国大地，青年学生传承红色基因、锤炼意志品质，用青春智慧、用创新创业生动实践助力脱贫攻坚和乡村振兴，努力践行习近平总书记所说的“青年一代有理想、有追求、有担当，实现中华民族伟大复兴就有源源不断的青春力量”。“青年红色筑梦之旅”活动已经成为一堂融党史学习教育课、国情思政课、创新创业课、乡村振兴课、红色筑梦课于一体的，极具特色和标志意义的“中国金课”。通过“青年红色筑梦之旅”活动大学生深入广袤农村、基层一线，结合自身专业优势，沉浸式、针对性开展帮扶工作，涵养家国情怀的同时，开展创新创业实践，切实提升了学生创新精神、创业意识和创新创业能力。

资料来源　姚振．“青年红色筑梦之旅”活动情况介绍［EB/OL］．［2019-10-10］．http：//www.moe.gov.cn/fbh/live/2019/51300/sfcl/201910/t20191010_402405.html.

学有所悟：

当代大学生在创新创业实践中应通过扶贫项目的策划和实施振兴地方经济，扎根中国国民国情，将创新创业实践与乡村振兴战略相结合，走进农村地区、边远贫困地区，依托高校的技术和项目资源优势，推动创新创业教育与思想政治教育相融合以推动当地社会经济和精神文明建设。在创新创业中艰苦奋斗，砥砺前行。增长智慧才干，实现人生价值，书写青春无悔篇章。

应用自测

阅读以下案例并回答问题：

看清华理工男如何玩转跨界创业

技术“大咖”、清华博士、阿里云最有价值专家、五彩传媒创始人……纵然有多个光鲜的头衔，陈旸最喜欢的定位还是“连续创业者”。

这位“连续创业者”不简单，10岁开始学习编程，在清华大学取得计算机博士学位，两次获得国际大学生程序设计竞赛亚洲区铜奖。按照常人的眼光，他或许应该在科研道路上继续走下去，直至成为一位人工智能领域的科学家。然而，他却不走寻常路，9年磨一剑，带领一家年轻企业，不断地把技术创新的想法商业化。

尽管是位85后，陈旸却是创业“老兵”。清华大学一直有着浓厚的创业氛围，在此读博期间，陈旸偶然选修了“创办新企业”课程，作为长期与数字打交道的理工男，商业计划书、项目路演等新鲜概念让他触碰到真正的兴趣所在——自己创办企业的想法由此产生。

那时，微博刚刚兴起，当大多数人还把它看作一个社交媒介时，技术出身的陈旸却从中发现了商机，果断跨界进入文化传播领域，帮助企业做影响力传播。最初，他借助自身专业优势，创建了覆盖2 000多个账号的微博“矩阵”，这就是今天五彩传媒的雏形。

然而，万事开头难。创业的首个困难就是缺少注册资金。读博期间，陈旸并没有收入，公司3万元的注册资金还是向师兄借的。由于注册资金太低，陈旸一连跑了几家银行，最终才把公司的银行账户申请下来。

选准了方向，又有技术优势“加持”，不到半年，陈旸的微博“矩阵”就收获了数百万粉丝，在新浪微博影响力排名前50位的账号中，有2个来自五彩传媒。很快，风投机构就向他抛来了橄榄枝。2011年7月，公司获得了启迪创投100万元的天使投资，支撑起了五彩传媒最初的产品设想。

博士毕业后，陈旸敏锐捕捉到，人工智能将是“下一代产业”的风口之一。“未来很多工作和生活场景一定是智能化、无人化的，而无人场景背后的技术支撑则是数据智能。”于是，他和团队开发了6款与人工智能相关的小程序，通过数据智能技术为用户提供创意传播、整合营销解决方案，理工男的技术优势在新媒体领域展露无遗。

2013年，五彩传媒入选了中关村“金种子企业”。“这是公司发展中的里程碑，代表了我们商业模式第一次获得了业内认可。”陈旸说。

基于对人工智能的精准把握和创新应用，他为乐视商城量身打造的“全城通缉小黄人”项目，以及为搜狐新闻客户端制作的“双手接住双11”项目连连斩获移动营销大奖。他本人也渐渐在行业内崭露头角，先后当选中国计算机学会（CCF）数据库专委、阿里云最有价值专家、百度AI比赛教练等。

虽是技术出身，但陈旸认为：“将人工智能与创意传播、整合营销结合起来，绝不是简单的‘技术创业’，更重要的是基于对不同行业的深刻洞察。”这些年来，五彩传媒服务的客户包括腾讯视频、蚂蚁金服、京东、浦发银行等不同领域的企业。

这几年，“社交电商”“粉丝经济”火了起来，而陈旸再次站到了风口上。此前运营的大批优质微博账号、微信公众号，让五彩传媒在时下最热门的社交媒体上拥有了庞大粉丝群和巨大流量，也为其创意传播和市场营销搭建了良好渠道。

与当年的陈旸一样，今天同样有一大批年轻的创业者，从校园起步，逐梦理想。陈旸说，“同过去相比，今天的新生代创业者拥有更开阔的视野、更全面的知识结构，以及更国际化的思维。对他们来说，尽管选择更多了，但不应盲目追逐风口，重要的是找到自己真正擅长的领域，坚持下去，最后的成功便是水到渠成”。

资料来源　祝伟. 看清华理工男如何玩转跨界创业［EB/OL］.［2020-04-26］. https://tech.sina.com.cn/roll/2020-04-26/doc-iirczymi8343054.shtml.

问题：

（1）为什么说准备创业计划书的过程实质上是信息的搜集过程？

（2）请简述创业计划书的主要内容和撰写技巧。

（3）5～8分钟的创业项目路演，你认为应该讲述哪些内容？

应用自测8-1

答案提示

课后实践

针对本项目任务1中编撰的创业计划书的创业项目，制作一份12页的路演PPT，并进行8分钟路演。

要求：根据本次课学习的临场技巧，创业团队对拟选择的创业项目进行一次模拟路演。创业项目路演评分标准见表8-5。

表8-5　创业项目路演评分标准

序号	模块	指标	分值	得分
1	团队风貌	团队精神风貌好	5	
2	信息组织	思路清晰，能清楚介绍整个项目情况	15	
		内容完整，重点突出	10	
3	信息呈现	可视化	10	
		通俗易懂	5	
		用数据说话	5	
		PPT结构清晰，形式美观大方	10	
4	临场发挥	仪表整洁大方，表情自然，表现得体	10	
		语言简洁流畅	10	
		准确理解评委问题，回答问题思路清晰，逻辑严密	20	
总分			100	

注意：完成工作任务的实际操作，记录过程并展示成果。

在线测评8-1

项目八

学习评价

本项目学习评价见表8-6。

表8-6 学习评价表

评价内容	自我评价	生生互评	教师评价	平均分数
理论知识掌握扎实				
实践训练按要求完成				
团队协作能力强				
创新创造能力强				
沟通洽谈能力强				
具有积极性				
目标意识强				
具有自我启发性				
努力达成目标				
具有计划性				
总　分				

填表说明：按评价指标给该生的本次课堂表现进行综合赋分，满分100分，共计10个指标，每个指标按1～10分进行打分。其中，自我评价和生生互评各占30%，教师评价占40%。

总结反思

9

项目九

企业创办与初创企业管理

》》》》》》创业箴言

创业的过程，实际上就是恒心和毅力坚持不懈的发展过程，其中并没有什么秘密，要真正做到中国古老的格言所说的勤和俭也不太容易。

——李嘉诚

在企业创办之初，恒心和毅力是非常重要的品质。创业过程中，会遇到各种各样的困难和挑战，需要能够长期保持热情和坚定的信念，不断地探索和尝试，才能最终走向成功。此外，创业者还需要表现出勤奋和节俭的品质，认真工作，减少浪费，合理分配资源，确保资源在紧缺的企业初创时期得到有效利用，为企业的未来发展打好基础。

》》》》》》学习目标

知识目标

1.了解企业的法律组织形式。
2.了解新企业登记注册的基本流程。
3.了解企业管理的概念。
4.了解初创企业管理的特点和技巧。

能力目标

1.能够根据自拟创业项目选择合适的公司法律组织形式。
2.能够制定企业创办初期的经营管理策略。

素养目标

1.增强学生的担当和责任意识，为管理初创企业做准备。
2.积极投身到加快建设世界一流企业的事业中，把企业发展同国家富强、民族振兴、人民幸福紧密结合在一起，做爱国敬业、守法经营、创业创新、回报社会的典范，提振发展信心。

课前自学

学前思考

1. 请你尝试说明企业的组织形式有哪些。

2. 查找资料，找到一个体现企业创办的案例，并结合案例理解新企业创办时需要注意哪些问题？

3. 为了企业更好地成长，你认为新创企业如何进行科学的管理？

学前实践

和小组的其他成员设计一份简单的调查问卷。该调查问卷将用于访问一个创业者，这些问题需要集中在：

初创企业管理中的困难和挑战是什么？如何有效地解决这些问题？新企业创办时，容易遇到哪些法律问题？初创企业应该如何签订合同？并需要注意哪些事项？

调查问卷应该不超过两页。测试调查问卷（在班级其他成员中测试，征求他们的意见），确定问卷的问题是否清楚。在访问创业者之后，分析他们的回答，提交一个简短的报告并向全班汇报。小组成员必须协商和安排整个活动过程。课上老师可以在必要时给予指导和帮助。享受这个练习，这是非常有趣的事情！

注意：完成工作任务的实际操作，记录过程并展示成果。

课中创学

任务1　企业创办

一、企业组织形式分类

（一）企业的类型

根据不同的标准可以将企业分为不同的类型：

1. 根据企业规模划分

根据企业规模大小不同，可将企业分为大型企业、中型企业、小型企业。

2. 根据企业组织形式划分

根据企业组织形式不同，可将企业分为个体企业、合伙制企业、股份制企业。

3. 根据经济成分划分

根据经济成分不同，可将企业分为国有企业、集体企业和私营企业。

4. 根据资源密集程度划分

根据资源密集程度不同，可将企业分为劳动密集型企业、资金密集型企业和技术密集型企业。

5. 根据经营性质划分

根据经营性质不同，可将企业分为工业企业、商业企业、农业企业、金融保险企业、房地产开发企业、交通运输企业、旅游服务企业、餐饮娱乐企业、邮电企业、中介服务企业等。

在线课堂9-1

企业的法律形式

（二）企业的法律形式

创业者在创立企业的时候，必须解决的一个重要问题是企业应选择什么样的法律形式。这主要取决于创业者和公司投资者的目标，并考虑纳税地位、承担的法律责任及在企业经营和融资活动中的灵活性。

依据我国现行法律规定，初创企业的主要组织形式有个人独资企业、合伙企业、有限责任公司和股份有限公司。

1. 个人独资企业

个人独资企业是指依法设立，由一个自然人投资，财产为投资人个人所有，投资人以其个人财产对企业债务承担无限责任的经营实体。当个人独资企业财产不足以清偿债务时，选择这种企业形式的创业者须依法以其个人其他财产予以清偿。

个人独资企业不具有企业法人资格，由出资人对债务承担无限责任。国家机关、国家授权投资机构或者国家授权的部门、企业、事业单位等都不能作为个人独资企业的设立人。

2. 合伙企业

《中华人民共和国合伙企业法》规定，合伙企业是指自然人、法人和其他组织依照本法在中国境内设立的普通合伙企业和有限合伙企业。普通合伙企业由普通合伙人组成，合伙人对合伙企业债务承担无限连带责任。本法对普通合伙人承担责任的形式有特别规定的，从其规定。

有限合伙企业由普通合伙人和有限合伙人组成，普通合伙人对合伙企业债务承担无限连带责任，有限合伙人以其认缴的出资额为限对合伙企业债务承担责任。

合伙企业不具有法人资格，合伙人之间通过签订合伙契约，规定各合伙人在合伙中的权利和义务；合伙人是“人的组合”，合伙人丧亡、破产或退出等都影响到合伙企业的存续。合伙人对合伙企业的债务承担连带无限责任。合伙人原则上均享有平等参与管理合伙事务的权利。除非契约另有规定，每个合伙人均有权对外代表合伙企业从事业务活动。

3.有限责任公司和股份有限公司

公司是现代社会中最主要的企业形式。它是以营利为目的，由股东出资形成，拥有独立的财产，享有法人财产权，独立从事生产经营活动，依法享有民事权利，承担民事责任，并以其全部财产对公司的债务承担责任的企业法人。

根据《中华人民共和国公司法》（以下简称《公司法》），公司分有限责任公司（包括一人有限责任公司）和股份有限公司两种类型。有限责任公司的股东以其认缴的出资额为限对公司承担责任，公司以其全部资产对公司的债务承担责任。股份有限公司的全部资本分为等额股份，股东以其认购的股份为限对公司承担责任，公司以其全部资产对公司的债务承担责任。

不同企业法律形式对于创业者而言各有其优势与劣势。在实际创业过程中，创业者应根据自身资源与能力条件及市场状况做出适当选择。

（三）企业创办的三种形式

在线课堂9-2

企业创办的三种形式

1.购买现成企业

如果从未办过企业，那么购买并经营一家现成的企业就有许多好处。企业在建立客户关系、开发业务、训练员工、建立库存等方面都有了一定的基础，在市场上也有相应的知名度和影响。

对于一家要出售的企业，购买者必须考虑相应的问题，比如：

（1）我为什么要购买这家企业？

（2）企业所有者为什么要卖它？

（3）企业目前的经营方式在当地有前途吗？

（4）企业当前是否拥有建筑物？库存状况如何？我要买库存、设备和器具吗？企业的其他资产状况如何？多少员工会留下来？

（5）企业将面临哪些竞争？

（6）企业的财务状况如何？盈利能力如何？

（7）我经营这家企业合适吗？

（8）我有所需的技能吗？

（9）我会得到土地和建筑物吗？

（10）我要买企业的名称及其永久使用权吗？

（11）我是在买现成企业，还是相当于在附近设立了另一家企业呢？

通常确定企业价格时会采用一些方法。通过比较类似企业可以得到一个相对合适的价格，但无论最终的成交价格是多少，你所支付的金额也就是你对新企业的投资，需要分析一下你会从付出的代价中得到什么。

购买价格是一个较难确定的问题，可以通过以下几个指标进行考察：

（1）估计价格，需要明确以下几个指标：账面价值、重置价值、清算价值、历史收益和现金流量。

（2）资产定价，如建筑物、库存、设备、预付费用、日常供应品、应收账款和商誉等。最后要进行交易谈判。

购买现成企业的优点表现在：低风险；较多的个人自由；已经产生现金流；已经建立与供应商和银行的关系；现成的产品或服务、现成的客户、现成的经营方式、现成的员工队伍和企业名称；可能有不错的经营地点。

购买现成企业的缺点表现在：产品或服务有可能处于衰退期；发展潜力可能有限；债务或库存可能太高；产品有可能陈旧或过期；企业主有可能隐瞒了出售的真实原因：企业已经连续衰退好几年了；企业在周围的声誉可能不好，经营位置或许较差。

2.开办新企业

多数想创业的人士都认为创业的最好方式是开办一家新企业而不是购买一家现成的企业。这种方式给予创业者最大的满足感，但同时也意味着要承担比购买现成企业更高的风险。

开办一家新的企业的最有效的方法之一就是创建一种独特的产品或服务，即当前市场上还没有提供的产品或服务，如果你能够提供，将会有很大的需求。第二个方法就是对当前市场上的产品进行改进，或者将产品扩展到其他新的领域中去。

开办一家新的企业意味着需要大量的时间和精力进行筹划，并要对产品或服务的潜在市场进行研究。市场分析可以帮助小企业主确定是否存在特定的产品或服务的需求，这个需求是否足够大，以至于说明启动小企业经营是合理的。市场分析的方法包括以下几个步骤：

（1）尽可能清晰地陈述问题。

（2）搜集关于问题的所有必要的事实。

（3）对事实进行组织和分析。

（4）制订一种或者多种行动方案，记住各种方案的优点和缺点。

（5）选择最佳的方案并实施。

（6）观察这一方案的实际进展情况，根据需要进行调整。

开办新企业的优点表现在：有可能开办成本较低；较大的个人自由；能够开发新产品或进入新市场；能够较快地调整企业行为和方向；可以一开始就采用新的企业经营方式。

开办新企业的缺点表现在：新成立一家企业要冒较大的风险；需要大量的个人和企业计划；需要寻找客户并建立客户关系；来自现有企业的竞争较大；难以为较长的开办期寻找资金。

3.加盟特许经营

特许经营指特许人将自己所拥有的商标（包括服务商标）、商号、产品、专利和专有技术、经营模式等以特许经营合同的形式授予被特许人使用，被特许人按合同规定，在特许人统一的业务模式下从事经营活动，并向特许人支付相应的费用。

所有相关内容都在双方签订的特许经营合同中约定。一方面，如果产品或服务在市场上有较高的知名度，特许经营就可以降低加盟商的风险；另一方面，它对创业者的决策也有一定限制，并由于要向特许人支付固定的或营运额一定比例的费用，其边际利润将会减少。

加盟特许经营的优点表现在：开办风险较低；开办成本透明；产品或服务有较好的市场；经过实践证明了的营销方案；特许人的培训保证。

加盟特许经营的缺点表现在：企业决策力受到限制；特许费用使利润减少；不可能再引进其他供应商产品；对特许人的依赖性较强；特许人一旦失去市场，被特许人也就失去了市场。

二、新企业创办准备

（一）组织公司股东

在线课堂9-3

新企业创办准备

股东即公司的出资人，也称为投资者，成立一家公司首先就是要组织一定数量的投资者。除国家有禁止或限制的特别规定外，有权代表国家投资的政府部门或机构、企业法人、具有法人资格的事业单位和社会团体、自然人都可以成为公司的股东。

（二）确定公司名称

申请名称预先核准的时候，应当提交下列文件：全体股东签署的公司名称预先核准申请书；股东的法人资格证明或者自然人的身份证明。

（三）确定公司地址

第一，公司的地址必须跟递交申请的注册机构的级别相一致。第二，公司地址所在地必须具备完整的产权证明文件。产权证明文件证明该所在地归谁所有，一般是指房产证。第三，一个地址只能注册一家公司，如果确定的公司地址以前已经注册过一家公司而且那家公司现在还没有搬走或注销，那么现在就不能再注册一家公司。即使是原来的公司搬走了，也要确认那家公司有没有办理地址变更手续。第四，有些地方的市场监督管理部门对注册有限公司的房屋档次有所要求，在注册之前必须了解。第五，如果公司地址所在地的所有权不属于任何一个股东，那么必须由其中一个股东跟业主签订一个租赁合同。租赁合同一般要签一年以上。

（四）预定公司经营范围

经营范围是指国家允许企业法人生产和经营的商品类别、品种及服务项目，反映企业法人业务活动的内容和生产经营方向，是企业法人业务活动范围的法律界限，体现企业法人民事权利能力和行为能力的核心内容。根据《公司法》的规定，对公司的经营范围有以下要求：

（1）公司的经营范围由公司的章程规定，公司不能超越章程规定的经营范围申请登记注册。

（2）公司的经营范围必须进行依法登记，公司的经营范围以登记注册机关核准的为准。公司应当在登记机关核准的经营范围内从事经营活动。

（3）公司的经营范围中属于法律、行政法规限制的项目，在进行登记之前，必须依法经过批准。

（4）如果提交的经营范围里某些项目不符合要求，市场监督管理部门会要求修改或将其删除。

（五）确定公司的法定代表人

以下自然人不得做公司法人：

（1）无民事行为能力或者限制民事行为能力的人。

（2）因犯有贪污、贿赂、侵占财产、挪用财产罪或者破坏社会经济秩序罪，被判处刑罚，执行期满未逾五年；或者因犯罪被剥夺政治权利、执行期满未逾五年的人。

（3）担任因经营不善破产清算的公司、企业的董事或者厂长、经理，并对该公司、企业的破产负有个人责任的，自该公司、企业破产清算完结之日起未逾三年。

（4）担任因违法被吊销营业执照的公司、企业的法定代表人，并负有个人责任的，自该公司、企业被吊销营业执照之日起未逾三年。

（5）个人所负数额较大的债务到期未清偿。

（6）国家公务员不得兼任公司的董事、监事、经理，也不得担任公司法定代表人。

（六）制定公司章程

公司章程是关于公司组织和行为的基本规范。公司章程不仅是公司的自治法规，而且是国家管理公司的重要依据。公司章程具有以下作用：

（1）公司章程是公司设立的最主要条件和最重要的文件之一。

（2）公司章程是确定公司权利、义务关系的基本法律文件。

（3）公司章程是公司对外进行经营交往的基本法律依据。

公司章程是注册一家公司最主要的文件之一，它由股东共同制定，经全体股东一致同意，由股东在公司章程上签名盖章。公司章程对公司、股东、董事、监事、经理具有约束力。

三、新企业创办流程

在线课堂9-4
新企业创办流程

设立新创企业的第一步是公司注册。一般来说，公司注册的流程为企业核名→提交材料→领取执照→刻章。完成公司注册后，要想公司正式开始经营，还需要办理银行开户、税务登记、申请税控和发票、社保开户等事项。

随着“五证合一”改革的推行，现在开设企业的流程相比过去简化了许多。新企业设立流程从工商注册到正式运营简化为办理“五证合一”→刻制印章→银行开户→税务登记。

（一）“五证合一”工商注册

2016年10月1日起，“五证合一”在全国全面正式实施。“五证合一”是指工商局的营业执照、税务局的税务登记证、质监局的组织机构代码证、社保局的社会保险登记证、统计局的统计登记证合并为一个加载有统一社会信用代码的工商营业执照，实现“一照一码”的最终目的。其中，“一照”即“五证”合为一张营业执照；“一码”即营业执照上加载的由市场监督管理部门直接核发的统一社会信用代码。

1.“五证合一”的办理流程

随着“五证合一”的推行，新办企业的工商注册变得更简单。与以前的办证流程相比，“五证合一”减少了在不同部门来回奔走审核资料的烦琐，可以直接前往办证大厅的多证合一受理窗口进行办理。当然，“五证合一”同样需要企业首先进行企业名称预先核准，然后填写《新设企业五证合一登记申请表》，审核企业相关材料。

（1）企业名称预先核准。进行企业核名操作时，首先要选择企业类型，企业类型包括个人独资企业、合伙企业、有限责任公司、股份有限公司等，然后准备最多5个企业名称，到市场监督管理部门领取《企业名称预先核准申请书》，在其中填写准备申请的企业名称、注册资本、企业类型、住所所在地、委托代理人等信息，由市场监督管理部门上网检索是否有重名，如果没有重名，便会核发《企业名称预先核准通知书》。提醒进行企业名称核准后，如果办理注册申请的申请人没有厂房或办公室，还需进行租房。办理租房手续需要签订房屋租赁合同，签订合同后应到税务局办理印花税缴纳手续。

（2）审核领证。办证人通过工商网报系统填写《新设企业五证合一登记申请表》，然后持申请审核通过后打印的《新设企业五证合一登记申请表》，前往办证大厅多证合一受理窗口进行办理。

窗口工作人员核对信息、资料无误后，将信息导入工商准入系统，生成工商注册号，并在“五证合一”打证平台生成各部门号码，补录相关信息。同时，由市场监督管理部门工作人员扫描企业材料，并将《工商企业注册登记联办流转申请表》传递至质监、税务局、人力社保、统计5部门，由5部门分别完成后台信息录入。最后打印出印有5个证号的营业执照。

2.“五证合一”办理资料归纳

就新创企业而言，要想顺利完成“五证合一”的办理，需要准备的资料如下：

（1）法定代表人身份证原件，全体股东身份证复印件。

（2）各股东间股权分配情况。

（3）《企业名称预先核准通知书》原件。

（4）由市场监督管理部门审核通过的企业经营范围资料。

（5）企业住所的租赁合同（租期一年以上）一式两份及相关产权证明（非住宅）。

（6）如果企业为生产型企业，还要有消防验收许可证。

3.“五证合一”的办理优势

“五证合一”是在“多证联办”的基础上，通过建立审批信息共享平台，整合各发证部门的受理窗口、申报表格、审批流程等，达到“一表申请、一窗受理、并联审批、一份证照”的改革目的，同时降低行政成本和社会成本，方便企业准入，提高登记效率。与改革前相比，“五证合一”的办理优势是显而易见的，主要体现在证件数量、办理部门、提交材料和办理时间上，优势对比如下：

（1）改革前要办的证件有5个，分别是营业执照、组织机构代码证、税务登记证、社会保险登记证、统计登记证；改革后只需办理1个证件，即营业执照，上面加载有组织机构代码、税务登记证号、社会保险登记证号和统计登记证号。

（2）改革前要前往工商、质监、税务、人力社保和统计部门办理证件，改革后只需要在多证合一受理窗口办理即可。

（3）改革前需要向5个部门提交5份材料，改革后只需要提交一份材料，各部门共享。

（4）改革前办理的时间至少在半个月，改革后只需要3个工作日即可领证，有时甚至能够实现当场领证。

（二）刻制印章

印章具有法律效力，不能随意刻制。新创企业申请刻制相应的印章，需持营业执照复印件、法定代表人和经办人身份证复印件各一份，以及由企业出具的刻章证明、法定代表人授权委托书，到公安机关指定的机构进行刻章。一般说来，公司常用的印章有如下几种：

1.公章

公章是公司所有印章的权威，代表公司的最高效力。不管对内、对外它都代表了公司法人的意志，使用公章可以代表公司对外签订合同、收发信函、开具公司证明。

2.合同专用章

合同专用章是公司对外签订合同时使用的。相关合同的签订在公司经营签约范围内必须盖上合同专用章才能生效，因此，它代表着公司需承受由此产生的权利和义务。一般来说，公章可以代表合同专用章使用。

3.财务专用章

财务专用章的用途比较专业化，一般针对单位会计核算和银行结算业务使用。

4.法人章

法人章就是公司法人的个人用章，它对外具备一定的法律效力，可以签订合同、出示委托书文件等。

5.发票专用章

发票专用章就是公司在经营活动中购买或开具发票时需加盖的印章。当然，在缺少发票专用章时，可以用财务专用章代替，反之不可行。

（三）开立企业银行账户

创业者要创办一家企业，往往需要通过银行进行资金周转和结算，这就不可避免地要和银行打交道，因而创业者也要了解如何办理银行开户、销户等手续。

1.银行账户的种类

按照国家现金管理和结算制度的规定，每家企业都要在银行开立存款结算账户（即结算户），用来办理存款、取款和转账结算。银行存款结算账户分为以下4种：

（1）基本存款账户：基本存款账户是企业的主要存款账户，主要用于办理日常转账结算和现金收付，以及存款单位的工资、奖金等现金的支取。该账户的开立须报当地人民银行审批并核发开户许可证，开户许可证正本由存款单位留存，副本交开户行留存。一家企业只能在一家商业银行的一个营业机构开立一个基本存款账户。

（2）一般存款账户：一般存款账户是企业在开立基本存款账户以外的银行开立的账户。该账户只能办理转账结算和现金的缴存，不能办理现金的支取业务。

（3）临时存款账户：临时存款账户是指存款人因临时需要并在规定期限内使用而

开立的银行结算账户。该账户可办理转账结算以及符合国家现金管理规定的现金业务。

（4）专用存款账户：专用存款账户是企业因基本建设、更新改造或办理信托、政策性房地产开发、信用卡等特定用途开立的账户。该账户支取现金时，必须报当地人民银行审批。企业销货款、异地汇入款项中除基建或专项工程拨款外的非专项资金不得进入专用存款账户。

2.银行开户手续的办理

办理银行开户手续需要填写开户申请书并提供有关证明文件。开立不同的账户，所需材料也不同，具体如下：

（1）基本存款账户：需提供当地市场监督管理部门核发的企业法人执照或营业执照正本。

（2）一般存款账户：需提供基本存款账户的开户人同意其独立核算单位开户的证明。

（3）临时存款账户：需提供当地市场监督管理部门核发的临时执照。

（4）专用存款账户：需提供有关部门批准的文件。

3.银行销户手续的办理

开户人可以根据需要撤销其在银行开立的存款结算账户。开户人撤销存款结算账户时，应与银行核对账户余额，经银行审查同意后，办理销户手续。销户时，企业应交回剩余的重要空白凭证和开户许可证副本。办理银行销户手续时应遵循以下规定：

（1）一般存款账户余额不得超过企业在开户银行的借款余额，超过部分开户行将通知开户单位5日内将款项划转至基本存款账户，逾期未划转的，银行将主动代为划转。一般存款账户借款清偿后要办理销户。

（2）临时存款账户的使用期限不得超过1年，超过1年的将予以销户。

（3）开户人改变账户名称的应先撤销原账户，再开立新账户。

（4）开户行对1年内未发生收付活动的单位账户，将对开户人发出销户通知，开户人应当自收到通知之日起30日内（以邮戳日为准）到开户行办理销户手续，逾期不办理将视为自愿销户。

（四）办理税务登记

新创企业领取由市场监督管理部门核发的加载有统一社会信用代码的营业执照（即常说的“五证合一”）后，虽然无须再次进行税务登记，办理税务登记证，但仍需要前往税务机关办理相应的后续事项，才能进行正常缴税。

首先，新创企业纳税人需要办理“一户通”电子缴税系统。“一户通”电子缴税系统实际上是企业、银行与税务机关三方签订的扣款协议，用于企业网上申报税扣款。办理方法比较简单，到税务机关的办公点取得《委托银行划缴税（费）款三方协议书》（一式三份），加盖本单位公章后，到银行开设缴税（费）款专用账号（一般就是企业的基本存款账户），银行在协议书上盖章并退回两联。纳税人将银行盖章的协议书送到主管税务机关办理划缴税（费）款登记手续。其次，新创企业在办完首次涉税业务后，按期持续申报是今后要注意的关键事项。

创业案例　　以“生命”为名，就要够酷够创新！

李杜白，电子科技大学生命科学与技术学院生物医学工程专业2019级本科生，2022年度获“成电杰出学生”称号；曾获2020年度电子科技大学社会实践“十佳个人”（唯一专业实践方式获评者）荣誉；担任栋梁工程·立人三班班长，该班级赢得年度“十佳立人班”称号；担任校级优秀班班委，生命学院2022级成长导师。毕业后赴浙江大学直博。

以“生命”为名，要够酷够挑战

生物医学工程是一个什么样的专业？因为对专业不了解，对未来感到迷茫，李杜白选择前往医院进行实践调研，他了解到了医生如何借助信息技术更好地完成工作，从而提升医疗服务水平，而自己所学的生物医学工程专业就扮演了这些技术方案的提供者这样一个角色。

2020年的夏天，李杜白又一次前往广西科技大学第一附属医院，采访了首批援鄂的抗疫医护人员。在这个过程中他了解到，国产移动CT车的AI影像技术辅助早筛提高诊断效率，还有更多的科技在抗疫中大放异彩。

认识到专业的重要性，李杜白积极参与到学院的“学科共建”调研工作中，带队到四川省肿瘤医院采访医生，实地考察“医院-高校的合作水平”。

因为这些实践经历，他收获了年度校社会实践“十佳个人”的荣誉，而这些实践见闻也悄悄在他心中埋下了种子，让他对未来智慧医疗体系建设产生了浓厚的兴趣。他相信，生物医学工程专业，会给他一个不一样的未来。

“这是一个可以改变世界的创意！”到创新创业学院辅修是李杜白走出的第一步，每周末排满的课表，两个学年的坚持，让他收获了其他领域的专业知识，也让他结识了许多珍贵的师长和朋友。

机会总是留给有准备的人。2021年，李杜白加入了国际基因工程机器大赛（iGEM）校实验队，他们的项目是“Deinker——中国办公废纸原地再生的绿色节能先行者”。实验队的同学们想要打造一款能够实现纸张原地脱墨再生的设备Deinker，在源头解决废纸问题。区别于以往探索技术的项目，李杜白认为Deinker这个创想不能只是实验室里的技术，它应该走进千万家，真正服务社会。于是，李杜白作为队长，扛起了项目落地的工作。

熟悉需求与市场是商业成功的关键，李杜白和队员们首先收集了来自全国27个省市近500份调研问卷，走访了废品回收站，还做了深入的市场调研，这些工作解析了大众究竟需要怎样的一个“Deinker”，也让他们收获了非常积极的市场反馈。此后，实验队的同学们齐心协力，根据技术材料和调研成果起草了初版的商业方案，项目最终累计获得包括iGEM赛事组委会创业基金在内的2万余元的资助，事迹获得了多家媒体报道。

在中关村人才创客大赛的参赛项目路演结束后，一位评委激动地对实验队称赞道：“你们的项目很了不起，这是一个可以改变世界的创意！”

2022年11月，Deinker再度斩获中国国际“互联网+”大学生创新创业大赛国赛金奖，在全国本科生创意组中位列第四，这也是学校首次进入国金排位赛。

三年里，李杜白专心致志地打磨每一个项目，“工业4.0定制平台”“Deinker”“脑机接口睡眠头环”……每个项目他都全力以赴地将创想变为现实。宿舍楼里的活动室快成了他的办公室，因为总能在那里找到正干活的他。最终他收获了两项国际级、两项国家级奖项，也因为创新创业上的成绩，他被创新创业学院评选为年度“创院之星”。

创业协同，参与守护每个人的健康

关于自己的未来，李杜白说：“在成电求学的三年里，生物医学工程专业的种子已经在我内心生根发芽，我想顺着这条路走下去，用我的创业理想再完成一个‘改变世界的创想’。”

毕业后，李杜白选择到处于国内医学信息学实力最前沿的浙江大学生物医学工程与仪器科学学院直博，师从领域内的领头学者进一步精研技术。完成心中的创业理想，他说，“我还年轻，路还很长……”

资料来源　王佳慧．李杜白：以“生命”为名，就要够酷够创新！[EB/OL]．[2023-05-26]．https：//news.sohu.com/a/679255115_121124035.

训练1　选择合适的企业组织形式

【训练目标】

1. 理解不同的企业组织形式，掌握其特点和适用范围。
2. 了解选择企业组织形式对创业项目的影响和意义。
3. 掌握塑造企业文化、建立企业品牌、保护企业创新成果等关键技能和方法。

【训练步骤】

班级随机分组，每3~5人为一组，并推选出一名组长。请小组成员以“选择合适的企业组织形式”为题，各组成员先列出自己的观点，说明要为自己的创业项目选择哪种企业组织形式，将所列的个人观点与组内成员相互交流，并进行讨论，形成统一的小组观点。列出小组观点，每组随机抽取一名代表上台发表小组的最终选择情况，各小组组长和教师分别进行打分和评价，最终评分最高的小组为优胜组。

讨论思考：如何让企业走得更远？

分析提示：可以从塑造企业文化、建立企业品牌、保护企业创新成果等角度思考。

任务2　初创企业的管理

一、企业管理的概念

在线课堂9-5　企业管理的概念1

在线课堂9-6　企业管理的概念2

企业管理就是为了保证企业生产经营活动的正常进行，运用一定的管理手段对企业的生产、技术、经营等活动进行计划、组织、指挥、协调和控制的过程。企业管理包括战略目标管理系统、规范化管理系统、人力资源管理系统、营销系统、财务系统。各个系统之间互相关联、互相支持，就像一台机器一样，只有齿轮、皮带完全咬合，才能保证机器高速运转。如果把管理系统这几个部分比作一个人，那么战略目标管理系统就是大脑，是企业管理的核心；规范化管理系统就是两条腿；人力资源管理系统就好比神经；营销系统是两只手，必须紧紧抓住市场；财务系统就是企业的血液。

二、初创企业的管理特点

在线课堂9-7

初创企业的管理特点

（一）以生存为首要目标

初创企业管理的首要目标是保证企业的生存。因为初创企业是从无到有，先有生存机会，才会有发展壮大的机会，而尽快实现盈利才能保证企业的生存。因此，初创企业的首要任务是将所开发的产品或服务推向市场并实现销售盈利，靠销售盈利找到企业发展的立足点，从而找到适合自己的“生存模式”。

企业在初创阶段，所有的生产运营与管理活动都应围绕“生存第一”法则来进行，一切危及企业生存的做法都应避免。企业在初创阶段最忌讳的是在开始运营的时候就提出不切实际的盲目扩张目标与计划，不顾实际地上马新项目、开发多元产品，甚至多元化经营，同时开发多个市场，追求企业规模，其结果往往是“企而不立，跨而不行”。创业者在初创企业管理方面，容易犯“一切追求规范”的错误，往往会照搬大企业在人事行政、财务和营销等方面的规章制度。然而，每个企业有其实际情况，大企业的管理制度对于初创企业来说往往只有借鉴价值，没有实用、适用价值，如果仅仅是生搬硬套，往往会适得其反，不光做不到，还可能会把初创企业“管死”。

（二）创造并保障现金流

现金对企业来说就像是人的血液，企业可以承受暂时的亏损，但不能承受现金流的中断。什么是企业的现金流呢？就是不包括融资、资本支出，以及纳税和利息支出的经营活动净现金流。现金流一旦出现赤字，企业将发生偿债危机，可能导致破产。现金流的大小直接反映企业的盈利能力，它不仅是创业阶段也是企业成长阶段管理的重点，对初创企业来说，由于融资条件受限，只能主要依靠自有资金运作来创造现金流，从而管理难度更大。初创企业的管理要求创业者必须锱铢必较，像花自己的钱那样花企业的钱，千方百计增收节支、加速周转、控制发展节奏。

（三）创业者参与经营细节

处于企业初创期的创业者，虽然是企业的“老板”，但还做不到只“坐镇指挥”就能实现企业顺利运行发展了。在企业初创期，企业各方面都处于开发拓展的前期发展阶段，创业者一方面要履行组织管理职能，另一方面需要与团队一起做各种具体的经营工作。这是因为，一方面，企业可能缺乏各方面的人才，企业运营还未走入“正轨”；另一方面，创业者往往是初创企业的“最大资源”，在产品技术、市场销售和资源整合等方面需要创业者亲自操作，以取得较好的效率和效果，甚至必须亲自去解决一些不可预知的“棘手”问题。

初创企业的创业者大都有过如此体验：直接参与过产品设计，直接洽谈过经销商，直接推销过自己的产品或服务，亲自采购，亲自处理一些客户订单，甚至装过车发过货，跑过税务和银行，亲自要过账，做过公司管理制度，做过招聘面试和员工培训等。这些都是初创企业创业者的常见历程。只有全身心投入企业经营全过程，创业者才能将初创企业经营好，才能使企业顺利成长。

（四）高效有序的“混乱”状态

初创企业管理采用充分调动“所有的人做所有的事”的团队管理方式。新企业在初创时，尽管建立了正式的部门结构，但很少有按正式组织方式运作的。典型的情况是，虽然有名义上的分工，但运作起来是哪急、哪紧、哪需要，就都往哪里去。这种看似“混乱”，实际上是一种高度“有序”的状态。每个人都清楚组织的目标和自己应当如何为组织目标做贡献，没有人计较得失，没有人计较越权或越级，相互之间只有角色的划分，没有职位的区别，这才叫作团队精神。即使将来事业发展了，组织规范化了，这种精神仍在，逐渐成为企业的文化。在创业阶段，创业者必须尽力使新企业成为真正的团队，否则是很难成功的。

（五）奉行“顾客就是上帝”

俗话说“店大欺客”，这句话背后的逻辑是，传统、成熟的大企业即使始终坚持“顾客是企业的生命”经营理念，但随着其经营体系变得越来越复杂，难以把客户服务体验做到极致，从而导致有些时候或部分顾客产生“不被重视”的感觉。初创企业则相反，一方面，初创企业必须靠口碑和客户体验赢得顾客，这是赢得竞争、取得市场立足点的需要；另一方面，由于其规模小、服务响应快、离客户“更近”，更容易将“顾客就是上帝”经营理念执行到位。

在市场经济条件下，企业经营发展主要靠“顾客”，特别是“回头客”。得客户者得天下，而企业赢得回头客最终靠的是诚信。因此，一个企业要经营长久、发展壮大，不论是初创企业还是处于成长期的企业，其管理要始终奉行“顾客为先，诚信为本”的核心价值观。大多创业成功的企业家，都会始终坚守“顾客就是上帝”的创业“初心”。

三、初创企业管理的职能运营

在线课堂9-8

初创企业管理的职能运营

企业管理具有两个基本职能：一是合理组织生产力；二是维护和完善生产关系。企业管理过程就是这两个基本职能相互结合发挥作用的过程，企业管理的具体职能表现为以下几个方面：

（一）市场营销职能

市场营销是指那些把产品或服务推广到顾客或市场中的活动。它的基本任务是在适当的时候将适当的产品或服务投放于适当的地点，主要包括：使企业现有的或潜在的产品或服务与顾客的需求相适应和匹配；将产品或服务存在的信息传递给顾客；在适当的时间和地点具备相应的产品或服务，以利交换；为产品或服务确定价格。

对大多数大学生创业者来说，既没有资金又缺乏社会关系和商业经验，所拥有的只是创业激情和某种原始的构思。要想获得成功，还必须依赖有效的创业营销来获得创业所需的各种资源。

（二）财务职能

创业企业的财务管理主要涉及两项职能：一是资金筹集；二是对经营单位的经营成果进行记录、监督和控制。资金的筹集分为短期和长期，一般来说，短期资金筹集是通过商业信用、银行信用和应付费用三种方式进行的；长期资金筹集有股票、长期债券、融资租赁等。现金预算是估计企业在整个预算期内的现金收入和支出。

（三）生产职能

不管是加盟连锁还是自主创业，企业都要有自己核心的技术或产品。如麦当劳，它的产品的重点不仅是汉堡和薯条，而是为离家或工作忙碌的人们提供便宜的就餐场所。企业的生产职能是在满足目标客户需求的前提下，针对产品或服务的系统进行选择、设计和创新。

（四）人力资源管理职能

我们通常所说的人力资源管理是指企业内部对人的管理，一个完整的人力资源管理过程包括人力资源规划、招聘与选拔、培训及发展、薪酬体系设计、业绩评价等。企业人力资源战略的制定要在不同的层面，依据对企业内外部环境的分析，选择、制定出适合企业自身发展的规划和战略。人力资源管理在企业经营运作过程中必不可少，尤其是创业初期的中小企业，要想在激烈的市场竞争中生存，创业初期的人力资源规划是必不可少的。

四、初创企业管理技巧

（一）管理自己

在线课堂9-9

初创企业管理技巧

大学生创业过程是学习和积累经验的过程，在这个过程中，除了注意积累实践经验之外，还要学会自我管理，给自己制订严格的学习计划。创业不是盲目地挣钱，还要有计划地创造和学习，要学会管理时间。中粮集团原董事长宁高宁曾说过：一个一流的管理者需具备不断学习的能力。中粮集团开设晨光班培养后备干部就是为了鼓励管理者不断学习，时刻保持警醒的状态。

（二）学会管理团队

通常团队中的成员都有自己的优势，若想合伙成功、愉快，必须事先拟定协议，这样在团队出现意见不一致时就可以尽量避免矛盾。团队中的角色也很重要，团队中应该有领导者、吹毛求疵者、调停者和联络者，甚至在创业初期的团队中还应该存在“懒惰者”，也就是管理学中著名的“懒蚂蚁”。要对团队进行科学的管理，否则，公司的发展会受到影响。随着创业项目的发展，管理的问题会逐渐凸显，这就需要采用正规的管理方法来解决。

（三）招贤纳士

美国柯达公司在生产照相机感光材料时，需要工人在没有光线的暗室里操作，因此培训一名熟练的工人需要花费很长的时间，但是，盲人在暗室里活动自如，只要稍加培训就能上岗，而且他们工作起来更加精细，从此，柯达公司大量招聘盲人从事感光材料的制作工作。

用人之长的同时，也要学会用人之短，根据不同的专长，安排不同的工作岗位是用人时应该仔细考量的问题。一流的人才为公司带来的利润会比公司付出的薪水高得多。作为管理者必须清楚公司需要什么样的员工，并且要让每个员工都知道自己的职责范围，同时要培养他们的团队精神，使之与其他员工配合默契，一般来说，部门经理要在公司内部选拔，而优秀的销售员和营销员可以到竞争对手的公司聘请。

（四）订立规范

从企业创办的第一天起就应该有书面的规章制度。不严谨的工作状态会给创业经营带来麻烦。建立规章制度可以让每个人都在相同的行为准则下朝着共同的目标前进。制度的包含面比较广，大到经理的决策权，小到员工的销售额，要有明确的奖罚措施，这样，公司在处理问题时才会有据可依。

创业案例 **有闯劲！营销大二学生自主创业开公司！**

黄浩文，长江工程职业技术学院市场营销专业学生，现在大二的他已自主创业开了公司。

初心如磐

初入校园，带着对未来生活的憧憬与向往，黄浩文想磨砺自己的个性和能力，毅然更换到市场营销专业，老师言传身教地引导他开拓思维、勇于创新；黄浩文从课上学到了如何注册公司、企业的运作方式和渠道模式的管理、项目计划的结构与撰写等知识。学校各项大赛的获奖经历更坚定了黄浩文付出实际行动的决心。

雄关漫道

创业的历程可谓是道阻且长，黄浩文前期虽满腔热血，却因欠缺专业细节知识，在注册细节上毫无头绪，只能在空闲时间抓紧恶补，向前辈虚心求教，不厌其烦地来来回回跑市场监督管理部门，常常因不熟悉烦琐的各项流程处处碰壁。烦琐的流程和细节让黄浩文顿感疲惫，要不要坚持也在脑海里徘徊。终于在2021年5月初他完成了自己公司的注册，当然万事开头难，从0到1的过程不容易，黄浩文也明白将来有更多的问题需要解决。通过自己身边看到的、学到的以及累积的资源，黄浩文也在不断地摸索和实践，每个寒暑假他都会去各个不同的行业兼职，体验学习并积累经验。后来在与合伙人的合作中黄浩文接触到了无人机领域，目前公司提供的产品包括国内主流的民用视频拍摄机、工程测绘牵引机、农田喷洒无人机以及具备红外探测功能的搜救无人机。

当前公司发展尚处起步阶段，产品端正在尝试与国内外知名企业合作，取长补短，代理部分畅销产品，使公司能正常运转，同时加强产品创新，在智能硬件和软件上寻求突破；业务端通过加强与省内和武汉市的各行业和个人客户的接洽，各项业务合作正在稳步推进中。

资料来源 张裕．“00”后大学生创办无人机公司，一单销售额达30万美元［EB/OL］．［2023-02-12］．https：//business.sohu.com/a/718567664_121687414.

训练2 情景模拟

【训练目标】

1.熟悉管理模拟的基本流程和方法。

2.掌握经营管理的相关知识和技能。

3.培养团队协作和分工合作的能力，提高沟通和表达能力。

【训练步骤】

参与人数：5人以上一组为佳。

形式：模拟表演。

应用：模拟管理。

假设情景：假如你和其他成员是食品科学专业的毕业生，你们打算开一个质高价廉的面馆。

要求：请思考你们会采取哪些管理方式进行管理？

行动：各小组根据模拟情景来演一小段小品剧，看看哪个团队的管理水平最好。

课后拓学

育德启智

延伸阅读9-1

初创企业的生存法则

诚信经营

习近平在2020年7月21日企业家座谈会上引用了《孟子·离娄上》中的一句话：“诚者，天之道也；思诚者，人之道也。”

社会主义核心价值观中的“诚信”是中华优秀传统文化“守诚信”的创造性继承。诚信思想是中华优秀文化的重要组成部分。儒家创始人孔子曰“信”，汉代大儒董仲舒则将其列为“五常”之一，影响深远。思孟学派更加强调“诚”，将其提升到本体的高度，为天道人道之“本”，是所有道德规范之“原”。“信，诚也；诚者，信也”，二者同构，成为传统中国理想人格的道德精髓和治国理政的智慧结晶，具有鲜明的民族特色和永不褪色的时代价值。1986年，党的十二届六中全会《关于社会主义精神文明建设指导方针的决议》将“诚实守信”精神纳入精神文明建设。2001年，《公民道德建设实施纲要》问世，正式将“诚信”作为公民基本道德规范之一。此后，“诚信”价值不断深化和拓展，最终凝结上升为社会主义核心价值观之一。

诚信经营可以帮助企业建立良好的信誉，从而获得客户的信任和支持。一个诚信的企业能够在客户心中树立起品牌形象，吸引更多的客户，增加销售额。

诚信经营可以帮助企业与竞争对手区别开来。企业的诚信经营可以让客户更愿意选择它们的产品或服务，从而增强企业的竞争力。

诚信经营可以提高企业的价值。通过诚信经营，企业能够树立起良好的企业形象和品牌形象，从而提高其市场价值和商业价值。

诚信经营可以促进企业的发展。一个诚信的企业能够吸引更多的投资者和合作伙伴，从而帮助企业获得更多的资源和机会，促进企业的发展。

资料来源　王辉. 着重把握新时代诚信建设制度化的三重维度［EB/OL］.［2021-07-23］. http：//theory.people.com.cn/n1/2021/0723/c148980-32167390.html.

学有所悟：

人无信不立，企业和企业家更是如此。社会主义市场经济是信用经济、法治经济。企业家要同方方面面打交道，调动人、财、物等各种资源，没有诚信寸步难行。由于种种原因，一些企业在经营活动中还存在不少不讲诚信甚至违规违法的现象。法治意识、契约精神、守约观念是现代经济活动的重要意识规范，也是信用经济、法治经济的重要要求。企业家要做诚信守法的表率，带动全社会道德素质和文明程度提升。

应用自测

阅读以下案例并回答问题：

小丁和小崔两人是大学同学，由于看好婚庆行业，就业后不久双双辞职，向家人借款12万元，联手开办了一家婚庆公司。然而，公司运营没有预想的顺利，步履维艰，目前尚未收回投资成本。

她们的婚庆公司选址偏僻，店铺规模档次“高不成、低不就”，而目前当地婚庆公司大大小小2 000多家，大打价格战，她们没有价格优势，还要请司仪、摄像师、租花车等，每次支付完这些固定的费用，再扣除场地费，利润所剩无几了。

小丁无奈地说：“感觉创业挺难的，很辛苦很累，还不如给人打工挣死工资舒服。再坚持一年，如果还没有起色，我们会选择放弃。”

问题：

（1）小丁和小崔为什么会创业失败？

（2）初创企业如何进行科学管理？

（3）如果你想创业，你会选择哪种企业组织形式？为什么？

应用自测9-1

答案提示

课后实践

根据【学前实践】形成的成果，结合本项目所学内容，重新分析调查问卷中所访问的创业者，思考创业者在初创企业时容易遇到哪些困难和挑战？如何有效地解决这些问题？新企业创办时，容易遇到哪些法律问题？如何管理初创企业？

再做一个问卷调查，尝试访问一个有过创业失败经历的创业者，结合本项目所学内容，总结他失败的原因及启示。

注意：完成工作任务的实际操作，记录过程并展示成果。

学习评价

本项目学习评价见表9-1。

在线测评9-1

项目九

表9-1　　学习评价表

评价内容	自我评价	生生互评	教师评价	平均分数
理论知识掌握扎实				
实践训练按要求完成				
团队协作能力强				
创新创造能力强				
沟通洽谈能力强				
具有积极性				
目标意识强				
具有自我启发性				
努力达成目标				
具有计划性				
总　分				

填表说明：按评价指标给该生的本次课堂表现进行综合赋分，满分100分，共计10个指标，每个指标按1～10分进行打分。其中，自我评价和生生互评各占30%，教师评价占40%。

总结反思

10

项目十

学生“互联网+”创业

创业箴言

野蛮社会，体力可以统御财力和智力；资本社会，财力可以雇用体力和智力；信息社会，智力可以整合财力和体力。

——牛根生

这段话强调了不同社会背景下，能够发挥主导作用的资源也随之变化。在信息社会中，智力成为整合财力和体力的关键。大学生“互联网+”创业通常是建立在信息技术平台之上的，要求创业者具备创新思维、技术能力和市场洞察力等高级智力素质。此外，在当前互联网发展的背景下，资本也对互联网创业给予了越来越多的关注和支持，因此创业者需要有正确的资本运作和管理思路，才能在激烈的市场竞争中获得优势。

学习目标

知识目标

1. 了解“互联网+”的内涵与特征。
2. 知晓大学生“互联网+”创业的优势。
3. 了解“互联网+”在典型领域的发展。
4. 了解“互联网+”创业的类型。

能力目标

1. 能够选择适合自己的“互联网+”创业模式。
2. 能够利用自身优势，积极在互联网领域创新创业。

素养目标

提升学生的信息素养，在创业过程中做好传统实业与“互联网+”的有机结合。

课前自学

学前思考

1.你认为适合大学生的“互联网+”创业项目是什么？

2.查找资料，找到一个关于大学生“互联网+”创业成功的案例，并结合案例理解“互联网+”创业对于大学生就业而言意味着什么？

3.你在过往经历中有尝试过创业吗？或者你身边的人有过相关经历吗？你觉得创业成功的方法和经验，或者创业失败的教训都有哪些？

学前实践

和小组的其他成员一起调查大学生在互联网领域创新创业现状及需求。以小组为单位，通过调查问卷的方式对当地大学生的创新创业倾向进行调查。

1.活动人数：每个小组的人数控制在3～6人。

2.活动场地及道具：活动范围为附近学校，道具为调查问卷，报告分享会需使用教室及桌椅等。

3.活动规则：各小组自行设计调查问卷，然后在大学生人流量大的地方发放并回收调查问卷，以此统计当地大学生的创新创业倾向，并根据调查问卷结果撰写调查报告，举行报告分享会，在课堂上各小组依次分享自己的调查结果，由教师做出点评。

4.注意事项：

（1）问卷的调查对象为大学生，其他身份的人填写的调查问卷无效；

（2）调查的样本太少会缺乏说服力，问卷样本应在100份以上；

（3）可使用“问卷星”等电子问卷软件进行问卷调查。

课中创学

任务1 什么是"互联网+"

一、"互联网+"的内涵

《国务院关于积极推进"互联网+"行动的指导意见》认为，"互联网+"是把互联网的创新成果与经济社会各领域深度融合，推动技术进步、效率提升和组织变革，提升实体经济创新力和生产力，形成更广泛的以互联网为基础设施和创新要素的经济社会发展新形态。

国家发展和改革委员会在《关于2014年国民经济和社会发展计划执行情况与2015年国民经济和社会发展计划草案的报告》中将"互联网+"定义为："互联网+"代表一种新的经济形态，即充分发挥互联网在生产要素配置中的优化和集成作用，将互联网的创新成果深度融合于经济社会各领域之中，提高实体经济的创新力和生产力，形成更广泛的以互联网为基础设施和实现工具的经济发展新形态。

企业界对"互联网+"也有一些具有代表性的定义。例如，马化腾2015年在其全国人大议案《关于以"互联网+"为驱动，推进我国经济社会创新发展的建议》中提出："互联网+"是指以互联网平台为基础，利用信息通信技术与各行业的跨界融合，推动产业转型升级，并不断创造出新产品、新业务与新模式，构建连接一切的新生态。

阿里研究院于2015年3月发布的《"互联网+"研究报告》中指出，所谓"互联网+"，是指以互联网为主的一整套信息技术（包括移动互联网、云计算、大数据技术等）在经济、社会生活各部门的扩散、应用过程。其在内涵上根本区别于传统意义上的信息化，而是重新定义了信息化。"互联网+"的本质是传统产业经过互联网改造后的在线化、数据化，其前提是互联网作为一种基础设施的广泛安装。它是以信息经济为主流经济模式，是创新2.0下的互联网与传统行业融合发展的新形态、新业态。

综合以上多种定义，可以概括如下："互联网+"是互联网思维进一步实践的成果，把互联网的创新成果与经济社会各领域深度融合，是一种将互联网与传统行业有机整合的模式，是利用信息通信技术以及互联网平台，让互联网与传统行业进行深度融合，推动技术进步、效率提升和组织变革，提升实体经济创新力和生产力，形成更广泛的以互联网为基础设施和创新要素的经济社会发展新形态。

二、"互联网+"的六大特征

学者周苏、王硕苹在《创新思维与方法》一书中指出，为了全面透彻理解"互联网"的精髓，必须站在时代的角度去考察和分析，关注"互联网+"的核心特征。

1.跨界融合

"+"本身就是一种跨界，就是变革，就是开放，是一种重塑融合。敢于跨界了，创新的基础才会更坚实；融合协同了，群体智能才会实现，从研发到产业化的路径才会更垂直。融合本身也指身份的融合，如客户转化为投资伙伴参与创新等。融合能提高开放度、增强适应性，而且不会排斥、排异；互联网如果能够融合到每个行业里，无论对于传统行业还是互联网，应该都是一件好事。

“互联网+×”的跨界融合，“+”要求双方而不是单方的亲和力，可以看作各自的融合性、连接性、契合性、开放性、生态性。互联网给其他产业带来冲击是必然的，而且是不可逆的。跨界思维是一种“普适智慧”，不是只有创新时才需要跨界，也不是需要跨界了才去做跨界的准备。

跨界，首先必须跨越思维观念之“界”；跨界，应该成为一种行为方式。不管是“互联网+”还是异业跨界，其实考验的都是系统的重组能力，与多元化有本质不同，跨界不是领地的跨界或者行业的延伸，而是组织系统的跨界重组。对于跨界的本质认识，不能停留在所谓的物理边界上，更多的是企业能否整合内外部资源，同时又打破自己的组织边界和系统结构。这要求企业的系统重组和系统再生能力足够强大。

跨界不仅是对外在商业模式的颠覆，而且是对组织内部系统的颠覆。即使思维、战略上进行了跨界，如果组织管理各方面没有系统调整，跨界成功率也不会高。如果不是一个协同的组织、融合的组织，必然不能达到动态调适的效果，那么其创新的动力就会受到阻碍。所以，组织内部一定要动态化、柔性化、协同化，形成灵动可变的柔性组织，才能齐力推动外部的跨界。

2. 创新驱动

我们所处的时代，有人称为信息经济时代、数据经济时代，甚至有人说创客经济时代、连接经济时代，这一方面说明时代处于动态变化中，另一方面说明这些因素在这个特定阶段越发表现出其重要性和主导性。粗放的资源驱动型增长方式难以为继，必须转变到创新驱动发展这条正确的道路上来；同时，要敢于打破垄断格局与条框自我设限，破除束缚生产力发展的因素，建立可跨界、可协作、可融合的环境与条件。这正是互联网的特质，用互联网思维来求变、自我革命，也更能发挥创新的力量。

2015年3月国务院发布的《中共中央 国务院关于深化体制机制改革加快实施创新驱动发展战略的若干意见》指出：“把科技创新摆在国家发展全局的核心位置，统筹科技体制改革和经济社会领域改革，统筹推进科技、管理、品牌、组织、商业模式创新，统筹推进军民融合创新，统筹推进引进来与走出去合作创新，实现科技创新、制度创新、开放创新的有机统一和协同发展。”

我国现在处于向创新驱动发展转型的关键时期。我国未来是创意创新创业创造驱动型发展，发展是靠打破机制的藩篱，是靠更多的个人发挥创造精神，是靠协同创新、跨界创新、融合创新，这是“互联网+”最不应被忽视的“新常态”。

3. 重塑结构

重塑结构从互联网时代就已经开始了。信息革命、全球化、互联网业已打破原有的社会结构、经济结构、关系结构、地缘结构、文化结构。结构被重塑的同时产生了许多要素（如权力、关系、连接、规则和对话方式）的转变。

互联网变迁了关系结构，如用户、伙伴、股东、服务者等身份在一定条件下可以自由切换。互联网改写了地理边界，也改变了原有的游戏规则以及管控模式。商业模式不断被创新，管理的逻辑也发生了长足的变化。生产者和消费者的权力重心发生了重大迁移，连接、关系越来越成为企业追求的要素之一。监管与控制、流量与屏蔽都有了新的含义与思路。互联网打破了固有的边界，减弱了信息不对称性，信息的民主化、参与的民主化、创造的民主化盛行。互联网让社会结构随时面对不确定性，社群、分享大行其道。接触点设计、接近方式设计成为企业管理者的必修课，而注意力、引爆点成为商业运营和品牌传播中重点关注的要素。

互联网让组织、雇用、合作都被重新定义，互联网ID成为个体争相追逐的目标。现实世界与虚拟世界有时会变得分裂又无缝融合，自我雇用、动态自组织、自媒体大行其道，连接的协议有时候完全由个人定义。

互联网降低了整个社会的交易成本，提升了全社会的运营效率。移动互联网催生了持续在线，移动终端成为人的智能器官，随时被连接。用户的需求越来越多地发生在移动互联网中，如通信的需求、信息的需求、传播的需求、娱乐的需求、购物的需求等。互联网还集成了大众智慧，用户可以参与设计、参与创新、参与传播、参与内容创造，如用户对物流、淘宝购物的评价实际上也是在参与管理。

4. 尊重人性

人性即人类天然具备的基本精神属性，人类社会的一切都是基本人性的映射。尊重人性是互联网最本质的文化。互联网除了冷冰冰的技术性，还源于对人性最大限度的尊重、对用户体验的敬畏，其力量之强大也来自对人的创造性的重视。例如，分享经济就是透视人性、尊重人性的产物。人性即体验，人性即驱动，人性即方向，人性即市场，人性即需求，人性即合作。人性是连接的最小单元、最佳协议、最后逻辑；人性化是连接的归宿，是融合的起点，是存在的理由。小到一次互动，大到一个平台，都要基于人性思考、开发、设计、运营、创新和改进。

创新驱动既是机制的改革，又是体制的重构，必定重塑创新生态、协作生态、创业生态、价值实现规则；是基于人性的另外一层意义上的“开放”，由过去的对外开放为主转向对内开放为主，激发内生活力和每一个个体的创造性，从而推动整体开放生态的塑造。

5. 开放生态

生态本身就是开放的，依靠创新、创意、创业驱动，同时要跨界融合、做协同，一定要优化生态，形成开放性的格局。

对企业、行业应优化内部生态，并和外部生态做好对接，形成生态的融合性。更重要的是创新的生态，如技术和金融结合的生态，产业和研发进行连接的生态等。未来的商业是无边界的世界。在这个重要前提下，衡量企业跨界能力的一个关键因素，就是开放性、生态性够不够。不能以开放的心态去对自己所做的跨界战略进行深刻的洞察，自然无法思考和设计新的商业模式。

只有开放，才能融合，实际上这也是跨界思维的核心之一。因为在一个开放的生态系统里，跨界才能找到一些和外界其他要素之间的共通点。当然在这个基础上，还可以去寻找跨界合作的规则。未来的跨界，一定要把企业的内部生态圈延伸出去，与外部的生态系统进行协同、交互、融合，跨界的力量才能有效地推动创新。

国家积极鼓励大众创业、万众创新的目的就是孵化培育一大批创新型小微企业，并从中成长出能够引领未来经济发展的骨干企业，形成新的产业业态和经济增长点，而达到此目的的最重要条件就是创意、创新、创业的生态。构建生态既需要精心设计，又需要发挥要素的连接性和能动性；生态内外必须形成有机信息交换，而不是自我封闭的构筑；要素间交互、分享、融合、协作随时自由发生，同时还要保持独立、个性与尊重。

6. 连接一切

理解“互联网+”，一定要把握它和“连接”之间的关系。跨界需要连接，融合需要连接，创新需要连接。连接是一种对话方式、一种存在形态，没有连接就没有“互联网+”，连接的方式、效果、质量、机制决定了连接的广度、深度与持续性。

连接是有层次的，可连接性是有差异的，连接的价值相差很大。连接一切是“互联网+”的目标。连接一切有一些基本要素，包括技术（如互联网、云计算、物联网、大数据技术等）、场景、参与者（人、物、机构、平台、行业、系统）、协议与交互、信任等。这里，信任作为一个要素很多人未必理解或认同，但它的确是最重要的因素之一。因为互联网让信息不对称降低，连接节点的可替代性提高，只有信任是选择节点或连接器的最好判断因素，信任让“+”成立，让连接的其他要素与信息不会阻塞、迟滞，让某些节点不会被屏蔽。

三、“互联网+”在典型领域的发展

在线课堂10-1

“互联网+”在典型领域的发展

2015年7月4日，国务院发布的《国务院关于积极推进“互联网+”行动的指导意见》中明确了未来三年和十年的发展目标，明确提出了推进“互联网+”，促进创业创新、协同制造、现代农业、智慧能源、普惠金融、益民服务、高效物流、电子商务等能形成新产业模式的重点领域的发展目标与任务，并确定了相关支持措施。《国务院关于积极推进“互联网+”行动的指导意见》明确，到2018年，互联网与经济社会各领域的融合发展进一步深化，基于互联网的新业态成为新的经济增长动力，互联网支撑“大众创业、万众创新”的作用进一步增强，互联网成为提供公共服务的重要手段，网络经济与实体经济协同互动的发展格局基本形成。根据《国务院关于积极推进“互联网+”行动的指导意见》，我们可以看出，未来我国将在以下11个方面促成与“互联网+”的深度融合：

1. “互联网+”创业创新

采用“互联网+”的形式，通过线上平台和线下服务相结合的模式，实现互联互通、资源共享、服务协同，解决创客创业和企业创新过程中对政策、服务、资金、技术、人才和市场等方面的服务需求，最终构建形成“平台+数据+应用+服务”的创新创业生态体系。

充分发挥互联网的创新驱动作用，以促进创业创新为重点，推动各类要素资源聚集、开放和共享，大力发展众创空间、开放式创新等，引导和推动全社会形成大众创业、万众创新的浓厚氛围，打造经济发展新引擎。

（1）强化创业创新支撑。鼓励大型互联网企业和基础电信企业利用技术优势和产业整合能力，向小微企业和创业团队开放平台入口、数据信息、计算能力等资源，提供研发工具、经营管理和市场营销等方面的支持和服务，提高小微企业信息化应用水平，培育和孵化具有良好商业模式的创业企业。充分利用互联网基础条件，完善小微企业公共服务平台网络，集聚创业创新资源，为小微企业提供找得着、用得起、有保障的服务。

（2）积极发展众创空间。充分发挥互联网开放创新优势，调动全社会力量，支持创新工场、创客空间、社会实验室、智慧小企业创业基地等新型众创空间发展。充分利用国家自主创新示范区、科技企业孵化器、大学科技园、商贸企业集聚区、小微企业创业示范基地等现有条件，通过市场化方式构建一批创新与创业相结合、线上与线下相结合、孵化与投资相结合的众创空间，为创业者提供低成本、便利化、全要素的工作空间、网络空间、社交空间和资源共享空间。实施新兴产业“双创”行动，建立一批新兴产业“双创”示范基地，加快发展“互联网+”创业网络体系。

（3）发展开放式创新。鼓励各类创新主体充分利用互联网，把握市场需求导向，加强创新资源共享与合作，促进前沿技术和创新成果及时转化，构建开放式创新体系。推动各类创业创新扶持政策与互联网开放平台联动协作，为创业团队和个人开发者提供绿色通道服务。加快发展创业服务业，积极推广众包、用户参与设计、云设计等新型研发组织模式，引导建立社会各界交流合作的平台，推动跨区域、跨领域的技术成果转移和协同创新。

2.“互联网+”协同制造

“互联网+”协同制造是充分利用Internet技术为特征的网络技术、信息技术，将串行工作变为并行工程，实现供应链内及跨供应链间的企业产品设计、制造、管理和商务等的合作的生产模式，最终通过改变业务经营模式与方式达到资源最充分利用的目的。

“互联网+”协同制造重点包括：①智能制造，加快推动云计算、物联网、智能工业机器人、增材制造等技术在生产过程中的应用，推进生产装备智能化升级、工艺流程改造和基础数据共享。②大规模个性化定制，支持企业利用互联网采集并对接用户个性化需求，以及在设计研发、生产制造和供应链管理等关键环节的柔性化改造，开展基于个性化产品的服务模式和商业模式创新。③网络化协同制造，比如生产、质量控制和运营管理系统全面互联，众包设计研发和网络化制造等模式创新，以及公共云制造平台服务等。④制造业服务化转型，利用物联网、云计算、大数据等技术，整合产品全生命周期数据，形成面向生产组织全过程的决策服务信息，为产品优化升级提供数据支撑，包括基于互联网开展故障预警、远程维护、质量诊断、远程过程优化等在线增值服务。

3.“互联网+”现代农业

利用互联网提升农业生产、经营、管理和服务水平，培育一批网络化、智能化、精细化的现代“种养加”生态农业新模式，形成示范带动效应，加快完善新型农业生产经营体系，培育多样化农业互联网管理服务模式，逐步建立农副产品、农资质量安全追溯体系，促进农业现代化水平明显提升。

（1）构建新型农业生产经营体系。鼓励互联网企业建立农业服务平台，支撑专业大户、家庭农场、农民合作社、农业产业化龙头企业等新型农业生产经营主体，加强产销衔接，实现农业生产由生产导向向消费导向转变。提高农业生产经营的科技化、组织化和精细化水平，推进农业生产流通销售方式变革和农业发展方式转变，提升农业生产效率和增值空间。规范用好农村土地流转公共服务平台，提升土地流转透明度，保障农民权益。

（2）发展精准化生产方式。推广成熟可复制的农业物联网应用模式。在基础较好的领域和地区，普及基于环境感知、实时监测、自动控制的网络化农业环境监测系统。在大宗农产品规模生产区域，构建天地一体的农业物联网测控体系，实施智能节水灌溉、测土配方施肥、农机定位耕种等精准化作业。在畜禽标准化规模养殖基地和水产健康养殖示范基地，推动饲料精准投放、疾病自动诊断、废弃物自动回收等智能设备的应用普及和互联互通。

（3）提升网络化服务水平。深入推进信息进村入户试点，鼓励通过移动互联网为农民提供政策、市场、科技、保险等生产生活信息服务。支持互联网企业与农业生产经营主体合作，综合利用大数据、云计算等技术，建立农业信息监测体系，为灾害预警、耕地质量监测、重大动植物疫情防控、市场波动预测、经营科学决策等提供服务。

（4）完善农副产品质量安全追溯体系。充分利用现有互联网资源，构建农副产品质量安全追溯公共服务平台，推进制度标准建设，建立产地准出与市场准入衔接机制。支持新型农业生产经营主体利用互联网技术，对生产经营过程进行精细化信息化管理，加快推动移动互联网、物联网、二维码、无线射频识别等信息技术在生产加工和流通销售各环节的推广应用，强化上下游追溯体系对接和信息互通共享，不断扩大追溯体系覆盖面，实现农副产品“从农田到餐桌”全过程可追溯，保障“舌尖上的安全”。

4.“互联网+”智慧能源

通过互联网促进能源系统扁平化，推进能源生产与消费模式革命，提高能源利用效率，推动节能减排。加强分布式能源网络建设，提高可再生能源占比，促进能源利用结构优化。加快发电设施、用电设施和电网智能化改造，提高电力系统的安全性、稳定性和可靠性。

（1）推进能源生产智能化。建立能源生产运行的监测、管理和调度信息公共服务网络，加强能源产业链上下游企业的信息对接和生产消费智能化，支撑电厂和电网协调运行，促进非化石能源与化石能源协同发电。鼓励能源企业运用大数据技术对设备状态、电能负载等数据进行分析挖掘与预测，开展精准调度、故障判断和预测性维护，提高能源利用效率和安全稳定运行水平。

（2）建设分布式能源网络。建设以太阳能、风能等可再生能源为主体的多能源协调互补的能源互联网。突破分布式发电、储能、智能微网、主动配电网等关键技术，构建智能化电力运行监测、管理技术平台，使电力设备和用电终端基于互联网进行双向通信和智能调控，实现分布式电源的及时有效接入，逐步建成开放共享的能源网络。

（3）探索能源消费新模式。开展绿色电力交易服务区域试点，推进以智能电网为配送平台，以电子商务为交易平台，融合储能设施、物联网、智能用电设施等硬件以及碳交易、互联网金融等衍生服务于一体的绿色能源网络发展，实现绿色电力的点到点交易及实时配送和补贴结算。进一步加强能源生产和消费协调匹配，推进电动汽车、港口岸电等电能替代技术的应用，推广电力需求侧管理，提高能源利用效率。基于分布式能源网络，发展用户端智能化用能、能源共享经济和能源自由交易，促进能源消费生态体系建设。

（4）发展基于电网的通信设施和新型业务。推进电力光纤到户工程，完善能源互联网信息通信系统。统筹部署电网和通信网深度融合的网络基础设施，实现同缆传输、共建共享，避免重复建设。鼓励依托智能电网发展家庭能效管理等新型业务。

5.“互联网+”普惠金融

促进互联网金融健康发展，全面提升互联网金融服务能力和普惠水平，鼓励互联网与银行、证券、保险、基金的融合创新，为大众提供丰富、安全、便捷的金融产品和服务，更好满足不同层次实体经济的投融资需求，培育一批具有行业影响力的互联网金融创新型企业。

（1）探索推进互联网金融云服务平台建设。在保证技术成熟和业务安全的基础上，支持金融企业与云计算技术提供商合作开展金融公共云服务，提供多样化、个性化、精准化的金融产品。支持银行、证券、保险企业稳妥实施系统架构转型，鼓励探索利用云服务平台开展金融核心业务，提供基于金融云服务平台的信用、认证、接口等公共服务。

（2）鼓励金融机构利用互联网拓宽服务覆盖面。鼓励各金融机构利用云计算、移动互联网、大数据等技术手段，加快金融产品和服务创新，在更广泛地区提供便利的存贷款、支付结算、信用中介平台等金融服务，拓宽普惠金融服务范围，为实体经济发展提供有效支撑。支持金融机构和互联网企业依法合规开展网络借贷、网络证券、网络保险、互联网基金销售等业务。扩大专业互联网保险公司试点，充分发挥保险业在防范互联网金融风险中的作用。推动金融集成电路卡（IC卡）全面应用，提升电子现金的使用率和便捷性。发挥移动金融安全可信公共服务平台（MTPS）的作用，积极推动商业银行开展移动金融创新应用，促进移动金融在电子商务、公共服务等领域的规模应用。支持银行业金融机构借助互联网技术发展消费信贷业务，支持金融租赁公司利用互联网技术开展金融租赁业务。

（3）积极拓展互联网金融服务创新的深度和广度。鼓励互联网企业依法合规提供创新金融产品和服务，更好满足中小微企业、创新型企业和个人的投融资需求。规范发展网络借贷和互联网消费信贷业务，探索互联网金融服务创新。积极引导风险投资基金、私募股权投资基金和产业投资基金投资于互联网金融企业。利用大数据发展市场化个人征信业务，加快网络征信和信用评价体系建设。加强互联网金融消费权益保护和投资者保护，建立多元化金融消费纠纷解决机制。改进和完善互联网金融监管，提高金融服务安全性，有效防范互联网金融风险及其外溢效应。

6.“互联网+”益民服务

充分发挥互联网的高效、便捷优势，提高资源利用效率，降低服务消费成本。大力发展以互联网为载体、线上线下互动的新兴消费，加快发展基于互联网的医疗、健康、养老、教育、旅游、社会保障等新兴服务，创新政府服务模式，提升政府科学决策能力和管理水平。

（1）创新政府网络化管理和服务。加快互联网与政府公共服务体系的深度融合，推动公共数据资源开放，促进公共服务创新供给和服务资源整合，构建面向公众的一体化在线公共服务体系。积极探索公众参与的网络化社会管理服务新模式，充分利用互联网、移动互联网应用平台等，加快推进政务新媒体发展建设，加强政府与公众的沟通交流，提高政府公共管理、公共服务和公共政策制定的响应速度，提升政府科学决策能力和社会治理水平，促进政府职能转变和简政放权。深入推进网上信访，提高信访工作质量、效率和公信力。鼓励政府和互联网企业合作建立信用信息共享平台，探索开展一批社会治理互联网应用试点，打通政府部门、企事业单位之间的数据壁垒，利用大数据分析手段，提升各级政府的社会治理能力。加强对“互联网+”行动的宣传，提高公众参与度。

（2）发展便民服务新业态。发展体验经济，支持实体零售商综合利用网上商店、移动支付、智能试衣等新技术，打造体验式购物模式。发展社区经济，在餐饮、娱乐、家政等领域培育线上线下结合的社区服务新模式。发展共享经济，规范发展网络约租车，积极推广在线租房等新业态，着力破除准入门槛高、服务规范难、个人征信缺失等瓶颈制约。发展基于互联网的文化、媒体和旅游等服务，培育形式多样的新型业态。积极推广基于移动互联网入口的城市服务，开展网上社保办理、个人社保权益查询、跨地区医保结算等互联网应用，让老百姓足不出户享受便捷高效的服务。

（3）推广在线医疗卫生新模式。发展基于互联网的医疗卫生服务，支持第三方机构构建医学影像、健康档案、检验报告、电子病历等医疗信息共享服务平台，逐步建立跨医院的医疗数据共享交换标准体系。积极利用移动互联网提供在线预约诊疗、候诊提醒、划价缴费、诊疗报告查询、药品配送等便捷服务。引导医疗机构面向中小城市和农村地区开展基层检查、上级诊断等远程医疗服务。鼓励互联网企业与医疗机构合作建立医疗网络信息平台，加强区域医疗卫生服务资源整合，充分利用互联网、大数据等手段，提高重大疾病和突发公共卫生事件防控能力。积极探索互联网延伸医嘱、电子处方等网络医疗健康服务应用。鼓励有资质的医学检验机构、医疗服务机构联合互联网企业，发展基因检测、疾病预防等健康服务模式。

（4）促进智慧健康养老产业发展。支持智能健康产品创新和应用，推广全面量化健康生活新方式。鼓励健康服务机构利用云计算、大数据等技术搭建公共信息平台，提供长期跟踪、预测预警的个性化健康管理服务。发展第三方在线健康市场调查、咨询评价、预防管理等应用服务，提升规范化和专业化运营水平。依托现有互联网资源和社会力量，以社区为基础，搭建养老信息服务网络平台，提供护理看护、健康管理、康复照料等居家养老服务。鼓励养老服务机构应用基于移动互联网的便携式体检、紧急呼叫监控等设备，提高养老服务水平。

（5）探索新型教育服务供给方式。鼓励互联网企业与社会教育机构根据市场需求开发数字教育资源，提供网络化教育服务。鼓励学校利用数字教育资源及教育服务平台，逐步探索网络化教育新模式，扩大优质教育资源覆盖面，促进教育公平。鼓励学校通过与互联网企业合作等方式，对接线上线下教育资源，探索基础教育、职业教育等教育公共服务提供新方式。推动开展学历教育在线课程资源共享，推广大规模在线开放课程等网络学习模式，探索建立网络学习学分认定与学分转换等制度，加快推动高等教育服务模式变革。

7.“互联网+”高效物流

加快建设跨行业、跨区域的物流信息服务平台，提高物流供需信息对接和使用效率。鼓励大数据、云计算在物流领域的应用，建设智能仓储体系，优化物流运作流程，提升物流仓储的自动化、智能化水平和运转效率，降低物流成本。

（1）构建物流信息共享互通体系。发挥互联网信息集聚优势，聚合各类物流信息资源，鼓励骨干物流企业和第三方机构搭建面向社会的物流信息服务平台，整合仓储、运输和配送信息，开展物流全程监测、预警，提高物流安全、环保和诚信水平，统筹优化社会物流资源配置。构建互通省际、下达市县、兼顾乡村的物流信息互联网络，建立各类可开放数据的对接机制，加快完善物流信息交换开放标准体系，在更广范围促进物流信息充分共享与互联互通。

（2）建设深度感知智能仓储系统。在各级仓储单元积极推广应用二维码、无线射频识别等物联网感知技术和大数据技术，实现仓储设施与货物的实时跟踪、网络化管理以及库存信息的高度共享，提高货物调度效率。鼓励应用智能化物流装备提升仓储、运输、分拣、包装等作业效率，提高各类复杂订单的出货处理能力，缓解货物囤积停滞瓶颈制约，提升仓储运管水平和效率。

（3）完善智能物流配送调配体系。加快推进货运车联网与物流园区、仓储设施、配送网点等信息互联，促进人员、货源、车源等信息高效匹配，有效降低货车空驶率，提高配送效率。鼓励发展社区自提柜、冷链储藏柜、代收服务点等新型社区化配送模式，结合构建物流信息互联网络，加快推进县到村的物流配送网络和村级配送网点建设，解决物流配送“最后一公里”问题。

8.“互联网+”电子商务

巩固和增强我国电子商务发展领先优势，大力发展农村电商、行业电商和跨境电商，进一步扩大电子商务发展空间。电子商务与其他产业的融合不断深化，网络化生产、流通、消费更加普及，标准规范、公共服务等支撑环境基本完善。

（1）积极发展农村电子商务。开展电子商务进农村综合示范，支持新型农业经营主体和农产品、农资批发市场对接电商平台，积极发展以销定产模式。完善农村电子商务配送及综合服务网络，着力解决农副产品标准化、物流标准化、冷链仓储建设等关键问题，发展农产品个性化定制服务。开展生鲜农产品和农业生产资料电子商务试点，促进农业大宗商品电子商务发展。

（2）大力发展行业电子商务。鼓励能源、化工、钢铁、电子、轻纺、医药等行业企业，积极利用电子商务平台优化采购、分销体系，提升企业经营效率。推动各类专业市场线上转型，引导传统商贸流通企业与电子商务企业整合资源，积极向供应链协同平台转型。鼓励生产制造企业面向个性化、定制化消费需求深化电子商务应用，支持设备制造企业利用电子商务平台开展融资租赁服务，鼓励中小微企业扩大电子商务应用。按照市场化、专业化方向，大力推广电子招标投标。

（3）推动电子商务应用创新。鼓励企业利用电子商务平台的大数据资源，提升企业精准营销能力，激发市场消费需求。建立电子商务产品质量追溯机制，建设电子商务售后服务质量检测云平台，完善互联网质量信息公共服务体系，解决消费者维权难、退货难、产品责任追溯难等问题。加强互联网食品药品市场监测监管体系建设，积极探索处方药电子商务销售和监管模式创新。鼓励企业利用移动社交、新媒体等新渠道，发展社交电商、“粉丝”经济等网络营销新模式。

（4）加强电子商务国际合作。鼓励各类跨境电子商务服务商发展，完善跨境物流体系，拓展全球经贸合作。推进跨境电子商务通关、检验检疫、结汇等关键环节单一窗口综合服务体系建设。创新跨境权益保障机制，利用合格评定手段，推进国际互认。创新跨境电子商务管理，促进信息网络畅通、跨境物流便捷、支付及结汇无障碍、税收规范便利、市场及贸易规则互认互通。

9.“互联网+”便捷交通

加快互联网与交通运输领域的深度融合，通过基础设施、运输工具、运行信息等互联网化，推进基于互联网平台的便捷化交通运输服务发展，显著提高交通运输资源利用效率和管理精细化水平，全面提升交通运输行业服务品质和科学治理能力。

（1）提升交通运输服务品质。推动交通运输主管部门和企业将服务性数据资源向社会开放，鼓励互联网平台为社会公众提供实时交通运行状态查询、出行路线规划、网上购票、智能停车等服务，推进基于互联网平台的多种出行方式信息服务对接和一站式服务。加快完善汽车健康档案、维修诊断和服务质量信息服务平台建设。

（2）推进交通运输资源在线集成。利用物联网、移动互联网等技术，进一步加强对公路、铁路、民航、港口等交通运输网络关键设施运行状态与通行信息的采集。推动跨地域、跨类型交通运输信息互联互通，推广船联网、车联网等智能化技术应用，形成更加完善的交通运输感知体系，提高基础设施、运输工具、运行信息等要素资源的在线化水平，全面支撑故障预警、运行维护以及调度智能化。

（3）增强交通运输科学治理能力。强化交通运输信息共享，利用大数据平台挖掘分析人口迁徙规律、公众出行需求、枢纽客流规模、车辆船舶行驶特征等，为优化交通运输设施规划与建设、安全运行控制、交通运输管理决策提供支撑。利用互联网加强对交通运输违章违规行为的智能化监管，不断提高交通运输治理能力。

10.“互联网+”绿色生态

推动互联网与生态文明建设深度融合，完善污染物监测及信息发布系统，形成覆盖主要生态要素的资源环境承载能力动态监测网络，实现生态环境数据互联互通和开放共享。充分发挥互联网在逆向物流回收体系中的平台作用，促进再生资源交易利用便捷化、互动化、透明化，促进生产生活方式绿色化。

（1）加强资源环境动态监测。针对能源、矿产资源、水、大气、森林、草原、湿地、海洋等各类生态要素，充分利用多维地理信息系统、智慧地图等技术，结合互联网大数据分析，优化监测站点布局，扩大动态监控范围，构建资源环境承载能力立体监控系统。依托现有互联网、云计算平台，逐步实现各级政府资源环境动态监测信息互联共享。加强重点用能单位能耗在线监测和大数据分析。

（2）大力发展智慧环保。利用智能监测设备和移动互联网，完善污染物排放在线监测系统，增加监测污染物种类，扩大监测范围，形成全天候、多层次的智能多源感知体系。建立环境信息数据共享机制，统一数据交换标准，推进区域污染物排放、空气环境质量、水环境质量等信息公开，通过互联网实现面向公众的在线查询和定制推送。加强对企业环保信用数据的采集整理，将企业环保信用记录纳入全国统一的信用信息共享交换平台。完善环境预警和风险监测信息网络，提升重金属、危险废物、危险化学品等重点风险防范水平和应急处理能力。

（3）完善废旧资源回收利用体系。利用物联网、大数据开展信息采集、数据分析、流向监测，优化逆向物流网点布局。支持利用电子标签、二维码等物联网技术跟踪电子废物流向，鼓励互联网企业参与搭建城市废弃物回收平台，创新再生资源回收模式。加快推进汽车保险信息系统、“以旧换再”管理系统和报废车管理系统的标准化、规范化和互联互通，加强废旧汽车及零部件的回收利用信息管理，为互联网企业开展业务创新和便民服务提供数据支撑。

（4）建立废弃物在线交易系统。鼓励互联网企业积极参与各类产业园区废弃物信息平台建设，推动现有骨干再生资源交易市场向线上线下结合转型升级，逐步形成行业性、区域性、全国性的产业废弃物和再生资源在线交易系统，完善线上信用评价和供应链融资体系，开展在线竞价，发布价格交易指数，提高稳定供给能力，增强主要再生资源品种的定价权。

11.“互联网+”人工智能

依托互联网平台提供人工智能公共创新服务，加快人工智能核心技术突破，促进人工智能在智能家居、智能终端、智能汽车、机器人等领域的推广应用，培育若干引领全球人工智能发展的骨干企业和创新团队，形成创新活跃、开放合作、协同发展的产业生态。

（1）培育发展人工智能新兴产业。建设支撑超大规模深度学习的新型计算集群，构建包括语音、图像、视频、地图等数据的海量训练资源库，加强人工智能基础资源和公共服务等创新平台建设。进一步推进计算机视觉、智能语音处理、生物特征识别、自然语言理解、智能决策控制以及新型人机交互等关键技术的研发和产业化，推动人工智能在智能产品、工业制造等领域规模商用，为产业智能化升级夯实基础。

（2）推进重点领域智能产品创新。鼓励传统家居企业与互联网企业开展集成创新，不断提升家居产品的智能化水平和服务能力，创造新的消费市场空间。推动汽车企业与互联网企业设立跨界交叉的创新平台，加快智能辅助驾驶、复杂环境感知、车载智能设备等技术产品的研发与应用。支持安防企业与互联网企业开展合作，发展和推广图像精准识别等大数据分析技术，提升安防产品的智能化服务水平。

（3）提升终端产品智能化水平。着力做大高端移动智能终端产品和服务的市场规模，提高移动智能终端核心技术研发及产业化能力。鼓励企业积极开展差异化细分市场需求分析，大力丰富可穿戴设备的应用服务，提升用户体验。推动互联网技术以及智能感知、模式识别、智能分析、智能控制等智能技术在机器人领域的深入应用，大力提升机器人产品在传感、交互、控制等方面的性能和智能化水平，提高核心竞争力。

创业案例　爱在古城 创业中国 吉尔吉斯斯坦姑娘的“丝路情缘”

西安作为古丝绸之路的起点，也是东西方文明交汇、交流互鉴的交点，一直以来，都吸引着外国人来此生活、求学、经商，不少异国恋情也在这座古城“开花结果”。一位来自吉尔吉斯斯坦的姑娘叶丽娅，在这里收获了跨国爱情，以此为动力，小两口的跨国贸易也是越来越红火。

几乎每天，叶丽娅都要和丈夫在自己的公司通过互联网处理订单、选货、网站店铺维护、商品上架等工作。眼下，一批包括电扇、空调等在内的家用电器即将通过中欧班列“长安号”发往她的祖国吉尔吉斯斯坦。

2015年，从小热爱中国文化、学习中文的叶丽娅来到西安留学，第一眼她就爱上了这座古老与现代融合的城市。闲暇时间，她喜欢漫步在西安街头，了解当地的生活和文化。在古丝绸之路的起点、位于西安市内的大唐西市，她看到了古丝绸之路的路线图，心里大受触动。

留学期间，叶丽娅收获了爱情，与西安小伙儿晁永林“一见钟情”。得益于跨国姻缘，“丝路夫妻”们大多从事跨国贸易，这也给叶丽娅和晁永林带来灵感和动力。2018年，他们成立了一家进出口贸易公司，开始了在古都的创业之路。

凭借跨境电商和中欧班列构筑的“网上丝路”与“钢铁驼队”，中国与“一带一路”沿线国家的贸易往来不断扩大。夫妻俩的生意也越做越好，从最初进口小罐蜂蜜，到如今出口中国制造的新能源汽车，他们不断增加对外贸易的品类和形式。

2023年初，陕西西安开通了至吉尔吉斯斯坦首都比什凯克的国际航线，这让远嫁西安的吉尔吉斯斯坦姑娘叶丽娅欣喜异常。这条航线的开通，使得数千里之外的娘家不再遥远。

叶丽娅和丈夫晁永林说：“我们之前从其他的城市转机到比什凯克基本上需要两天时间，现在直航开通之后，只需要4个多小时从西安就可以到她家。早上我吃完胡辣汤，中午就可以在他们家吃烤肉了。想通过我们两个人的努力，作为一个桥梁，让中国与中亚之间的交流越来越深入、越来越亲密。”

资料来源　杨书杰. 爱在古城 创业中国 吉尔吉斯斯坦姑娘的“丝路情缘”[EB/OL]. [2023-05-18]. https: //news.cctv.com/2023/05/18/ARTIYw0FbzGt004RKqHek3un230518.shtml.

训练1　创业故事分享会

【训练目标】

1.激发创业热情，认识到创业与人生规划的重要性。

2.通过分享真实的创业故事，增加对创业过程的理解和认识。

3.掌握创业投资的基本方法和技巧，为未来的创业道路打下坚实的基础。

【训练步骤】

古往今来，有许多创业者留下了十分精彩的创业故事，通过这些真实的故事，同学们能更深刻地认识创业。本分享会将通过比赛的形式，引导同学们从真实的案例中体会创业。

1.请同学们自行分组，并如实填写分组信息。

（1）小组人数：________________人（不超过5人）

（2）小组组长：________________

（3）小组成员：____

2.每小组自主搜集相关材料，整理出真实的创业故事，并如实填写以下信息。

（1）为什么选择该故事？

____

____

____

（2）该故事的主题是什么？

____

____

____

3.每小组分别到讲台上分享创业故事（总时间不超过10分钟），要求每位小组成员都必须发言，并如实填写以下信息。

（1）你在小组中担任的角色：

____

____

____

（2）你在小组中负责的工作：

____

____

____

（3）你在比赛中讲的故事的主要内容：

____

____

____

4.每小组按表10-1所示的评分表给其他小组打分，评出本次比赛的前3名。

表 10-1　　　　　　　　　　评分表

被评小组：	成员：		总分：100分	
评分表				
序号	内容	分值	打分	理由
1	主题是否突出、鲜明、深刻	15		
2	情切是否完整、具有吸引力	10		
3	表述是否准确、富有逻辑	10		
4	语言是否规范、围绕主题	10		
5	口齿是否清晰	10		
6	普通话是否标准	10		
7	表达是否流畅	10		
8	情绪渲染是否到位	10		
9	仪表举止是否端正	10		
10	时间是否控制在5~10分钟	5		
最终得分				
			评分小组：	

5.会后感想。每位同学写下参加该活动的感想，写一写自己对创业有了哪些新的认识。

____

____

____

任务2　“互联网+”创业

在经济新常态下，坚持就业优先，以创业带动就业不仅是解决大学生就业的有效途径，而且是实现大众创业、万众创新，带动中国新一轮发展的新引擎。目前，互联网技术已深深融入社会经济发展的方方面面，大学生应充分利用互联网，将自己在信息技术方面的优势转化为创新创业优势，用“互联网+”思维成功创业。

一、大学生“互联网+”创业的优势

在线课堂10-2
大学生“互联网+”创业的优势

1.大学生创业氛围浓厚，被社会广泛认可

大学生创业工作已引起国家的高度重视，各省、自治区、直辖市也积极响应国家的号召，广泛宣传国家鼓励大学生自主创业的政策，创建大学生创业孵化基地（创业园），鼓励和吸引大学生积极参与创业，为大学生创业营造了良好的舆论氛围，部分城市更是提出了全民助推创业的发展战略，创业者得到广泛的尊重与支持。国家加大

了创业的宣传和支持力度，一批小微企业、中小企业发展迅猛，在社会创业大氛围的影响和带动下，大学生创业氛围也越来越浓厚，大学生创业得到了社会和家长的广泛认可与支持。

2.大学生自主学习知识的能力强，思维活跃，具有极强的创新思维

高等教育的任务一方面是传授大学生专业知识、技能；另一方面也是更重要的，就是培养大学生的自主学习能力。大学生具有极强的领悟能力和可迁移能力，自主学习能力也较强，善于接受和利用新事物，有一定的批判思维，能将所学的知识内化为能力，外化为创造，进而对事物加以改进创新。大学生运用IT技术的能力较强，能够通过互联网获得和发现很多信息，能更快地适应互联网发展潮流，掌握更先进的互联网技术，也能推动互联网技术的变革与创新。同时，互联网创业可以涵盖所有学历层次的大学生，竞争机会均等。据统计，目前在大学生互联网创业群体中，高职、大专学校的学生占62.23%，本科院校学生占31.48%，研究生占1.45%。而且，大学生自主创业获得成功的典型中，很大一部分是选择互联网作为创业方向。

3.互联网创业门槛低、风险小

互联网创业不受时间、地点、条件的限制，前期投入较少，有的项目只需要一台或几台能上网的电脑就可以开展。电子商务迅猛发展，人们的消费观念也发生了很大的变化，极大地满足了消费者个性化的需求，具有传统消费渠道不可比拟的优势，基于淘宝网、易趣网、京东等电子商务平台的网络创业属于微型创业，创业启动资金要求不高，投入不大。杭州师范大学阿里巴巴商学院网络创业研究中心的调查数据显示，70.75%的大学生网络创业者创业启动资金在1 000元以内，大部分为数百元，有的甚至仅仅只有几十元。在浙江义乌工商学院，有1 200名学生在淘宝网上开店创业，他们共享供货平台、商业资讯和物流系统。在他们中间，钻石级卖家达到400人，人均月收入达3 000元。

4.互联网是全球性的大市场，发展前景广阔，创业机会多

互联网是全球一体的，不受时间、地点、区域的限制，应用十分广泛，国内、国外市场连成一体，而且随着互联网技术的高速发展，时间、空间观念不断被改变，在互联网的两端，不需要任何中介，就能将产品和服务信息传送给全球任何一个角落的顾客。同时，随着互联网技术的不断发展，物联网、云计算、云服务等网络技术被广泛应用，依托互联网技术的开发、服务、项目等方面还有很大的市场空间和发展前景，所带来的市场在不断迅速地扩大和增长。

二、“互联网+”创业的类型

目前常见的“互联网+”创业模式有：工具+社群+电商/微商、长尾商业模式、跨界商业模式、免费商业模式、线上到线下商业模式、平台商业模式等。

1.工具+社群+电商/微商

互联网的发展，使信息交流越来越便捷，同时也使志同道合的人更容易聚在一起，形成社群规模，彰显了“融合、重聚”的价值，形成了诸如“工具+社群+电商/

微商”的模式。例如，微信最开始就是一个社交工具，先是通过各种工具属性、社交属性、价值内容的核心功能过滤到海量的目标用户，加入了朋友圈点赞与评论等社区功能，继而添加了微信支付、精选商品、电影票、手机话费充值等商业功能。社群特指互联网上的各类社群团体。有了工具、社群，就可以将其和电商或微商有机地结合起来，从而形成“工具+社群+电商/微商”这一高效、独特的商业模式。在这一商业模式中，工具、社群以及电商或微商都可发挥各自的优势，推动其他方面的发展和前进。

2. 长尾商业模式

长尾概念由克里斯·安德森提出，这个概念描述了媒体行业从面向大量用户销售少数拳头产品，到销售庞大数量的利基产品（与大热门产品相对应的普通产品）的转变，虽然每种利基产品相对而言只产生小额销售量，但利基产品销售总额可以与传统面向大量用户销售少数拳头产品的销售模式媲美。通过 C2B（Customer To Buiness，消费者到企业）实现大规模个性化定制，核心是“多款少量”。这种商业模式在于少量多种地销售自己的产品，并致力于提供相当多种类的产品，而其中每一种卖出量相对很少。将这些小众产品的销售汇总，所得收入可以像传统模式销售一样可观。亚马逊图书销售、淘宝等都是较典型地运用了长尾商业模式。

3. 跨界商业模式

互联网的“颠覆”特性实质上就是利用高效率来整合低效率，对传统产业核心要素的再分配，也是生产关系的重构，并以此来提升整体系统效率。互联网企业通过减少中间环节，减少所有渠道中不必要的损耗，减少产品从生产到进入用户手中所需要经历的环节，以此来提高效率，降低成本。因此，对于互联网企业来说，只要抓住传统行业价值链条当中的低效率或高利润环节，利用互联网工具和“互联网+”思维，根据客户自身需求的细微变化，重新构建商业价值链，就有机会获得成功。

4. 免费商业模式

注意力稀缺导致众多互联网创业者开始想尽办法去争夺注意力资源，互联网产品最重要的就是流量，有了流量才能够以此为基础构建自己的商业模式，所以说互联网经济是以吸引大众注意力为基础，创造价值，然后转化成盈利。很多互联网企业都是以免费、好的产品吸引到很多用户，然后通过新的产品来服务不同的用户，在此基础上构建商业模式。互联网颠覆传统企业的常用打法就是在传统企业用来赚钱的领域免费，从而彻底把传统企业的客户群带走，继而转化成流量，利用延伸价值链或增值服务来实现盈利。

所有的“免费商业模式”最终都要通过其他渠道实现盈利，免费商业模式的盈利方式总结起来可分为三点：

（1）直接交叉补贴。直接交叉补贴是为了在一种产品上盈利，而降低另一种产品的价格或免费进行销售的行为，从而以高获利产品补贴亏损产品。例如，在手机营业厅内，工作人员都会殷勤地向顾客推荐免费手机，当然条件是之后每个月都需要办理相应的套餐，或者向顾客赠送话费，但前提是要购买指定的某款手机。

（2）第三方市场。在这种免费模式中，第三方付费参与前两方之间的免费商品交换。企业向特定的消费者群体提供免费的服务、体验或者商品，吸引这部分消费者感兴趣的相关品牌来投放广告，所得收入一部分用于再投入，其余作为盈利。例如，很多手机游戏除了靠提供增值服务盈利之外，还在游戏中插入广告，或是让玩家观看广告以获得一定的游戏奖励，收取广告收益作为盈利。

（3）免费+收费。这种模式在互联网背景下十分常见，向全部用户提供免费的最基础的服务，并开发部分增值服务让用户付费使用。例如，360安全卫士向所有用户提供电脑免费清理服务，但是如果需要额外的人工维修服务就需要收费了。

5.线上到线下商业模式

“线上到线下”的英文缩写为“O2O”（Online To Offline)，其狭义的理解就是线上交易、线下体验消费的商业模式，主要包括两种场景：一是线上到线下，用户在线上购买或预订服务，再到线下商户实地享受服务；二是线下到线上，用户通过线下实体店体验并选好商品，然后通过线上下单来购买商品。广义的“线上到线下”模式就是将“互联网+”思维与传统产业相融合。未来“线上到线下”的发展将突破线上和线下的界限，实现线上线下、虚实之间的深度融合，其模式的核心是基于平等、开放、互动、迭代、共享等“互联网+”思维，利用高效率、低成本的互联网信息技术，改造传统产业链中的低效率环节。通过这种方式，可以将店铺信息和口碑在消费者中更快、更远地扩散，可以量化消费者数据，同时还能较容易地传递面对面的实体服务和品牌价值。

“线上到线下”是互联网与传统商业模式结合的一个非常好的突破口，与传统的消费者在商家直接消费的模式不同，在“线上到线下”模式中，整个消费过程由线上和线下两部分构成。线上平台为消费者提供消费指南、优惠信息、便利服务（预订、在线支付、地图等）和分享平台，而线下商户则专注于提供服务。未来，随着技术发展，“线上到线下”模式的进入壁垒越来越严实，需专注垂直领域，线上线下并重。

6.平台商业模式

平台商业模式的核心是打造足够大的平台，使产品更为多元化和多样化，更加重视用户体验和产品的闭环设计。在平台商业模式下，企业可以放大边界，原因有两点：第一，这个平台是开放的，可以整合全球的各种资源；第二，这个平台可以让所有的用户参与进来，实现企业和用户之间的零距离接触。在互联网时代，用户的需求变化越来越快，越来越难以捉摸，单靠企业自身所拥有的资源、人才和能力，很难快速满足用户的个性化需求，这就要求打开企业的边界，建立一个更大的商业生态网络来满足用户的个性化需求。通过平台可以最快的速度汇聚资源，满足用户多元化的个性化需求，所以平台商业模式的精髓在于打造一个多方共赢互利的生态圈。

三、大学生“互联网+”创业模式的选择

目前，在“互联网+”背景下，大学生创新创业模式选择主要有以下几种：

1.科技型创新创业模式

技术创业是指利用自身的专业优势和技术专长进行创业。随着“互联网＋”时代的来临，移动互联网的应用越来越普及，手机作为最主要的移动互联网智能终端，已经成为影响人们生活的重要工具。基于手机App（Application）的软件开发及相关配套等领域已经成为计算机应用、物联网和电子商务等专业大学生创业的首选项目。学生创业的成功之处在于，他们熟悉网络世界又容易接受新的科技产物，“百度”“网易”“腾讯”等大学生创业项目的成功都是基于拥有互联网和科技优势。对此感兴趣的大学生，可以经常参加软件编程、网络服务、动画等创业比赛，以受到更多风险投资和慈善投资的青睐。

2.网店型创新创业模式

“互联网＋”给创业的大学生提供了极大的便利和支持，大学生能够使用互联网平台进行创业。其优势有以下两点：其一，能够通过高校学生增加客户资源；其二，凭借对年龄相仿的人的消费水平和行为习惯的了解，能更容易地掌握淘宝、微店等经营模式。

在我国，网购正在成为零售业的主流。开设网店投入成本较低，准入门槛不高，是大学生容易从事的创业项目，比较适合创业的初级阶段。值得一提的是，相比于开设网店，做微商目前已经成为大学生更加喜爱的创业模式。微信营销的优势主要在于：首先，营销成本很低，甚至没有成本，因为微信平台本身不收费；其次，微信具有实时通信和信息发布的功能，不但可以营销商品，还可以通过朋友圈积累人脉，实现社交功能；最后，也是最重要的是，微信具有营销的针对性，可以向粉丝推送个性化内容，培养粉丝对品牌的忠诚度。

3.连锁加盟型创新创业模式

数据显示，在同一商业领域中个人进行创业的成功率不到20%，而加入创业组织的成功率则高达80%。对大学生来说，自身拥有的创业资源稀少，加盟连锁可以获得品牌、技术、营销、设备的共享，不仅投资少，而且门槛低。连锁加盟型创新创业包括饮食快餐业、家政服务业、超市购物、印刷数码等领域。

4.农村创新创业模式

农村有着广阔的创业天地，不仅农民可以返乡创业，大学生也可以去农村创业，一方面可以发挥自己的高素质优势，另一方面也避免了在城市创业的激烈竞争。在农村创业可以着重选择以下项目：

（1）农产品电商。农村有许多优质的农产品，如无公害的蔬菜、瓜果等，但由于交通不便，尤其是信息不畅通，缺乏有效的营销手段，致使原本质优价廉的农产品滞销，不仅降低了农民的收入，还造成极大的资源浪费。大学生在农村从事农产品电商创业，可以充分利用互联网技术在种植和管理上实现智能化。例如，利用物联网技术，通过手机和传感器远程管理农田；在蔬果的包装盒上打上二维码，消费者通过扫

码就可以得知产品从生产到销售的全过程，一旦出现问题也便于追溯；在产品销售上，可以采取网上销售与加盟店线上线下结合的方式，甚至可以利用大数据开发专用手机App销售软件，通过移动互联网进行针对性的销售，并且实现线上支付，可以大幅度提升效率与效益。

（2）农村物流。在农村发展电商业务最主要的一个瓶颈就是物流（快递）问题，因此，从事物流业，解决物流“最后一公里”问题，为发展农村电商提供支持与保障，是实践国家“电子商务进农村”的重要举措。目前，城市网购市场规模虽然远远超过农村，但其增速明显放缓，而农村网购正在快速发展。

5.智力服务型创新创业模式

大学生创业最具有优势的领域是智力服务领域，智力是大学生最赚钱的资本。智力服务领域的各项创业内容进入标准较低，投入资金也较少，大学生一般从事家教、翻译等工作，只需要电脑和桌子等简单设备就可以进行了。

当“互联网+”时代来临，各种商业机会接踵而至，给大学生实现创业成功提供了机会，大学生从事创新创业是经济水平提升的必然趋势和体现。对此，大学生应开展创业调研，开启符合“互联网+”时代特点的智力服务型创业形式，从而提高大学生创新创业成功的比例。

创业案例　我对互联网思维的理解

我的科技职业生涯起源于金山。金山作为一家老牌软件公司，在互联网时代似乎有些跟不上节奏。早年的金山也曾做过两次互联网转型。第一次是1999年年初成立卓越事业部，开始互联网业务尝试，后来又拆分成立卓越网。第二次是2005年推动金山全面互联网化。这两次变革收效不大，眼看金山就错过了互联网时代。未来怎么走，我有些迷茫。

2007年，在金山上市之后，我辞去了金山CEO一职，开始反思和总结。我们这一代人，对互联网有一种特别的向往与信仰。经历过早期互联网的人，无不拥有彻底改变世界的理想主义，就像黑暗中的探索者，头顶却有闪亮的星光。我们相信互联网代表着一种启迪人类走向至善至美的力量。

自出现以来，互联网一方面在剧烈地改造我们的生活形态，另一方面又在影响人的认知。它先是作为工具改变了社会中信息流、资金流、物流的运转形态，然后又推动了社会沟通方式和产品、服务交付的变革。甚至，它成了一种社会资源的重组方式，并且验证了一系列面向效率革新的普适方法。

互联网创世记

互联网的出现，首先是基于信息的连接。没有连接，就没有协作及其带来的效率提升，以及信息、资源的共享分配。1969年，美国国防部部署启用了阿帕网，试图将一些用于军事用途的核心计算中心连接起来，最早它只连接了部署于4所大学里的4台大型计算机。

跨时间、跨地域、跨平台、跨终端的资源的高效、合理、共享分配，从一开始，现代互联网的核心价值就显现无遗。这些互相连接的网络特性很快就引发了商业领域的极大兴趣。1992年，美国的三家公司IBM、MCI、Merit Network联合组建了一家高级网络服务公司（ANS），建立了一个新的网络，叫作ANSnet。随后，民用互联网开始突飞猛进地发展起来。

在互联网商业时代到来之前，中国已经开始接入互联网，学术领域是中国互联网应用的先锋。我第一次接触互联网，是在中国科学院高能物理研究所。1992年，在一位老同学的实验室里，我第一次连接上了国际互联网。这实在是一种神奇的体验，整个世界就像都在眼前。我立刻就迷恋上了这种体验，隔三差五就去蹭网，从网上下载技术资料和一些新的软件，同时把我写的软件代码通过网络上传到海外的服务器，跟全世界的程序员一起分享，觉得特别有成就感。

这时候的互联网更像实验室里的革命。但很快，革命的潮水就涌向世界的每个角落。

当时在国内网络接入还非常不方便，网友们玩的也不是基于HTML语言的网页，而是搭建一个交换信包的BBS站点，通过电话接入，用Bluewave等专用软件，把其他网友发的信下载下来，再把回复上传到站点上。所以，一个站点的接入能力是有限的，每个人能用的时间也比较有限。西点当时算是配置比较豪华的，拥有4条电话接入线路。当时活跃在CFIdo上的网友有马化腾、丁磊等。我们在线上讨论技术问题，也聊天。一开始大家只是享受一个方便、新颖的交流空间，还有网友把大家的信包里出彩的内容打包编辑成了网络杂志，比如《龙音》杂志，时至今日，在网上依然能搜到这些早期的信包内容。后来，逐渐地有不少人开始了基于互联网商用创业的思考。比如，马化腾在润迅供职期间琢磨起了“网络寻呼”的应用，这就是后来的QQ；而丁磊则开始琢磨怎么搭建中国的电子邮件系统，后来创办了网易。

资料来源　雷军，徐洁云. 小米创业思考［M］. 北京：中信出版社，2022.

训练2　大学生创新创业我知道：政策如何帮

【训练目标】

1. 了解当地最新的各级政府和高校都纷纷推出的富有特色的大学生创新创业帮扶政策。

2. 筛选出对大学生更是对未来的自己最有帮助的双创政策。

【训练步骤】

搜集当地政府及学校实施的“双创”扶持政策，分析其对大学生创新创业能够带来哪些帮助。

1. 活动人数：班级活动，人数10～50人。

2. 活动场地及道具：教室或其他可供集体使用的地点，无固定道具。

3. 活动规则：学生自行通过各种途径搜集当地政府及学校的“双创”扶持政策，并且分析其中有哪些政策能使大学生创业群体受益，这些政策分别能够帮助大学生创业者应对哪些方面的问题（如资金、场地、人工等），最后总结出自己认为对大学生创新创业最有帮助的政策，并在课堂上分享。

搜集当地政府及学校的“双创”扶持政策的途径有以下几种：

（1）中国政府网的“大众创业万众创新　政策汇集发布解读平台”；

（2）全国大学生创业服务网；

（3）国家创新创业政策信息服务网；

（4）当地政府官方网站、学校官方网站、学校就业指导部门。

4.活动提醒：

（1）省（自治区、直辖市）、市、县各级人民政府都可能出台相关政策，甚至社区也有相关政策，要注意搜集尽可能多的“双创”政策信息；

（2）在分享对大学生创业最有帮助的政策时，一定要明确政策的出处、范围、有效期等信息，避免对政策的错误解读。

课后拓学

育德启智

延伸阅读10-1

“互联网+”大学生创业需要注意的问题

让互联网更好造福人类

互联网是人类社会发展的重要成果，是人类文明向信息时代演进的关键标志。习近平总书记指出：“发展好、运用好、治理好互联网，让互联网更好造福人类，是国际社会的共同责任。”

互联互通是网络空间的基本属性，共享共治是互联网发展的共同愿景。随着新一轮科技革命和产业变革加速推进，互联网让世界变成了“地球村”，国际社会越来越成为你中有我、我中有你的命运共同体。作为全球最大的发展中国家和网民数量最多的国家，中国顺应信息时代发展趋势，坚持以人民为中心的发展思想，秉持共商共建共享的全球治理观，推动构建网络空间命运共同体。这一理念根植于“天下一家”“世界大同”的中国智慧，充盈着对人类共同命运与人类福祉的深切关怀，是人类命运共同体理念在网络空间的具体体现和运用，符合信息时代的发展规律，符合世界人民的需求与期待，为全球在尊重网络主权的基础上，推进网络空间发展和治理体系变革贡献了中国方案。

中国立足新发展阶段，贯彻新发展理念，构建新发展格局，建设网络强国、数字中国，在激发数字经济活力、推进数字生态建设、营造清朗网络空间、防范网络安全风险等方面不断取得新进展、新成效，为高质量发展提供了有力服务、支撑和保障，为构建网络空间命运共同体提供了坚实基础。数字为证：截至2021年，中国数字经济规模达到45.5万亿元，占国内生产总值比重为39.8%；截至2022年6月，中国网民规模达10.51亿，互联网普及率提升到74.4%；截至2021年底，中小学互联网接入率达到100%……党的十八大以来，以习近平同志为核心的党中央高度重视互联网，大力发展互联网，积极运用互联网，有效治理互联网，中国网信事业取得历史性成就，亿万人民在共享互联网发展成果上拥有更多获得感，为构建和平、安全、开放、合作、有序的网络空间做出积极贡献。

习近平总书记强调：“网络空间是人类共同的活动空间，网络空间前途命运应由世界各国共同掌握。”北斗成为全球重要时空基础设施，中国云计算积极为非洲、中东、东南亚国家以及共建“一带一路”国家提供云服务支持，连续多年在浙江乌镇举办世界互联网大会……中国不断深化网络空间国际交流合作，秉持共商共建共享理念，加强双边、区域和国际对话与合作，致力于与国际社会各方建立广泛的合作伙伴关系，深化数字经济国际合作，共同维护网络空间安全，积极参与全球互联网治理体系改革和建设，促进互联网普惠包容发展，与国际社会携手推动构建网络空间命运共同体。今天，构建网络空间命运共同体日益成为国际社会的广泛共识和积极行动，不断彰显出造福人类、影响世界、引领未来的强大力量。

资料来源　赵欣悦，岳弘彬．让互联网更好造福人类［N］．人民日报，2022-11-08（2）．

学有所悟：

浩渺行无极，扬帆但信风。《携手构建网络空间命运共同体》白皮书郑重宣布：互联网是人类的共同家园，让这个家园更繁荣、更干净、更安全，是国际社会的共同责任。国际对话与合作，致力于与国际社会各方建立广泛的合作伙伴关系，深化数字经济国际合作，共同维护网络空间安全，积极参与全球互联网治理体系改革和建设，促进互联网普惠包容发展，与国际社会携手推动构建网络空间命运共同体。

应用自测

阅读以下案例并回答问题：

95后青年勾英达做农业O2O，欲把野农做成凡客。野农优品是一家拥有自家农场和线上平台的农产品公司，其租种农户田地给予工资和分成，欲以信任破农产品安全及销售问题，主抓品牌农业模式、众筹模式及金融模式。

野农优品正式成立于2013年8月，是一家专注于绿色生态健康的农产品公司。其全部农产品出自绿色生态的自有农场，以价格竞争力为用户提供无污染、无添加、无催熟的“三无”农品。

其创始人勾英达是个1995年出生的青年，他从三个阶段运营野农优品：

过去，野农优品主抓品牌农业模式。野农优品欲通过让用户参与产品生产，进而产生信任度来打造农产品品牌。

现在，勾英达正在杭州谈农业众筹的事情。其称，农业众筹，是互联网对于工业农业真正革命性的影响，由传统的先生产后销售转变为先销售后生产。农民通过众筹让产品销路有保证，消费者通过众筹，踢掉中间商，防止价格伤害，监管食品安全。

未来，野农优品要走农业金融模式。目前，互联网金融等新模式已经冲击到银行等这样的传统既得利益者。传统金融很难介入农产品产业链，野农优品应从电商和金融的销售终端入口，先确立一些附加值高的农产品的品牌或景色宜人的观光农业区，再用金融的思维倒推回去整合产业链，利用互联网优势，在连接金融端的同时，连接销售端。

农产品壁垒在于安全和销售，野农优品做新模式农产品电商的难点是在线下与农民沟通。在勾英达看来，互联网农业是一个“贴地飞行”的工作，一方面，跑到村子里与农户交流，运用他们听得懂的语言谈合作、谈改变、谈未来；另一方面，二维码溯源、农业生产智联网这些属于高科技智能领域，消费者一般不知道自己食用的食物是否打了农药、施过肥，野农优品欲用技术去实现全程监控，甚至是实时播报，购买后还可看到农品的全部生长日志，类似自身在耕种、收割的可视化过程。

资料来源 李小双．野农优品：一个95后的农业O2O项目［EB/OL］．［2015-02-24］．https://www.iyiou.com/news/2015022416076.

应用自测10-1

答案提示

问题：

分析大学生创业的优势与劣势，并总结大学生创业应该注意的问题。

课后实践

随着互联网的发展，社交平台的传播速度与互动性提高了，进而催生了各类新媒体。媒体生态也发生了巨大变化，微博、微信、微信公众号、今日头条、抖音等新媒体的功能不再局限于信息传播与社会交往，其附加的商业价值日益显现，使其成为重要的创业阵地。新媒体的出现催生了很多新的创业方式，也创造了很多就业机会。

根据【学前实践】形成的成果，结合本项目所学内容，任意选择一新媒体平台注册一个账号，并发布一项创业产品（可以是博文，也可以是视频，还可以是直播带货的形式），提交该项产品的流量（触达人次、转赞评数据等）、收益情况，最终将你的本次创业过程及结果整理成PPT的形式进行汇报，上传至“学习通”指定位置，供同学互评、老师点评。

注意：完成工作任务的实际操作，记录过程并展示成果。

学习评价

本项目学习评价见表10-2。

在线测评10-1

项目十

表10-2 学习评价表

评价内容	自我评价	生生互评	教师评价	平均分数
理论知识掌握扎实				
实践训练按要求完成				
团队协作能力强				
创新创造能力强				
沟通洽谈能力强				
具有积极性				
目标意识强				
具有自我启发性				
努力达成目标				
具有计划性				
总 分				

填表说明：按评价指标给该生的本次课堂表现进行综合赋分，满分100分，共计10个指标，每个指标按1～10分进行打分。其中，自我评价和生生互评共各占30%，教师评价占40%。

总结反思

参考文献

[1] 张静，尹霞. 赢战未来——大学生创新创业教育 [M]. 北京：航空工业出版社，2020.

[2] 杨文超. 驾驭未来——创新创业基础与实践教程 [M]. 镇江：江苏大学出版社，2019.

[3] 王卫民，周赣. 大学生创新创业基础 [M]. 长沙：湖南师范大学出版社，2019.

[4] 胡艳，苟延杰，吕雪. 大学生创新创业基础 [M]. 成都：西南财经大学出版社，2019.

[5] 何伟. 创新与创业基础 [M]. 北京：国家行政学院出版社，2018.

[6] 陶传蔚，杨翠毓. 大学生创业基础 [M]. 北京：国家行政学院出版社，2018.

[7] 万玉青，李运楼，黄凤芝. 大学生创新创业基础训练教程 [M]. 上海：上海交通大学出版社，2016.

[8] 李家华. 创业基础 [M]. 2版. 北京：清华大学出版社，2015.

[9] 蒂蒙斯，斯皮内利. 创业学 [M]. 周伟民，吕长春，译. 6版. 北京：人民邮电出版社，2005.

[10] 汪建成，林欣. 社会创业的资源整合过程——多案例研究 [J]. 管理案例研究与评论，2021 (4).

[11] 蒋恒蔚. 中小企业实施品牌战略的问题及对策 [J]. 品牌研究，2019 (15).

[12] 任思远. 中小企业实施品牌战略的问题及对策 [J]. 商业经济，2017 (2).

[13] 张继焦，帅建淮. 成功的品牌管理 [M]. 北京：中国市场出版社，2002.

[14] 张启文. 品牌战略浅析 [J]. 中国发明与专利，2005，3 (2).